AF357578

LES
VOYAGES DE NILS

A LA·RECHERCHE DE L'IDÉAL

PAR

XAVIER MARMIER

PARIS

LIBRAIRIE DE L. HACHETTE ET CIE

BOULEVARD SAINT-GERMAIN, N° 77

1869

LES
VOYAGES DE NILS

A LA RECHERCHE DE L'IDÉAL

OUVRAGES DU MÊME AUTEUR

ÉTUDES SUR GOETHE. 1 vol. in-8.

LETTRES SUR L'ISLANDE. (4e édition.) 1 vol. in-12.

LETTRES SUR LE NORD. (3e édition.) 1 vol. in-12.

HISTOIRE DE L'ISLANDE. 1 vol. in-8.

HISTOIRE DE LA LITTÉRATURE ISLANDAISE. 1 vol. in-8.

VOYAGES EN SCANDINAVIE. 2 vol. in-8.

HISTOIRE DE LA LITTÉRATURE SCANDINAVE. 1 vol. in-8.

HISTOIRE DE SUÈDE ET DE DANEMARK. 1 vol. in-8.

LETTRES SUR LA HOLLANDE. 1 vol. in-12.

LETTRES SUR LA RUSSIE (3e édition.) 2 vol. in-12.

LETTRES SUR L'AMÉRIQUE. 2 vol. in-12.

DU RHIN AU NIL. 2 vol. in-12

LETTRES SUR L'ADRIATIQUE ET LE MONTÉNÉGRO. 2 vol. in-12.

DU DANUBE AU CAUCASE. 1 vol. in-12.

UN ÉTÉ AU BORD DE LA BALTIQUE. 1 vol. in-12.

DE L'EST A L'OUEST. 1 vol. in-12.

LES VOYAGEURS NOUVEAUX. 3 vol. in-12.

EN AMÉRIQUE ET EN EUROPE. 1 v. in-12.

LETTRES SUR L'ALGÉRIE. 1 vol. in-12.

LES AMES EN PEINE. 1 vol. in-12.

VOYAGES ET LITTÉRATURE. 1 vol. in-12.

VOYAGES EN ALLEMAGNE. 2 vol. in-8.

VOYAGES EN SUISSE. 1 vol. in-8.

LES FIANCÉS DU SPITZBERG. 1 vol. in-12. (couronné par l'Académie française)

GAZIDA. 1 vol. in-12 (couronné par l'Académie française).

HÉLÈNE ET SUZANNE. 1 vol. in-12.

SOUVENIRS D'UN VOYAGEUR. 1 vol. in-12.

LES MÉMOIRES D'UN ORPHELIN. 1 v. in-12.

LE ROMAN D'UN HÉRITIER. 1 vol. in-12.

HISTOIRE D'UN PAUVRE MUSICIEN. 1 vol. in-12.

L'AVARE ET SON TRÉSOR. 1 vol. in-12.

SOUVENIRS DE FRANCHE-COMTÉ. 1 vol. in-12.

TRADUCTIONS

PRÉCIS DE L'HISTOIRE DE LA LITTÉRATURE ALLEMANDE, par Koberstein. 1 v. in-8.

HERMANN ET DOROTHÉE. 1 vol. in-12.

LA SOLITUDE, par Zimmermann. 1 vol. in-12.

NOUVELLES ALLEMANDES. 1 vol. in-12.

NOUVELLES ALLEMANDES ET SCANDINAVES. 1 vol. in-12.

CONTES DE HOFFMANN. 1 vol. in-12.

THÉÂTRE DE SCHILLER. 3 vol. in-12

POÉSIES DE SCHILLER. 1 vol. in-12.

NOUVELLES DANOISES. 1 vol. in-12.

CHANTS POPULAIRES DU NORD. 1 v. in-12.

SOUS LES SAPINS. 1 vol. in-12.

LES PERCE-NEIGE. 1 vol. in-12.

EN CHEMIN DE FER. 1 vol. in-12.

LES DRAMES DU CŒUR. 1 vol. in-12.

LES HASARDS DE LA VIE. 1 vol. in-12.

AU BORD DE LA NÉVA. 1 vol. in-12.

UNE GRANDE DAME RUSSE. 1 vol. in-12.

NOUVELLES RUSSES DE TOURGUENEFF, LERMONTOF, SOLOHUB, etc.

PARIS. — IMP. SIMON RAÇON ET COMP., RUE D'ERFURTH, 1.

LES

VOYAGES DE NILS

A LA RECHERCHE DE L'IDÉAL

PAR

XAVIER MARMIER

PARIS

LIBRAIRIE DE L. HACHETTE ET Cie

BOULEVARD SAINT-GERMAIN, N° 77

—

1869

LES
VOYAGES DE NILS
A LA RECHERCHE DE L'IDÉAL

PREMIÈRE PARTIE

LE FRÈRE ET LA SŒUR

— C'est la destinée de l'homme, ma chère Stina. Un grand poëte allemand, Schiller, l'a dit : « Il faut que l'homme s'élance dans les difficultés de la vie, qu'il lutte, qu'il agisse, et, par sa hardiesse, par son habileté, par sa persévérance, conquière la fortune, le bonheur. »

— A quelle fortune, Nils, à quel bonheur peux-tu songer? Ne sommes-nous pas assez riches, puisque nos voisins disent que notre père est le plus riche propriétaire du village, et ne sommes-nous pas heureux dans notre paisible maison au bord de cette jolie petite île, où nous sommes nés, à la surface de ce lac qu'on appelle l'Œil de la Dalécarlie, parce qu'il est bleu et limpide comme les beaux yeux suédois ?

—Comme ceux de ma gentille sœur Stina, dit Nils en riant.

—Écoute-moi, au lieu de me faire des compliments. Tu ne sais pas que, l'an dernier, tandis que tu étais à Upsal, nous avons eu la visite d'un vieux gentilhomme étranger, d'un Anglais, je crois, qui avait parcouru la moitié de l'univers. Il nous était recommandé par le gouverneur de Fahlun. Nous l'avons reçu de notre mieux. Nous lui avons fait faire plusieurs promenades sur le lac et autour du lac, à Leksand, à Raetvik, à Mora. Il était dans le ravissement. En nous quittant, il nous a dit qu'il n'avait jamais vu un si délicieux pays que ce canton dalécarlien, ni une si hospitalière et si agréable habitation que la nôtre.

— Je le crois bien, surtout si tu lui as servi quelques-uns de ces gâteaux délicats, dorés, croustillants, que tu confectionnes avec une grâce et un talent inimitables.

— Allons, moque-toi de moi pour me remercier de ma sollicitude et de mes bons conseils.

— C'est bien dommage que tu ne veuilles pas comprendre mes idées.

— C'est bien dommage que l'éducation des garçons ne s'achève point comme celle des filles au foyer domestique. C'est ton université d'Upsal qui t'a mis dans la tête ces rêves désordonnés de voyage.

— Désordonnés! peste! mademoiselle Stina, vous êtes sévère. De bonne foi, pourtant, tu ne peux exiger que l'homme reste perpétuellement fixé à la même place.

— Pourquoi s'en éloignerait-il, s'il y trouve assez de liens de cœur, assez de devoirs à accomplir, et un assez digne emploi de sa vie ? Dans l'endroit le plus petit, dans la condition la plus obscure, il me semble qu'on peut se constituer un si bon nid et faire tant de bien! La violette embaumée s'épanouit sous de rustiques buissons ; la rose des Alpes décore de ses fleurs empourprées les terrains les plus froids et les plus âpres ; l'épi de blé se couvre de graines fécondes sur le sol où on l'a semé ; l'arbre répand ses fruits dans l'enclos où il a grandi. Pourquoi l'homme ne donnerait-il pas ainsi les fleurs et les fruits de son intelligence au lieu même où le ciel l'a fait naître? sa vie est-elle si longue qu'il ne craigne pas de l'éparpiller au hasard sur les grands chemins? C'est l'orgueil souvent aveugle qui suscite en lui une ambitieuse ardeur. Dans sa présomption, il s'imagine que, pour employer convenablement l'activité de son esprit, la richesse de sa pensée, il doit aller au loin chercher une grande arène. Cela me fait songer à ce que notre père nous disait dernièrement de ces faiseurs bruyants de charité, de ces tapageurs de philanthropie qui organisent des comités, publient des listes de souscription pour envoyer de l'argent aux petits Chinois et des cravates et des gilets aux insulaires de Tahiti, tandis qu'il y a près d'eux, à leur porte, sous leurs yeux, de pauvres êtres qui languissent dans le dénûment et l'abandon. Tu me trouves sévère, cher Nils, parce que je ne m'associe pas à tes idées. Je suis ta sœur aînée. Autrefois, je te grondais comme si j'avais été ta gouvernante. A présent il me semble que j'ai encore le même droit, quoique tu sois un grand garçon, décoré du titre de *magister* par les docteurs d'Upsal. Cela me fait tant de peine de songer que tu veux nous quitter et j'avais fait de si beaux projets pour toi...

— Merci! tes projets pourront bien un jour se réaliser. Si je pense maintenant à te quitter, ce n'est que pour un temps limité. J'aime de tout mon cœur cette maison où nous avons grandi l'un à côté de l'autre, près de nos bons parents. J'aime ce pays de Dalécarlie, ses montagnes, ses lacs, ses vieilles coutumes traditionnelles, ses habitants. Je voudrais seulement employer une partie de ma jeunesse à visiter d'autres contrées et à voir d'autres peuples.

— Voilà ; tu me rappelles la fable que notre vénérable maître, M. Jebsen, nous faisait réciter quand il nous donnait des leçons de français :

> Deux pigeons s'aimaient d'amour tendre...

ces deux pigeons, c'étaient sans doute le frère et la sœur, comme qui dirait Nils et Stina. Le frère s'ennuie au logis et veut entreprendre un long voyage. La sœur lui dit :

> . . . . . . Qu'allez-vous faire ?
> L'absence est le plus grand des maux...
> Je ne songerai plus que rencontres funestes,
> Que faucons, que réseaux. . .

— Ma chère Stina, je ne suis pas un débile pigeon ; j'espère faire un joli trajet, et, à mon retour, je te conterai...
— C'est cela. Je m'en souviens :

> . . . . . . Mon voyage dépeint
> Vous sera d'un plaisir extrême. . .
> Vous y croirez être vous-même.

Mais va, pauvre pigeon. Et l'orage, et les filets étendus dans les champs, et la griffe redoutable du vautour, et la fronde plus meurtrière encore !

— Bah ! ce sont des histoires que l'on invente pour effrayer les petits enfants et les empêcher de courir. J'y ai été pris aussi. Quand j'apprenais avec toi ces vers de la Fontaine, j'avais grande pitié de cette malheureuse bête :

Traînant l'aile et tirant le pied,
Demi-morte et demi-boiteuse...

mais tu avoueras que ce pigeon qui va s'abattre sur des épis
de blé, sans voir le réseau qui les recouvre, et s'expose
étourdiment à recevoir en pleine poitrine la pierre qu'une
main cruelle lui lance, était un peu myope ou un peu
niais. Puis, on ne sait dans quelle région sauvage il voya-
geait. Moi, j'ai bon pied, bon œil, et les pays que je désire
voir sont des modèles de civilisation.

Un de mes professeurs d'Upsal m'a fait un si séduisant
tableau de l'Allemagne ; un autre ne cessait de proclamer les progrès et les jouissances de l'Angleterre ; un
autre était passionné pour la France. Quel accident pour-
rais-je craindre dans ces grandes villes si parfaitement ad-
ministrées, au milieu de ces populations dont on vante
l'honnêteté et l'urbanité ? Ce n'est d'ailleurs pas chose si
difficile d'être partout le bienvenu. Il suffit pour cela
d'avoir de bonnes intentions. Si je ne veux nuire à personne, assurément personne ne me nuira, et si je tends la
main avec confiance, on me la tendra de même. Nous en
avons la preuve chaque jour dans notre Dalécarlie.

Tout à l'heure, je te citais cette strophe où Schiller représente le jeune homme entrant impétueusement dans le
combat de la vie. Moi, je n'aspire point à la gloire du
combat. Je désire seulement aimer et admirer. Je ne veux
avoir que de douces idées et de riantes perspectives. Notre
poëte Atterbom, dont tu as lu avec moi les délicates compositions, m'a parlé d'une fleur dont les racines ne touchent point à la terre, qui ne s'abreuve que de la rosée du
ciel et ne se dilate que dans une pure lumière. On l'appelle :
Flor del air (fleur de l'air). Il me semble que c'est l'emblème des sentiments les plus élevés, l'emblème de l'idéal.

Je voudrais observer cet idéal de la pensée humaine en différentes contrées, et rapporter comme un trophée de mon voyage cette fleur de l'air.

— Oui, dit Stina d'une voix mélancolique, tu partiras. Notre père n'est point opposé à tes projets aventureux. Mais notre mère et moi, souvent nous aurons le cœur inquiet en songeant à toi, et ne regretteras-tu pas aussi plus d'une fois ce que tu vas quitter? Regarde.

En ce moment, Stina et Nils étaient assis sur la terrasse de leur jardin, à l'extrémité de leur île natale. Là, entre deux chaines de colline, entre deux vertes forêts de sapins, de bouleaux, se déroulaient les eaux du lac Silian, l'un des plus grands lacs de la Suède et l'un des plus profonds.

C'était le soir. Un des côtés de ce vaste paysage était déjà plongé dans l'ombre; l'autre apparaissait encore tout imprégné de lumière. Les rayons du soleil couchant empourpraient le feuillage des bois, scintillaient aux vitres des rustiques habitations et s'épandaient au sein du lac transparent.

A travers leurs lames d'or et d'opale, la lune montant à l'horizon projetait une lueur blanchâtre pareille à une tresse d'argent. Des hirondelles tournoyaient encore, l'une après l'autre, et du bout de leurs ailes rasaient les flots irrisés: des pêcheurs, contents de leur journée, ramenaient, en causant gaiement, leur barque sur la grève. Dans l'intérieur du village, construit d'ici, de là, le long de l'ile, autour de l'église, des groupes de jeunes gens s'en allaient chantant, d'une voix harmonieuse, un des *volksvisor* de leur noble pays de Suède; les bonnes vieilles gens, assises sur le seuil de leur porte, s'entretenaient des choses de leur ménage ou des affaires de la paroisse: les enfants criaient et riaient en courant et se réjouissaient d'esquiver la main maternelle qui essayait de les atteindre pour les ramener au logis.

Innocente idylle! doux et pur tableau! Les scènes de la vie champêtre, unies aux imposantes images de la nature, et par l'effet de la saison d'été, une région septentrionale éclairée comme par les lueurs de l'Orient.

— Ah! mon beau cher pays! murmura Stina.

Au même instant, elle entendit sa mère qui l'appelait et se hâta d'aller la rejoindre.

Nils resta appuyé sur la balustrade du jardin. A le voir là, silencieux, immobile, contemplant l'onde lumineuse, on eût dit qu'il était sous le charme d'un pouvoir magique, qu'il entendait dans le bruissement du lac, la harpe d'argent du Strœmkarl, ou la voix mélodieuse de la Hafsfru, la sirène scandinave, qui trouble l'âme du voyageur.

LES ADIEUX

Nils a été l'enfant béni du foyer paternel. Nils n'a point connu les difficultés de la vie. Il aime tout le monde, et tout le monde l'aime. Il croit à toutes les vertus dont on lui parle, et à toutes les féeries racontées dans les livres de Sagas, au désintéressement des patriotes, à la reconnaissance des ambitieux, aux êtres surnaturels qui soupirent dans les bois ou chantent dans les grottes de cristal, aux elfes du Nord, aux péris de l'Orient, à l'idéal représenté par la fleur de l'air. Sa mère, qui avait de l'instruction, se plaisait à rappeler que, comme Linnée, il était né au mois de mai, qu'on appelle en Suède le mois des fleurs, et comme Linnée, il avait l'amour de la nature.

Son père était plus positif. Ancien officier de cavalerie, possesseur d'un domaine agricole et d'un établissement industriel qui lui donnaient chaque année un honnête revenu, M. Falk devait être et était en effet un personnage considérable dans son district : *Herr Rytmaestare* (Monsieur le capitaine), disaient les paysans qui avaient servi dans la milice ; *Herr Bruskpatron* (Monsieur le maître de forges), disaient les marchands et les ouvriers. Et chacun le saluait avec empressement. Il se plaisait à voir ces témoignages de confiance. Il remarquait que les enfants mêmes, en le voyant passer, se le montraient l'un à l'autre et se rangeaient respectueusement sur son chemin. Il était fier surtout lorsqu'aux jours de fête et aux dîners d'apparat, il étalait à sa boutonnière un large ruban jaune bordé de bleu et la croix de l'épée qu'il avait gagnée dans la campagne de Finlande.

Bonhomme, du reste, obligeant et charitable. Il avait la prétention d'exercer un pouvoir absolu sur son entourage, et en réalité, il était gouverné par sa femme et sa fille, souvent même par son régisseur et son fermier. Mais quand il levait la tête d'un air d'autorité, et prononçait une de ses paroles sacramentales: *Paa min aera!* (sur mon honneur!) c'était pour lui comme le serment du Styx pour Jupiter. On devait alors se soumettre à sa volonté, au moins pour le moment.

—*Paa min aera !* dit-il à sa femme qui se lamentait près de lui des projets de voyage de Nils, j'aurais voulu que ce garçon entrât dans l'armée. Une bonne école. C'est mon idée. École d'ordre et de discipline. École de devoir et d'honneur. J'aurais voulu voir notre Benjamin porter comme moi l'uniforme de hussard, et si, en une heure mémorable, après un valeureux combat, il avait reçu comme moi, des mains d'un maréchal Stedingk, la croix de l'épée, j'en aurais eu le cœur tout en émoi, tout rajeuni.

Mais tu as dit qu'il n'était pas assez fort pour supporter les fatigues du service militaire, et tu tremblais ainsi que Stina, à l'idée seule qu'il pouvait se trouver quelque jour sur un champ de bataille, en face de l'ennemi. Au lieu de s'exercer au maniement du sabre et du pistolet, il a donc continué ses pacifiques études comme s'il se destinait au professorat ou à la magistrature.

Du gymnase de Fahlun, il a été à l'université d'Upsal, et nous avons eu la joie d'apprendre par les témoignages de ses professeurs, par les lettres de notre savant ami Geïer, qu'il s'y conduisait très-bien, et il a obtenu, après ses examens, le grade de magister, ce qui équivaut, dit-on, au titre de docteur en Allemagne ou en France. Soit. Seulement il nous est revenu avec des songes poétiques un peu nébuleux, et des accès de mélancolie parfois un peu sombres.

Maintenant il veut voyager. Je l'approuve. Au fond de ses vagues rêveries, il y a du bon sens; au fond de ses tristesses, une source de gaieté naturelle. Les voyages développeront son jugement, éclaireront son esprit et lui donneront plus de fixité. Il apprendra en voyageant les choses de la vie pratique. Il apprendra à mieux apprécier son pays natal, en parcourant les autres pays, et à mieux aimer le foyer de famille en séjournant dans la maison de l'étranger. Puis, lorsque sa soif de curiosité sera apaisée, il reviendra, content de rentrer au logis et d'y rester. Nous le marierons avec une bonne et brave Dalécarlienne, et il n'aura pas l'honneur de porter comme moi le titre de Ryttmaestare, mais il pourra continuer très-heureusement mon œuvre de Brukspatron.

Ainsi, dit l'honnête M. Falk, et le voyage est décidé, et Nils est parti. Sa mère et sa sœur pleuraient en le conduisant au bateau. Son père marchait d'un pas ferme et d'un air résolu, comme un soldat qui ne peut pas se laisser attendrir, ainsi qu'une faible femme. Deux ou trois fois il porta la main à ses yeux, sans doute pour en écarter une mouche qui le piquait, et ses yeux étaient tout humides. Mais il disait qu'un homme ne devait pas pleurer, et certainement il ne pleurait pas le vaillant capitaine.

— Tu nous écriras, Nils, murmura Stina d'une voix larmoyante.

— Est-il besoin de le demander?

— De longues, longues lettres, très-souvent. De plus, il faudra que tu notes régulièrement tous les petits incidents de ta vie journalière. Tu nous rapporteras ce recueil de notes, et nous les lirons ensemble, n'est-ce pas?

— C'est convenu.

— Parfaitement convenu.

— Adieu, dit encore la douce Stina, en se jetant dans les bras de son frère.

— Adieu, dit la tendre mère, en sanglotant, comme si elle ne devait jamais revoir son fils aimé.

— Adieu, dit le capitaine avec un accent qu'il voulait maintenir à un diapason viril. Mais, cette fois, il eut beau faire, ses lèvres tremblaient, et il ne put dissimuler deux grosses larmes qui roulaient sur ses joues.

En ce moment, on entendit vibrer une voix argentine, et l'on vit apparaître une jolie petite fille. C'était Ebba, la fille du bailli, une blonde et rieuse enfant, choyée par tous ceux qui la connaissaient, surtout par Nils et Stina.

Elle accourait, les cheveux au vent, tout essoufflée, et s'approchant de Nils, elle s'écria : — Tu t'en vas donc. Et tu disais que tu avais encore de si belles histoires à m'apprendre, des histoires de fées, de *Trolles* et de *Tumte*

Gubbar. La dernière que tu m'as racontée était si intéressante, si intéressante, j'en ai rêvé toute la nuit.

— Plus tard, répliqua Nils, je t'en conterai encore
d'autres.

— Plus tard ! répéta-t-elle, en regardant autour d'elle
avec ses grands yeux étonnés, comme si elle ne pouvait
comprendre cette vague réponse. Tiens, reprit-elle, après
un instant de silence, ma mère m'a dit d'aller cueillir
pour toi ce bouquet dans notre jardin. Vois-tu comme il
est bien arrangé !

En parlant ainsi, elle lui présentait un faisceau d'anémones élégamment liées ensemble avec un ruban bleu.

— Ah! Nils, dit Stina, le présent de l'innocente enfant,
le bouquet de la terre natale. Emporte-le. N'est-ce pas la
fleur de l'air ?

Nils prit le bouquet et embrassa la gentille Ebba.

Quelques instants après, son embarcation, conduite par
de vigoureux bateliers, n'apparaissait plus que comme un
point noir à la surface du lac.

— Allons, dit le capitaine, en offrant le bras à sa
femme.

— Allons, dit Stina, en tendant la main à la petite
Ebba.

Et tous quatre rentraient en silence dans la maison où le
départ de Nils faisait un si grand vide.

NILS A STINA

Stockholm, 18...

Oui, ma chère sœur, je t'écrirai comme nous en sommes
convenus; je t'écrirai souvent, longuement, pour t'asso-

cier par mes récits aux divers incidents de mon voyage, pour recevoir tes conseils; quelquefois, je l'espère, ton approbation, et quelquefois me soumettre à tes réprimandes, puisque tu es la sage colombe du logis et que je suis l'aventureux pigeon qui inquiète ta tendresse.

De Stockholm, je t'écris par un besoin de cœur, pour te dire ma tristesse et mes regrets. Ah! ce n'est pas chose facile de quitter, pour s'en aller au loin, la pierre du foyer, le seuil de la maison, l'enclos de la famille, et je me souviendrai de l'émotion que j'ai ressentie en voyant les bateliers, après m'avoir déposé sur la plage, virer de bord pour retourner à Sollerœ. Je regardais cette délicieuse contrée, où j'ai eu le bonheur de naître, où je pouvais rester et d'où je m'exilais volontairement.

Jamais notre lac ne m'avait paru si limpide, ni notre ile si riante, ni si grandioses et si majestueuses les montagnes qui, de leur bleue ceinture, entourent notre horizon. De l'endroit où j'étais, je pouvais encore reconnaître le presbytère du vénéré prêtre qui fut notre premier maitre, les arbres du jardin où la gentille Ebba a été cueillir pour moi son bouquet d'anémones, la vaste demeure de notre voisin Johnson, le riche marchand de bois et plusieurs autres habitations.

Au-dessus de la nôtre tourbillonnait un nuage de fumée bleuâtre, la fumée de la cuisine de notre vieille Britte. Je regardais et j'écoutais. A mon oreille résonnaient encore les tendres voix plaintives qui me disaient adieu, et je voyais encore tomber goutte à goutte les larmes de notre père, ces douloureuses larmes de l'homme qui s'échappent des paupières, en dépit de la volonté virile qui essaye de les retenir.

Un instant j'ai été tenté de renoncer à mes projets, de rappeler les bateliers pour qu'ils me reconduisissent à

notre doux village. J'ai fini pourtant par détourner mes
regards du tableau qui les fascinait et par m'acheminer
vers le *Gaestgiwaregord*, où je devais demander une voiture et des chevaux. Mais quand le maître de poste qui
me connaît depuis si longtemps, s'est écrié en me voyant :
« Ah! monsieur Nils, vous retournez à Upsal! » je n'ai pas osé
lui avouer que je comptais aller bien plus loin, par delà
les monts et les mers. J'avais peur qu'il ne se dît en lui-
même : « Le malheureux garçon a le cerveau dérangé. »

Et je suis parti, et tout le long de la route, j'ai eu l'âme
saisie de toutes sortes de réminiscences.

A Mora, je me rappelais qu'il y a quelques années
nous visitions ensemble cette église devant laquelle, un
dimanche, Gustave Wasa, proscrit, traqué par les Danois,
appela les Dalécarliens à prendre les armes pour délivrer
la Suède des fureurs de Christian II et des cruautés de ses
satellites. En lisant l'excellente œuvre de Fryxell, tu fré-
missais au récit des massacres de Stockholm ; tu suivais
avec angoisse Gustave dans sa fuite. Il te tardait de le voir
délivré de ses dangers, et tu bénissais les braves femmes
qui, l'une après l'autre, par leur présence d'esprit et leur
ferme résolution, le dérobaient aux recherches de ses
bourreaux.

A Fahlun, tu descendais avec moi par une fragile
échelle dans ces mines creusées d'année en année depuis
des siècles, dans les profondeurs de ces cavernes de
cuivre, jusqu'au bord de ce lac noir, autour duquel des
ouvriers allumaient des torches de sapin, pour voir la
jeune Froeken qui arrivait si bravement près d'eux par
une fragile échelle, et leur apparaissait comme une fée
lumineuse dans leur région sépulcrale.

A Elfkarlby, un jour tu venais m'attendre avec notre
père, à mon retour de l'université, et au milieu de la soli-

taire forêt de sapins, nous allions admirer dans sa chute
impétueuse, dans sa sauvage splendeur, la cascade de
notre fleuve dalécarlien.

A Gelfe, je revoyais la mer, et je me rappelais avec
quel saisissement je l'avais vue pour la première fois, cette
grande mer du Nord, qui s'étend jusqu'au pôle.

A Upsal, j'ai retrouvé plusieurs de mes anciens condisciples, qui se sont réunis pour faire flamboyer un punch
en mon honneur, et m'adresser ce qu'on appelle le
Brorskol (le salut fraternel). Ils m'ont dit que j'avais toujours été pour eux un bon camarade. C'est un éloge dont
je suis très-content, et que je voudrais mériter en toute
occasion. Si, comme notre religieux instituteur nous l'a
souvent dit, notre vie terrestre est un combat, honneur à
ceux qui s'y soutiennent en bons camarades !

A la fin de notre soirée, un de nos amis nous a chanté
d'une voix pure et vibrante cette chanson d'Uhland,
l'illustre poëte d'Allemagne :

> — J'avais un camarade ardent, brave et fidèle,
> Sans égal au foyer comme dans les combats.
> La trompette a sonné, le tambour nous appelle ;
> Nous marchons à la fois tous deux du même pas.
>
> — Nous entendons siffler la balle meurtrière.
> A qui s'adresse-t-elle ? est-ce à nous ? est-ce à toi ?
> Hélas ! elle a frappé mon compagnon, mon frère,
> Qui s'affaiblit, chancelle et tombe devant moi.
>
> — Il veut serrer ma main dans sa main défaillante.
> Mais, trop faible, il essaye en vain de la tenir.
> « Adieu donc, me dit-il d'une voix expirante.
> Reste mon camarade en la vie à venir. »

Le lendemain de cette affectueuse réunion, à quelques
lieues de Stockholm, je rencontrais une troupe de gens de
nos vallées et de nos montagnes ; ces braves gens, tu sais,

qui n'émigrent point comme le sybarite oiseau pour jouir
en différentes saisons d'un heureux climat, mais pour
chercher par leur labeur un secours dans leur pénurie.

Les champs qu'ils cultivent trompent souvent leur espoir.
Quand un été pluvieux ou une gelée prématurée anéantit
leurs semences d'orge et d'avoine, et leurs plantations de
pommes de terre, la disette les oblige à quitter leur pays.
En général, ils ont l'entente naturelle des travaux de l'industrie et apprennent eux-mêmes très-aisément ce qui
leur est nécessaire pour subvenir à leurs besoins.

M. le comte d'Avaux, ambassadeur de France en Suède
du temps de Christian, raconte dans une de ses lettres qu'il
connaissait, en Dalécarlie, un village de deux cents maisons
où l'on trouvait deux cents tailleurs, deux cents cordonniers,
deux cents serruriers et des menuisiers et des horlogers.

Pour son usage et pour celui de sa famille, par un rigide
principe d'économie, chaque habitant de ce village faisait
plusieurs métiers, il en est encore de même dans nos habitations champêtres, surtout dans celles qui sont isolées.

Partout où nos Dalécarliens peuvent être employés, ils
sont reçus avec empressement. On sait que l'on peut se fier
à leur probité. Mais on ne les garde point comme on voudrait. Dès qu'ils ont par leur honnête travail et leur sage
conduite amassé quelque argent, ils retournent dans leur
pays. Ils aiment leurs forêts de sapins et de bouleaux, les
âpres cimes de leurs montagnes, les soupirs de leurs
lacs, les gémissements de leurs cascades. Ils aiment le sol
où ils sont nés, où ils ont souffert, et rien ne peut les en
détacher.

Lorsque je suis arrivé près de la cohorte d'ouvriers portant leurs ustensiles de travail ou leur petit butin sur l'é-
paule, et cheminant d'un pas ferme, tous se sont rangés au
bord de la route pour m'ouvrir un plus large passage, en

me saluant selon la coutume du bon peuple de notre bonne Suède. Je me suis arrêté pour causer avec eux. A leur costume, à leur physionomie, je reconnaissais des Dalécarliens, et je pensais à toi, à nos chers parents, au lac Silian, à Sollroe.

L'un d'eux, après m'avoir un instant attentivement examiné, s'est écrié : « Ah! monsieur Nils! vous ne vous souvenez pas de moi. Vous m'avez à peine vu. Mais moi, je vous ai bien vu, quand j'allais recrépir le mur de votre jardin, et quand vous partiez pour Upsal. Votre père, le noble Rittmaestare m'a bien payé ; votre mère m'a charitablement soigné un jour que j'étais malade, et votre sœur Stina m'a donné une jolie robe pour ma petite Marthe. Les bonnes gens, que Dieu les bénisse! Quand vous retournerez près d'eux, dites-leur que Paul Persson, le plâtrier de Raettvik, ne les a point oubliés. »

Qu'aurais-tu fait, Sœta Stina, à ma place, après une telle harangue? Moi, j'ai cru agir très-convenablement en tirant ma bourse de ma poche et en offrant un peu d'argent à ce reconnaissant ouvrier de Raettvik.

J'oubliais la fierté naturelle de nos Dalécarliens. Pas un d'eux, à moins qu'il ne soit réduit à la dernière extrémité, ne se résigne à accepter ce qui ressemble pour lui à une aumône.

— Merci ! m'a dit Paul Persson. J'ai encore bon pied, bon œil, et je sais qu'à mon arrivée à Stockholm, je trouverai de la besogne. Mais il y a là deux pauvres créatures qui sont, je crois, très-lasses, quoiqu'elles ne veuillent pas l'avouer. Si vous pouviez les secourir, si vous pouviez les emmener à Stockholm, vous feriez une bonne œuvre.

— Très-volontiers, ai-je répondu.

— Frida, Grete, s'est écrié gaiement l'honnête Paul, venez ici.

Alors, j'ai vu apparaître une femme jeune encore, très-pâle et très-maigre ; une petite fille plus pâle encore et en apparence plus débile, toutes deux en deuil.

— Voyez-vous, leur a dit Paul, voilà M. Nils, le fils de M. Falk, le maître de forges de Sollroe, dont vous avez bien entendu parler, qui veut vous prendre dans sa voiture. Au lieu de piétiner encore pendant plusieurs heures sur le grand chemin, vous arriverez très-vite et très-commodément à Stockholm.

La mère a tourné timidement la tête de mon côté. La petite m'a regardé avec de beaux yeux bleus, ces yeux limpides, curieux, d'enfant, où l'on croit voir la lumière d'un autre monde et l'étonnement de celui-ci.

L'une et l'autre ne prononçaient pas un mot, et n'osaient s'avancer vers moi.

— Venez, leur dis-je.

— Allez donc, répéta Paul Persson d'un ton plus impérieux. Vous êtes fatiguées, incapables peut-être de continuer votre route à pied. Voilà une bonne occasion ; profitez-en.

— Va, Frida, dit avec un accent d'autorité une femme déjà âgée, mais vigoureuse, va, tu m'attendras avec la petite à l'entrée du Norrmalm. Je vous rejoindrai là, et nous irons ensemble chez notre cousine.

Enfin Frida s'est décidée. Elle est montée à côté de moi, en se serrant tant qu'elle pouvait à l'angle de la voiture de peur de me gêner. Elle a fait asseoir Grete sur ses genoux, en lui recommandant de ne pas bouger. Le cocher offrait à la petite une place près de lui. Mais la mère et la fille ne voulaient pas se séparer.

Nous nous sommes ainsi mis en marche, et Paul Persson m'a salué d'un air de triomphe, comme s'il se di-

sait, le brave Paul : C'est moi qui fais ce bel arrangement !
— et tous ses compagons nous criaient à qui mieux mieux :
Farvael ! Lyckliga resa ! (Adieu ! Heureux voyage !)

Chemin faisant, Frida m'a raconté son histoire, une de
ces simples et tristes histoires des pauvres gens auxquels
la Providence n'a donné ni terrains, ni capitaux, qui vivent
au jour le jour du produit de leur labeur et tombent dans
la misère, quand ils ne peuvent plus gagner par ce labeur
le salaire journalier. Son mari était employé à l'extraction
des filons de cuivre dans les mines de Fahlun : un courageux ouvrier, disait Frida, avec un accent de cœur, et doux
et si fidèle à ses devoirs !

Jamais on ne le vit entrer au cabaret ni prendre part à
quelques-unes des bruyantes réunions de ses compagnons.
Le samedi soir, il rentrait en toute hâte dans notre mai-
sonnette ; Grete courait à sa rencontre. Moi, je lui prépa-
rais la soupe qu'il aimait. Il arrivait d'un air si joyeux et
tout de suite remarquait que j'avais poli notre armoire, mis
de nouveaux rideaux blancs à notre fenètre, répandu sur
le plancher de frais bourgeons de sapin ; il s'écriait que
nulle part, pas même dans la maison du gouverneur, on
ne pouvait voir de si belles choses, et que notre petit ménage était un vrai paradis.

Le dimanche, il revêtait sa redingote neuve, prenait son
beau chapeau de feutre, et nous allions ensemble à l'office.
Dans l'après-midi, il enseignait à Grete à lire et à chanter
des psaumes ou nous menait promener dans les bois. Ah !
le bon temps !

Par malheur, Norbert était d'une constitution délicate
et travaillait trop. Souvent, je l'engageais à ne pas faire de
si longues journées, mais alors il prenait Grete dans ses
bras et lui disait qu'il voulait devenir riche, très-riche,
pour lui bâtir un château en porcelaine dorée, lui acheter

un carrosse de velours attelé de six chevaux blancs et la
marier avec le fils du bailli.

Vers la fin de l'automne dernier, il eut une sorte de
fièvre catarrhale qui l'obligea malgré lui à cesser son travail.
Au bout de quelques semaines, il se croyait complétement
guéri, et descendait comme de coutume dans les mines.
Mais au milieu de l'hiver, il tomba de nouveau malade, et
cette fois, c'était le désastre.

Cette fois, il se mit au lit pour ne plus s'en relever.
Bientôt nos petites économies et nos petites provisions
furent épuisées. Il nous restait encore un peu de farine
d'orge. Je la gardais pour lui faire du *knaeck broed* ou
des bouillies. C'était tout ce qu'il mangeait. Pour Grete
et pour moi, je pétrissais du pain avec de l'écorce
de bouleau. C'est pour cela que nous n'avons pas l'air
vaillant.

Nos voisins désiraient bien nous aider, et ils nous ont
donné des témoignages d'affection que je n'oublierai jamais. Mais ils n'étaient **guère** plus riches que nous. La récolte avait été mauvaise. **Tout** coûtait fort cher, et un
grand nombre d'ouvriers employés aux mines ne pouvaient
subsister qu'en obtenant de la caisse de l'administration
une avance de salaire.

Norbert ne voulait point demander une telle avance,
peut-être parce qu'il avait dans sa rigide honnêteté le secret pressentiment que s'il contractait cette dette, il ne
pourrait l'acquitter. Cependant il nous répétait toujours
qu'il n'était pas si malade qu'on le croyait, qu'il se sentait
mieux, que dans quelques jours il se remettrait à l'œuvre.
Quelquefois, il me prenait les mains, et me regardant avec
tendresse, il me disait qu'il ne pouvait dépérir étant si bien
soigné. Quelquefois, il faisait asseoir Grete sur son lit et
recommençait en riant ses contes de fées. Mais la chère

petite, le voyant si frêle et si amaigri, ne riait plus. Elle pleurait en l'embrassant.

De semaine en semaine, il s'affaiblissait, et parfois il avait des convulsions qu'il essayait de vaincre et qui étaient terribles.

Un matin, au printemps, tout à coup je le vis tressaillir, en proie à une de ces crises qui me faisaient si peur.

— Frida, Grete, s'écria-t-il, venez, venez !

Nous nous précipitâmes aussitôt vers lui. Il nous saisit dans ses bras ; et nous serra sur sa poitrine, puis il s'affaissa sur son lit ; ses yeux se fermèrent, ses membres se roidirent. Le prêtre qui l'avait administré la veille, ouvrit la porte, s'approcha de lui, le regarda et nous dit, en joignant les mains :

— C'est la fin d'un brave homme !

Nous nous mîmes à genoux près de son lit pour prier. En ce moment sa figure était redevenue si calme, qu'on eût dit qu'il dormait d'un doux sommeil. Un rayon de l'aube printanière projetait une teinte rose sur ses joues. Un rouge-gorge chantait au bord de la fenêtre.

Dieu, qui prend soin des petits oiseaux, a pris aussi soin de moi dans mon deuil et ma misère. Une de mes cousines, qui a une place de lingère dans une grande maison de Stockholm, m'a engagée à aller la rejoindre, promettant d'enseigner à Grete son état de lingère. Cette grande femme, que vous avez vue tout à l'heure, qui m'a dit de l'attendre à l'entrée du Norrmalm, est aussi ma cousine. Elle m'a décidée à faire ce voyage avec elle, et elle a eu grand soin de nous tout le long de la route.

Voilà, ma chère Stina, le récit abrégé de la veuve du mineur. Ah ! les pauvres gens, si fidèles à leur tâche, si patients dans leurs peines, si heureux d'un petit éclair de bonheur, si reconnaissants d'un témoignage de sympathie, quelle leçon pour les riches !

En arrivant à l'entrée du faubourg où Frida voulait s'arrêter, j'ai avisé une kaellar de bonne apparence. J'ai déterminé, non sans peine, Frida à y entrer avec Grete et je leur ai fait servir à dîner. Toutes deux avaient faim, quoiqu'elles ne voulussent pas en convenir, et je me suis senti attendri jusqu'aux larmes, en voyant le mouvement de surprise et la naïve joie de Grete, lorsqu'on a mis à côté d'elle une tranche de pain blanc. Du pain blanc ! pauvre petite ! C'était probablement à ses yeux ce qu'il y avait de meilleur au monde. J'ai fait faire à la mère une autre gourmandise en ordonnant qu'on lui apportât une tasse de café noir, puis je lui ai dit d'attendre là ses compagnons de voyage, qu'elle pourrait très-bien voir venir en s'asseyant près de la fenêtre. Enfin, je l'ai recommandée à la maîtresse du restaurant, qui a une honnête physionomie, et pour ces minimes arrangements que de bénédictions j'ai reçues ! Mais ce n'est pas fini.

Tu te rappelles ce que notre charitable nièce nous a souvent dit : «Mes enfants, lorsqu'il vous arrive un pauvre, songez que c'est la Providence qui vous l'envoie. Faites en sorte qu'il ne s'éloigne pas sans être content de vous. Son contentement sera votre bénédiction. »

Avant de continuer mon voyage, je voudrais avoir encore une de ces bénédictions. Je voudrais pouvoir faire encore quelque bien à cette malheureuse veuve et à sa douce fille. Cela allégerait peut-être le chagrin que j'éprouve déjà à l'idée de quitter Stockholm.

Tu ne connais pas, chère sœur, cette glorieuse capitale de notre glorieux pays de Suède. J'espère bien quelque jour te la montrer. Quel bonheur pour moi de te promener pas à pas dans les divers quartiers illustrés par d'héroï-

ques ou de touchantes traditions, de te conduire au haut
du Mossbacka, d'où l'on voit dans sa plus vaste étendue
ce magnifique panorama ; ici le lac Mélar épanchant ses
flots dans la Baltique ; là, le cœur de la royale métropole,
la cité primitive avec ses vieilles maisons et ses monuments nationaux ; plus loin, la péninsule où se déroulent
en de longs circuits les allées du parc, où autour de Ro-
sendal, le champêtre château du roi, s'élèvent de riantes
villas, où la grande musique a son orchestre, l'art dramatique son théâtre, Polichinelle ses tréteaux, où toute la
semaine de côté et d'autre paradent les élégants équipages,
où le dimanche l'ouvrier s'en va chantant les chansons de
Bellmann ; çà et là, au milieu des embranchements du
Mélar ou de la mer Baltique, les îles parsemées d'arbres,
couvertes de maisons et rejointes l'une à l'autre par des
ponts.

Au sud et au nord de ce charmant archipel, les deux
grands faubourgs habités par les plus riches négociants
et les plus hauts fonctionnaires. Quel étonnant tableau !
quelle prodigieuse variété d'aspects ! Ville terrestre et ville
maritime ; œuvres hardies et ingénieuses de l'homme dans
l'œuvre merveilleuse de la nature, navires et vaisseaux
flottant au pied de la demeure du roi, légères chaloupes
conduites par des Dalécarliennes et rasant les flots comme
des hirondelles, images idylliques, unies aux travaux de
la guerre et du commerce, eaux limpides enlaçant les
murs des arsenaux, massifs d'arbres étendant leurs vertes
branches sur les noirs magasins ; de deux côtés, à l'horizon, les riantes collines ; de deux autres, le lac si bleu, la
mer si grande !

Par ces quelques lignes, ai-je pu te donner une idée de
Stockholm ? Non, et par de longues pages je n'y réussirais
pas mieux. Les voyageurs ont comparé notre royale cité,

à Constantinople, à Venise, à Gênes. Moi, je crois qu'on ne peut la comparer à rien, et que c'est tout simplement la plus belle ville du monde. Pour en comprendre l'étonnante majesté et le charme idéal, il faut l'avoir vue l'hiver avec sa parure de neige à la lueur féerique des aurores boréales; l'été avec ses fleurs et sa verdure, à l'heure du silence et du recueillement où le soleil s'incline à l'horizon, où l'éclat du jour apparaît doucement atténué comme par une gaze transparente, où le crépuscule du soir se rejoint par ses teintes lumineuses à celui du matin. Quiconque l'aura vue ainsi, cette reine scandinave, ne l'oubliera jamais.

Depuis mon arrivée, j'ai été dans la plupart des maisons pour lesquelles j'avais des lettres de recommandation. Partout bien reçu et partout on m'a parlé de notre père d'une façon qui m'a touché.

Hier j'ai assisté à une brillante soirée chez le baron de Silversparre. Il m'a présenté à ses amis qui ont été fort obligeants pour moi. L'un d'eux m'a dit : « Vous allez voir des contrées qui ont produit de mémorables écrivains. Recherchez, lisez, scrutez les meilleures œuvres. Étudiez les lettres. C'est, de toutes les études, la plus douce et la plus bienfaisante. Elle ennoblit l'esprit et souvent console le cœur. »

Voilà un conseil qui me plaît et que j'espère bien suivre. Ce qui m'attire surtout, c'est la poésie, poésie du cœur de l'homme et poésie de la nature. D'ici, je vais en Allemagne, ce pays des Lieder et des Mærchen. Il me semble que là, on vit constamment dans le monde enchanté de la poésie. Dans chaque château, les chants des Minnesinger et les traditions chevaleresques ; sur chaque coin de terre les *vergiss mein nicht* et l'idylle ; à chaque foyer les contes populaires des frères Grimm ; dans chaque forêt le retentissement du cor merveilleux ; au bord de chaque fontaine un Hermann et une Dorothée.

Adieu, ma chère Stina. De ce pays d'Allemagne dont tu as appris avec moi la langue, je t'enverrai quelques livres ou quelques compositions musicales. Adieu.

Ton frère qui t'aime de tout cœur.

Berlin.

Me voilà, chère sœur, dans cette Allemagne que j'ai tant désiré voir, et dans l'une de ses plus illustres capitales. Jusqu'à présent, à vrai dire, je me trouve un peu déçu dans mes désirs. La contrée que l'on traverse en venant de Stettin n'est pas riante ; les villages par où l'on passe n'ont guère l'apparence idyllique ; les Gretchen et les Clara que l'on rencontre bêchant la terre ou conduisant leurs bestiaux à l'abreuvoir séduiraient difficilement, je crois, un Faust ou un Egmont, et du panorama de Stockholm à celui de Berlin la chute est rude.

Ici, ni mer, ni lac, ni vertes collines. Rien que du sable, une immense plaine de sable embellie seulement, çà et là, par quelques terrains marécageux et ombragée par quelques forêts de pins. Au milieu de ces sables, la Sprée, une morne, terne, lente rivière qui a bien de la peine à porter quelques bateaux de petite dimension. Si elle voulait aller vers la Suède, et si elle voulait se marier avec notre Dalelf, bien certainement notre fleuve limpide n'en voudrait pas et s'indignerait de voir une eau si malpropre.

Cependant, de chaque côté de cette rivière, de ses embranchements et des canaux qu'elle alimente, s'élèvent les édifices publics et les maisons de Berlin, tout cela dans un vaste espace, et dans de hautes proportions, et tout cela monotone et froid.

Ces longues rues régulières ressemblent à des régiments strictement alignés à l'heure d'une revue par l'ordre du rigide et fantasque Guillaume, qui avait la fureur de la discipline et la passion des compagnies de haute taille. Ces édifices, construits rapidement par la volonté d'un souverain, paraissent étonnés d'étaler leurs colonnes grecques, ou leurs façades italiennes sur ces landes septentrionales, et doivent être non moins étonnés de former un cercle qui représente des idées si différentes. L'église catholique et l'église protestante à côté de l'Opéra, le Musée près de l'arsenal, la bénigne bibliothèque près des statues en bronze des sanguinaires généraux : étranges rapprochements dominés de tous côtés par l'image de la guerre.

Sur le bateau à vapeur qui de notre gentille ville d'Ystad m'emportait sur les plages de la Poméranie, je lisais une description de Berlin et songeais au plaisir de me promener *unter der Linden*, sous les tilleuls! Quel joli nom! il y a là en effet, sur un large espace, des allées de tilleuls et de châtaigniers. Mais à l'une des extrémités de ces ombreuses allées est la porte de Brandebourg, surmontée du char de la victoire, avec quatre chevaux de bronze, et à l'autre extrémité, le corps de garde, où chaque jour résonnent de belliqueuses fanfares. Partout l'appareil militaire, partout le soldat et l'officier en complet uniforme.

Parfois je m'imagine que cette cité n'est qu'un grand campement dont les princes de Prusse cherchent à embellir les divers quartiers, afin d'y vivre aussi agréablement que possible, en attendant qu'ils conquièrent une autre capitale.

Mais non, je me trompe. Les souvenirs trop vivaces des

montagnes de la Dalécarlie, des rives du Mélar, des en-
chantements du Mossbacka de Stockholm troublent ici mes
yeux et mon jugement.

Les Prussiens ne doutent pas que Berlin ne soit une des
merveilles de la terre, une ville si bien bâtie, disent-ils,
si élégante, si majestueuse et si sensée! En peu de temps
quels progrès elle a faits! Déjà, elle a des monuments
que les autres cités lui envient, un musée coordonné
d'une façon si admirable, une bibliothèque qui renferme
des trésors, des palais et des statues qui sont des chefs-
d'œuvre. Elle se signale en tout ce qu'elle entreprend par
sa pénétration et sa patience. Elle s'est rendue célèbre à
la fois par ses manufactures et ses établissements d'instruction. Ses produits industriels sont recherchés de toutes
parts; ses publications littéraires ou scientifiques attendues
en tout lieu avec impatience. Ses négociants ont des comptoirs dans les régions les plus lointaines; ses savants sont
en correspondance avec le monde entier. Les Anglais lui
envient plusieurs éléments de son commerce, et les Français, les vaniteux Français sont obligés d'étudier l'organisation de ses écoles.

Je n'exagère point, ma chère Stina, j'atténue, au contraire, ce que les Prussiens disent de leur capitale, et ils
parlent avec le même confiant enthousiasme de leur pays,
le plus ferme, le plus vaillant, le plus prospère de tous les
pays. Les autres États de l'Europe sont vieillis, affaiblis,
embarrassés, viciés, tous en déclin. Au milieu de ces nations, qui ont eu leur âge de floraison, de maturité, d'éclat,
et qui tombent en décadence, la Prusse s'élève comme un
grand chêne, plein de sève et plein de force, qui doit
étendre au loin ses vigoureux rameaux. La Prusse est à la
tête de l'Allemagne par l'ardeur de son tempérament, par
les lumières de ses idées, par la sagesse de son adminis-

tration, par son armée, une armée sans pareille, qui joint aux fameuses leçons du conquérant de la Silésie, du vainqueur de Rosbach, l'enseignement des guerres du commencement de ce siècle, les plus parfaits engins de destruction inventés par la science moderne.

Dans le souvenir d'une autre époque, et le sentiment de sa force, cette armée aspire à se venger une seconde fois de la défaite d'Iéna. Ces vieux généraux qui, avec leurs uniformes chargés de broderies et de décorations, paraissent trembler dans les revues de régiments aux détonations des canons, peuvent s'écrier, comme le fier chevalier des bords de la Garonne, que c'est leur chair qui tremble par le pressentiment des dangers auxquels leur courage les exposera. Ces jeunes soldats sont des Achille dont il faut contenir le bouillant courage, et cet aigle qui couronne les étendards, ce n'est pas sans peine qu'on le retient, tant il est impatient de prendre son vol.

Évidemment, ma chère Stina, j'ai mal jugé ce glorieux pays de Prusse. Je dois en conscience corriger ma fausse appréciation, et d'abord je dois tâcher d'admirer, comme on m'y engage, la grandeur et la beauté de Berlin. Mais ce qui me gêne, c'est de rencontrer dans les rues de cette ville, à chaque pas, des officiers qui se promènent le casque en tête, le sabre au côté, d'un air si hautain et si provocant, comme s'ils cherchaient une occasion de tirer l'épée ou de respirer l'odeur de la poudre. Moi qui suis d'une nature pacifique et qui déteste les querelles, j'ai toujours peur, en passant à côté d'eux, de m'accrocher à leur buffleterie.

Adieu, ma chère Stina. A bientôt.

Berlin.

Ce que je craignais, chère sœur, est arrivé. Un matin, comme je me promenais sous les tilleuls, un peu rêveur et distrait, je pose le pied par mégarde sur l'éperon d'un officier qui marchait devant moi. Le fier Prussien se retourne brusquement et me lance un regard farouche. Je le prie d'excuser mon inadvertance. Il me réplique par ces deux mots qui, dans le code d'honneur des universités allemandes, obligent l'étudiant à se battre : *Dummer Junge!* (sot garçon).

Quelle que soit ma mansuétude, je suis le fils d'un soldat. Le sang de notre père me monte au visage, et à la parole injurieuse qui m'a été adressée, je réponds par un geste injurieux. L'officier me toise de la tête aux pieds, comme pour voir s'il peut me faire l'honneur de se mesurer avec moi. Puis il me demande ma carte et me remet la sienne.

Le lendemain matin, nous nous rejoignions à l'extrémité du Thiergarten. Il était accompagné d'un de ses camarades. Moi, j'avais pour témoin un jeune voyageur saxon qui occupait une chambre voisine de la mienne dans la Leipziger-strasse.

J'ai appris à Upsal quelque peu d'escrime. Mais je n'eus jamais qu'un goût fort mitigé pour ce belliqueux exercice et n'y suis point habile. A la première passe, l'épée de mon adversaire m'a fait une blessure au flanc droit, une petite blessure qui est déjà guérie, qui seulement m'a obligé à garder le lit pendant quinze jours.

Mon vainqueur est venu me voir poliment, mais froidement. Il semblait dire en me regardant : « Pauvre chétif, qui a eu l'audace de croire qu'il pourrait résister à un officier prussien ! »

Mon hôtesse m'a témoigné une vive commisération, et pendant tout le temps que je suis resté confiné dans ma chambre, j'ai reçu les visites réitérées de plusieurs de mes voisins et de plusieurs autres Berlinois.

A vrai dire, ces visites souvent m'importunent, et quelquefois me laissent une surprise désagréable. J'ai quitté notre île de Sollrœ dans un rêve d'imagination avec le désir de chercher, et l'espoir de trouver en différents lieux la Fleur de l'air, l'image idéale, soit dans la beauté de la nature, soit dans le mouvement des cités, dans l'organisation d'un état social, ou enfin dans de nobles manifestations de cœur. Si ce rêve était trop hasardeux, s'il ne peut se réaliser tel que je l'ai conçu, si dans le cours de mon voyage je ne dois découvrir rien qui vaille le charme de la terre natale, la douceur du foyer domestique, je voudrais, au moins, emporter un agréable souvenir des divers pays par lesquels je passerai, et je crains, malgré mon bon vouloir, de n'avoir en celui-ci qu'une impression fastidieuse ou fâcheuse.

Mon hôtesse est très-obligeante ; mais je ne puis plus m'attendrir au récit de ses infortunes conjugales qu'elle m'a si souvent répétées, tantôt avec des flots de larmes, tantôt avec des cris d'indignation.

Quelques fonctionnaires et quelques professeurs à qui j'ai été recommandé ont la bonté de venir s'informer de mon état, mais je ne trouve point en eux l'abandon naturel aux gens de notre pays. Ils sont roides et guindés ; leur politesse ressemble à un acte de condescendance, leur entretien à une leçon.

J'ai en outre le malheur d'attirer près de moi un poète et un philosophe, qui m'étonnent tellement par leurs dissertations, que parfois je me demande s'ils se jouent de ma simplicité, ou s'ils n'ont point la tête quelque peu dérangée.

Le poëte a entrepris de mettre en drame par ordre chronologique toute l'histoire du monde, depuis l'antiquité jusqu'à l'époque actuelle. Il en est encore aux pharaons. Il retrace rapidement, dans quelques grandes tragédies, les principales phases de l'histoire grecque, de l'histoire romaine, et l'histoire d'Europe au moyen âge. Mais quand il en viendra aux temps modernes, il élargira son plan, multipliera le nombre de ses pièces et de ses personnages. La Prusse aura naturellement, dans ce nouveau temple de mémoire, une grande place. Les principales pages de ses annales seront étudiées avec un soin particulier, et l'on verra successivement apparaître sur la scène tous ses héros, depuis Albert Ier, qui constitua l'état primitif du Brandebourg en combattant contre les Wendes, jusqu'au prince Louis, qui mourut en combattant contre les Français.

J'ai demandé à ce nouvel historien dramatique ce qu'il pensait de Gœthe et de Schiller.

— Ces deux écrivains, m'a-t-il répondu, ne manquaient pas d'un certain talent, et l'on doit reconnaître qu'ils ont assez réussi à mettre en relief quelques figures et quelques situations. Mais leur imagination est restée enfermée dans un cercle trop étroit. Ils n'ont pas dû comprendre l'idée féconde, l'idée humanitaire dont je serai le révélateur.

Merci ! Après cette belle déclaration, je n'ai pas osé prononcer le nom de Corneille, de Racine, de Shakespeare. J'avais peur que le prodigieux prophète de l'idée humanitaire n'outrageât les poëtes que j'aime.

Le philosophe, qui me fait de longues visites, a des convictions non moins superbes.

— En premier lieu, dit-il, la plus haute de toutes les sciences humaines est la philosophie; en second lieu, la plus mémorable de toutes les écoles philosophiques est l'école allemande, représentée par cinq hommes qui tous

appartiennent, au moins pour une portion de leurs œuvres, à la Prusse : Leibnitz, qui fut président de l'Académie
des sciences de ce royaume; Kant, professeur à Kœnigs-
berg ; Fichte, Schelling, Hegel, professeurs à Berlin.

Un jour, j'ai osé lui faire observer que la philosophie
germanique me paraissait un peu obscure.

— Obscure! s'est-il écrié avec un accent de révolte,
plaisantez-vous?

— Non. Votre illustre poëte, H. Heine lui-même, a dit :
« Quand un livre de philosophie paraît en Allemagne, j'at-
tends pour le lire qu'il soit traduit en français. »

— Heine était un méchant homme, qui se raillait de
tout. Vous, qui avez de tout autres sentiments, vous ne
craignez pas d'invoquer son témoignage. Vous souhaitez
peut-être même, comme lui, que nos livres philosophiques
soient aplatis par les laminoirs d'une traduction française. Quel singulier reproche! nos livres obscurs! Mais,
monsieur, ils ne sont que trop clairs. Voilà leur défaut.
Avec un peu d'attention, le premier venu comprendra la
Théodicée, de Leibnitz; la *Critique de la raison pure*, de
Kant; le *Moi*, de Fichte; l'*Identité*, de Schelling; l'*Idéalisme
objectif*, de Hegel.

La philosophie n'est pas faite pour amuser les petites
filles. On ne peut, sans la profaner, la mettre à la portée
du vulgaire. Les Français, qui ne respectent rien, com-
mettent sans cesse à qui mieux mieux cette profanation.
Ici, nous veillons sur l'arche sainte. Pour moi, je voudrais
que les philosophes eussent, comme les anciens mages,
une langue particulière exclusivement employée à formuler
leurs axiomes.

J'espère que nous y arriverons. Je fais partie d'une société dont les œuvres quelque jour surprendront plus d'un
savant. Là, nous composons des mots, nous inventons des

tournures de phrases, nous tissons des réseaux de verbes et d'adjectifs qui enveloppent notre pensée de telle sorte qu'elle échappe aux profanes, et que les plus subtils esprits ne réussissent pas même toujours à la saisir.

Nous pénétrons comme des mineurs dans un monde ténébreux, dans le monde des systèmes. Le soleil, nous dit-on, est là qui brille sur notre tête. Mais nous ne voulons point de ce soleil qui luit pour tout le monde; nous descendons avec la lampe de notre imagination dans les profondeurs du *moi* et du *non-moi*, de l'*être courant positif* et de l'*être négatif*, de la *nature naturant* et de la *nature naturée*.

Pour stimuler notre zèle, pour entretenir notre émulation, nous nous créons de nouveaux problèmes dans les domaines de l'abstraction, et de temps à autre nous rédigeons des traités qui sont lus en assemblée générale. Dernièrement, j'en ai fait un qui a été lu ainsi, puis remis à un comité spécial, pour être particulièrement examiné, puis à l'un de nos présidents, si subtil et si pénétrant, que nous le regardons tous comme notre maître. Eh bien, monsieur, ce mémoire que j'avais écrit, il est vrai, avec un soin extrême, ni l'assemblée, ni le comité, ni notre habile président, n'ont pu le comprendre. Quel triomphe pour moi ! pouvez-vous vous le figurer ?

Peux-tu te figurer, ma chère Stina, le plaisir que j'éprouve en de tels entretiens ? Je les ai écoutés à diverses reprises très-patiemment. C'en est assez. Je puis m'en éloigner sans regret, et je crois que sans regret aussi je quitterai le royaume où l'on fait de si belles rencontres, le plus glorieux pourtant de tous les pays, disent les Prussiens ; je n'en doute pas. Glorieux par les armes : en un court espace de temps, quelles conquêtes il a faites ! Glorieux par la science : chacun ici doit étudier, chaque fonction-

naire doit avoir son diplôme de mandarin. Pour entrer
dans une administration, il faut subir un examen ; pour
obtenir de l'avancement, un autre examen ; à tous les
grades un examen ; sans cesse des examens, jusqu'à ce
qu'enfin on aille dans l'autre monde, où l'on voit combien
peu valent les diplômes conquis par tant d'examens.

Mais c'est certain : la Prusse est un jeune et ardent pays,
exalté, pénétré du sentiment de sa force ; exalté par les
souvenirs de son grand Frédéric, enorgueilli par ses rapides
conquêtes et aspirant à en faire d'autres.

Oui ; et dans la douceur de mes rêves, je m'en vais cherchant un autre idéal.

Dresde, sur la terrasse de Brühl.

Une longue et large esplanade, à laquelle on arrive par
un royal escalier. Là des pavillons élégants, des cafés où
le Tyrolien module ses Lieder alpestres, et le pifferaro ses
canzonettes ; des allées où résonnent les cris d'une troupe
d'enfants ; des bancs solitaires où le vieillard se réjouit de
trouver une place au soleil ; des tilleuls qui étendent
leurs rameaux sur des sentiers fleuris, où les amoureux répètent leurs doux aveux. De chaque côté de ces vastes jardins suspendus dans les airs comme ceux de Sémiramis,
les hautes flèches des églises, les dômes des palais, les anciens monuments et les constructions modernes de cette
cité saxonne ; l'Elbe qui la divise en deux moitiés et l'ar-
rose dans toute sa longueur ; plus loin les plaines fécondes,
les villages des laboureurs, et à l'horizon les collines va-
poreuses. C'est une scène d'un grand charme, à la fois
attrayante et imposante.

Dresde est, dit-on, la Florence du Nord. A Dresde, s'é-
lèvent plusieurs édifices d'un très-beau caractère italien ;
l'église catholique, bâtie par Chiavari ; l'église protestante,
dont la coupole est une imitation de celle de Saint-Pierre
de Rome ; les arcades du Zwinger, qui devait être une œuvre
gigantesque du style de la Renaissance, et qui est restée ina-
chevée. A Dresde, les souverains et les nobles ont été ga-
lants comme à Florence ; les électeurs et les rois de cette
peuplade germanique plus puissants que les Médicis; plus
prodigues souvent et plus magnifiques. A Dresde, les arts
et les lettres ont toujours été particulièrement aimés et
honorés.

Là, le gracieux Mengs, qui, par une sorte de prédestination, reçut à son baptême le nom de Raphaël, se
convertit au catholicisme en peignant une Madone ; là,
dans les derniers temps, Boettiger faisait ses savantes
leçons d'archéologie ; Tieck écrivait ses poétiques romans ;
Weber composait son *Freyschütz*, et en s'inclinant vers la
tombe modulait en notes mélodieuses cette triste et
émouvante élégie qu'on appelle sa dernière pensée.

A Dresde est le palais japonais qui renferme une bibliothèque de 300,000 volumes, une riche collection de médailles, et une collection unique de porcelaines de Chine,
du Japon et de Saxe. A Dresde, le fameux *grün Gewoelbe*, où
scintillent le saphir, les diamants comme dans les contes
des *Mille et une Nuits* ; à Dresde, est un autre assemblage
de diamants plus précieux, cette merveilleuse galerie de
Modène, où l'on voit les chefs-d'œuvre du Corrége, une des
Vierges célestes de Murillo, et un tableau sans pareil, ce
tableau divin de Raphaël, la Vierge Sixtine.

A Dresde aussi, par un de ces phénomènes que les
poëtes candidement admirent, et que les savants s'efforcent
d'expliquer en de longues dissertations, à Dresde, le cli-

mat est plus doux que dans d'autres villes situées à la même latitude ; au printemps, dans la cour du Zwinger, des centaines d'orangers refleurissent comme pour donner des couronnes nuptiales à toutes les fiancées de ce poétique pays, où, selon le proverbe populaire, les belles filles croissent sur les arbres :

In Sachsen
Wo die schœne Mædchen
Auf die Baumen wachsen.

Dans la vallée de l'Elbe, les paysans récoltent chaque année un excellent froment. Sur les collines, qui s'étendent le long de cette fertile plaine, la vigne chaque année mûrit.

Par un beau soir d'été, quand les rayons du soleil couchant empourprent les cimes des coteaux, illuminent les vitres des maisons, colorent les voiles des pêcheurs et répandent comme une poudre d'or sur les flots du fleuve superbe, quand la cloche de l'église catholique tinte l'*Ave Maria*, et qu'on entend vibrer dans la ville et dans les champs des voix harmonieuses, les gens qui ont voyagé disent qu'on pourrait se croire en pleine Italie, sur les bords de l'Arno.

Les gens qui ont voyagé aiment à revenir à Dresde et à y séjourner. Quand on a vu les musées de cette ville, on veut y retourner ; on veut aussi visiter ses environs, les rives de l'Elbe, les collines romantiques de la Bastei et Kœnigstein, miniature de la Suisse, et l'on se plait à vivre au milieu du peuple saxon, un si excellent peuple industrieux et honnête, instruit et religieux, travailleur et économe, content de peu, modeste quoiqu'il appartienne à la plus célèbre race de l'Allemagne. N'est-ce pas un idéal de peuple ?

De cet idéal voici ce qui est advenu. Il y avait dans ce pays un doux et bon roi que ses sujets ont surnommé le Juste, et auquel, après ses malheurs, ils ont pieusement érigé un monument. Ce roi Frédéric-Auguste s'était allié à la France. Il lui resta fidèle quand toute l'Europe s'armait contre elle. Cette vaillante France étant vaincue, Frédéric-Auguste fut cruellement puni de sa fidélité. Les souverains auxquels il n'avait pas voulu s'associer le firent enfermer comme un malfaiteur. Les Prussiens scindèrent sans pitié son royaume. Ils voulaient lui enlever toute sa belle Saxe. Malgré leur impérieuse demande, ils n'en obtinrent que la moitié et ils convoitent le reste.

Un jour viendra peut-être où ils le prendront.

O Stina, comme c'est triste de penser qu'il y a dans la vie des nations de telles avidités et de telles duretés. J'espère trouver en d'autres pays une destinée meilleure.

Vienne.

J'y suis. Voilà un peuple qui n'est point tourmenté comme le peuple prussien du désir d'accroître ses domaines aux dépens de son voisin, qui n'emploie pas ses loisirs à disserter sur ce qui se passe dans les lointains royaumes, qui n'a pas la prétention de corriger, par la justesse de ses recherches, les philologues et les historiens de l'Europe, ni de révéler aux philosophes le nouveau dogme qui doit confondre leur ignorance, un peuple humble et loyal, joyeux et religieux, le peuple viennois, qui dans le ménage des peuples a choisi la meilleure part.

Il s'abandonne tout simplement à sa bonne nature. Il pense que, sans être ni riche ni puissant, il peut se faire

une heureuse vie ; et, à le voir avec sa confiante physionomie, sa naïve gaieté, on doit le croire vraiment heureux.
Le luxe de l'aristocratie n'offusque point ses regards ; les
réformes sociales ne troublent point sa raison. Il ne s'ef-
fraye point du travail et il use si bien de ses loisirs ! Un
verre de vin l'égaye. Une promenade au Prater le charme ;
une soirée à un petit théâtre le ravit.

J'ai loué une chambre meublée dans le Graben, une des
rues les plus fréquentées de Vienne. De là, en me mettant
à la fenêtre, je vois tout un monde d'ouvriers et de marchands accomplissant tranquillement sa tâche régulière.
Les jours de fête, tout le même monde, hommes, femmes,
enfants, parés, endimanchés, s'éparpillent de côté et
d'autre, qui sur les glacis, qui dans les jardins des faubourgs, dans les cafés et au théâtre.

A côté de ma chambre habite un graveur nommé Walther, qui est pour moi comme un vivant exemple des
qualités naturelles et du facile bonheur des Viennois.

Le matin, avant de prendre ses outils, Walther savoure
goutte à goutte une grande tasse de café. Puis il commence
sa besogne et travaille sérieusement jusqu'à midi. Alors
rien au monde ne le déterminera à faire un trait de plus.
Il faut qu'il dîne à son aise, prenne de nouveau son café
et fume paisiblement sa pipe. Cela dure deux pleines heures, après quoi, il se remet à l'œuvre. Mais quand la
cloche de l'église voisine tinte l'*Angelus*, adieu jusqu'au
lendemain la pointe et le burin. Walther a fait sa journée.
Walther veut jouir pleinement de sa soirée, s'en aller
à la brasserie rejoindre ses amis ou, si le temps est beau,
se promener avec sa femme et sa fille.

Sa femme est une brave créature, très-accorte et très-
occupée de son ménage, un peu fière seulement de son
talent culinaire.

Les Viennois ont, en général, un goût particulier pour les plaisirs de la table, et se vantent d'avoir considérablement perfectionné l'œuvre du chef d'office et celle du pâtissier. Le *Wiener Kochbuch* (le Livre du cuisinier viennois) est célèbre dans toute l'Allemagne. Il n'offrait d'abord aux amateurs de cet autre gai-savoir que quatre cents recettes ; mais il a progressé comme l'humanité. Il en renferme à présent deux mille. On l'a réimprimé plus souvent que je n'ai vu réimprimer les œuvres de Gœthe et de Schiller.

Madame Walther a fait une étude approfondie de ce livre classique. Sa modestie ne lui permet pas de le juger hautement, sans réserve. Mais à la façon dont elle en parle, on a tout lieu de croire qu'elle y a reconnu plus d'une imperfection, et, ce qui est certain, c'est qu'elle a certains procédés gastronomiques bien supérieurs à ceux qui sont décrits dans le fameux *Kochbuch*. Elle a aussi, la bonne madame Walther, des connaissances littéraires, pas très-étendues, mais très-positives. Elle a lu, et elle relit à ses moments de loisir les romans publiés au temps de sa jeunesse.

Une fois, pour complaire à sa fille, qui a des goûts plus nouveaux, elle a entrepris de lire les contes de Tieck, elle les a abandonnés.

— Non, dit-elle, non, ces histoires ne sont pas faites pour moi. Je n'entends rien à tous ces discours sur l'art, sur la nature et les régions des étoiles. J'y renonce. Les tableaux de famille du vertueux Auguste La Fontaine, le siége de Vienne raconté par notre illustre madame Pichler, voilà ce qui me touche le cœur. Ces deux écrivains sont morts. C'est grand dommage. Personne ne les remplacera.

Le jour où je prenais possession de ma demeure, je rencontre sur l'escalier madame Walther, qui répond à mon salut par une courtoise révérence ; le lendemain, son mari qui me dit dans son dialecte viennois plus doux que ceux du Nord : « Vous voilà, notre voisin : si nous pouvons vous être de quelque utilité, nous serons très-contents. »

J'ai été lui faire une visite pour le remercier de ses offres obligeantes. Il m'a reçu simplement, sans embarras, sans prétention, avec cette politesse qui ne s'enseigne point, la politesse du cœur, la meilleure de toutes. Sa femme est venue s'asseoir près de nous, puis sa fille, une jeune et belle personne aux cheveux noirs, aux yeux noirs, à la taille élancée, fille unique un peu gâtée, et parfois un peu volontaire, mais vraiment charmante. Elle s'appelle Nathalie. Ce nom, après avoir été raccourci par plusieurs diminutifs, a fini par se réduire en ces deux syllabes : Alie.

On ne m'a point demandé dans cette visite mon nom ni le nom de mon pays. Les Viennois croiraient manquer aux premiers devoirs de l'hospitalité s'ils adressaient de telles questions aux gens qu'ils reçoivent.

C'est moi qui leur ai dit d'où je venais, et tu aurais ri, ma chère Stina, en voyant la surprise de ces bonnes gens lorsqu'ils ont appris que j'étais Suédois. De leur vie ils n'ont été, dans leurs plus aventureuses excursions, à une demi-lieue au delà des faubourgs de Vienne, et ils n'ont pas consacré beaucoup de temps à l'étude de la géographie.

— Que c'est loin d'ici la Suède ! a murmuré d'un air pensif M. Walther.

— Oui, n'est-ce pas ? m'a dit Alie, un pays au bout du monde, et si froid, si froid que rien que d'y songer cela fait frissonner ; la moitié de l'année, une nuit noire sans interruption ; pas le moindre rayon de soleil nulle part ; dans les champs des masses de neige, des montagnes de glace plus hautes que notre cathédrale. Alors les paroles qu'on prononce à quelque distance d'un chaud foyer se gèlent en l'air, et pas un habitant ne peut sortir sans trouver à sa porte un ours blanc affamé, et c'est une grâce de la Providence qu'il y ait là un si grand nombre de ces affreux animaux ; tout le monde peut se faire avec leurs peaux des vêtements. Voilà ce que m'a raconté mon amie Lia , qui a un oncle dans la marine, un grand voyageur.

Tandis que la gentille Alie faisait ce tableau, en serrant l'une contre l'autre ses petites mains, comme si elle sentait une impression de froid , sa mère s'est rappelé un roman de madame Pichler où des Suédois tiennent une place assez brillante.

Cette réminiscence m'a aidé à réhabiliter ma chère terre natale. J'ai dit que nous n'étions point si malheureux qu'on le pensait, que nous avions aussi des champs de blé et des pommes de terre, et de magnifiques forêts. J'ai parlé de nos nuits d'hiver illuminées par les aurores boréales et de nos féeriques nuits d'été. J'ai fait la description de notre lac Silian et celle de Stockholm, notre merveilleuse capitale.

Walther et sa femme m'écoutaient en silence avec une grave attention. Alie, de temps à autre, me regardait du coin de l'œil, comme pour voir si je ne trompais pas son innocence par une fable d'enfant.

— C'est égal, dit-elle, en renversant d'un air de doute sa jolie tête, si ce que vous racontez est vrai, tout cela ne vaut pas notre ville de Vienne.

— Oui, ajoute bénignement M. Walther, j'espère que vous serez content de voir notre capitale et ses environs. Voulez-vous que nous y aidions un peu ? Voulez-vous venir dimanche prochain avec nous au Prater ?

Et j'accepte.

— Merci ! me dit-on.

Trois bonnes voix me disent à la fois : Merci.

C'est bien moi qui dois remercier.

Vienne.
(Dimanche après-midi.)

L'établi du graveur avec ses ustensiles de travail recouvert d'une toile verte, les chaises nettoyées et rangées symétriquement autour de la chambre.

Le modeste Walther superbement paré : pantalon de nankin, gilet de velours à boutons de métal, redingote en drap marron, une cravate blanche, et un col de chemise dont les deux pointes s'élèvent jusqu'au dessus des oreilles. En Allemagne, on appelle ces deux pointes *vatermœrder* (des parricides); je ne sais pourquoi, si ce n'est parce qu'elles semblent menacer le ciel.

Madame Walther, plus brillamment encore vêtue, une robe jaune, châle brodé, avec des coins de différentes couleurs et un bonnet chargé de pompons.

Alie a une simple robe en toile lilas, un chapeau de paille qui lui laisse le front découvert, un nœud de rubans à sa ceinture, une rose dans les cheveux.

Une image du printemps.

— Nous allons prendre un fiacre, dit Walther.

— Moi, réplique sa femme, qui tenait à garder sa liberté d'action, j'aime autant aller à pied.

— Et moi aussi, dit sa fille, probablement parce qu'elle pense qu'elle peut bien étaler au grand jour sa toilette.

Moi je n'ai nulle observation à faire. J'accepte la résolution de la majorité.

— Eh bien, s'écrie le docile graveur, allons à pied.

Nous partons. Walther donnant le bras à sa femme, moi tout fier d'offrir le mien à la belle Alie.

Le ciel est pur, frais et tiède ; tous les ateliers, tous les magasins de la ville sont fermés, tous les habitants en mouvement et la plupart se dirigent comme nous vers le Prater. Il faut que ce Prater soit bien grand pour contenir tant de monde.

C'est en effet une magnifique plaine enlacée dans un des contours du Danube, traversée par de longues allées. Dans celle du milieu, qui est la plus large, arrive une telle file de voitures qu'on n'en voit pas la fin ; anciens carrosses, nouveaux coupés ; équipages superbes et fiacres vulgaires, tout cela circule sur la même ligne, lentement, dans un ordre parfait.

M. Walther m'indique une modeste calèche attelée de deux chevaux très-simplement harnachés. L'empereur est là, suivant la file, comme le plus humble de ses sujets. Mais chacun le salue en silence avec un profond respect. Dans les allées latérales, caracolent les jeunes cavaliers, les élégantes amazones, et de çà, de là, se promènent les piétons. Pendant plusieurs heures, toutes les classes de la société sont ainsi réunies sur le même sol, à l'ombre des mêmes bois. Le Prater est la vallée de Josaphat où le dimanche ressuscite les populations ensevelies pendant la semaine dans les murs de Vienne.

C'est le peuple surtout qui se réjouit de cette résurrection ; et sur les vertes pelouses, et sous les dômes des marronniers, de tous côtés il trouve ce qu'il lui faut pour passer une heureuse journée : jeux de quilles et jeux de bagues, panoramas, cabinets de figures de cire, théâtres de marionnettes et la musique résonnant de toutes parts, musique des orchestres dans la salle de danse,

musique des joueurs de violon et des chanteurs ambulants.

— Voyez, me dit Walther, qui n'a pas étudié la géographie des régions lointaines, mais qui sait à merveille
tout ce qui honore sa ville, voyez quelle animation, quelle
fête et quel accord ! Cette masse de bourgeois, d'ouvriers
se promenant gaiement avec les plus grands seigneurs de
l'Autriche. L'empereur au milieu comme un simple particulier, notre empereur béni. Les seigneurs et l'empereur
s'en vont quand ils ont fait leur trajet habituel. Le peuple
reste sur cette île. C'est à lui ; c'est son bien ; c'est sa joie.

Pour quelques kreutzers, il peut savourer ici une bière
excellente ; pour quelques kreuzers assister à un spectacle
parfaitement organisé selon ses goûts ; et sans qu'il lui en
coûte rien, il jouira des beautés de cette vaste plaine arro-
sée par le Danube, de la verdure, des gazons, de l'arome
des fleurs, de la musique des flûtes, des clarinettes, et
des voix humaines résonnant dans les airs avec les voix des
oiseaux. Des gens qui s'y connaissent affirment que nulle
part le sentiment de la musique n'est si général, ni si développé qu'à Vienne. Moi, je me plais à croire que nulle
part on n'entend vibrer tant de notes harmonieuses.

Nos facteurs d'instruments sont très-renommés, et nous
avons des gloires musicales que le monde entier peut nous
envier.

Dans notre cité de Vienne, Haydn a composé ses *Orato-
rios*, Cimarosa son *Matrimonio segreto*, Mozart son *Don
Juan* et son *Requiem*, Hummel ses premières sonates, et
Beethoven ses immortelles symphonies.

La musique est l'idéale expression des âmes pieuses et
des joyeux esprits. Les Viennois sont religieux et gais, et
ils aiment la musique.

Tandis que le digne Walther me parle ainsi d'un art qui

est en réalité très-répandu dans toute l'Autriche, la gracieuse Alie penche la tête vers un orchestre qui joue la valse de *Freyschütz*.

Je lui demande si elle veut danser.

— Merci, me répond-elle d'un petit ton mélancolique. Vous ne savez pas que je suis fiancée. Mon fiancé est absent ; je ne dois pas danser sans lui. Puis elle se met à chanter quelques vers d'un vieux chant populaire :

Mein Schatz ist auf die Wanderschaft hin [1].

— Ah ! s'écrie en riant Walther, si elle se met à parler de son Schatz, vous en avez pour longtemps, et elle est dans le cas de vous dire, la petite scélérate, que j'ai été féroce envers elle et envers lui. C'est vrai qu'il avait assez bien appris son état de graveur, et qu'il désirait se marier tout de suite. Mais moi, je voulais qu'il fît, selon les invariables lois de 'nos anciennes corporations, un voyage en pays étranger pour se perfectionner dans sa profession.

Alie regarde son père d'un air triste, et de nouveau chante :

Mein Schatz ist wandern, kummt nimmer in's Haus [2].

—Ta, ta, ta, il reviendra, ton Schatz, il reviendra ayant vu le monde, ayant fait plus d'une utile expérience, très-content après avoir parcouru diverses contrées, de rentrer dans notre bon pays d'Autriche, et très-heureux d'épouser mademoiselle Alie. Si j'avais voyagé comme lui, je serais sans doute devenu plus habile et peut-être aurais-je essayé de faire quelque belle gravure. C'était mon rêve

---

[1] Mon bon ami est en voyage.

[2] Mon bon ami est parti. Il ne reviendra plus à la maison.

quand je faisais mon apprentissage. Parfois encore, à mon vieil âge, ce rêve me saisit lorsque je regarde les œuvres des grands maîtres, les gravures sur bois d'Albert Durer, les gravures à l'eau-forte de Rembrandt, mes yeux sont éblouis, mon cœur tressaille, j'éprouve une sorte de frémissement dans tout le corps, je voudrais tenter d'imiter ces belles images. Mais non, je ne réussirais pas, je ne suis qu'un pauvre faible artisan.

Je dois me résigner à ne graver que des devises et des armoiries. Mon devoir est d'accomplir cette tâche patiemment, dignement, et mon honneur de mériter l'estime de ceux qui veulent bien se fier à mon travail. Dernièrement, j'ai fait pour le prince Dietrichstein une planche de blason dont il a été très-content. C'est un de mes clients, ce noble prince. J'en ai d'autres encore que je réserve pour ton amoureux Franzl. Il reviendra. Sois tranquille. En attendant, tu peux bien, si cela te plaît, danser un instant dans cette salle avec M. Falk. Je n'y vois aucun inconvénient.

Mais Alie a la mémoire des chants populaires et dit d'une voix grave :

Mein Herzerl ist treu ; is a Schlussel dabei
Und a einziger Bua hat den Schlussel dazu
Treu bin i treu bleib i treu habe i im Sinne
Treu bleib i mein Schatzerl in Frankfurth und Wien [1].

—Elle est insupportable ! s'écrie le graveur. Allons prendre du café, cela vaudra mieux que d'écouter ses chansons.

Nous nous asseyons au coin d'une petite table, sous les

[1] Mon cœur est fidèle. Il est fermé à clef, et un seul garçon en a la clef. Fidèle je suis, fidèle je reste, fidèle dans mes sentiments à mon ami, fidèle je serai à Francfort et à Vienne.

rameaux verts d'un marronnier. Madame Walther, après
avoir dégusté ce qui nous est servi, déclare que c'est excellent, M. Walther tire de sa poche une pipe en racine de
buis, et la remplit d'un fin tabac de Hongrie. Alie, qui
craint de l'avoir chagriné, lui fait toutes sortes de câlineries,
et moi qui cherche partout quelque idéal, je crois avoir
trouvé un idéal de bonnes gens.

Vienne.

La ville où demeurent ces bonnes gens ne ressemble, dit-
on, à aucune autre. Je le crois. Les Autrichiens, qui sont
surtout occupés du désir de bien vivre, la considèrent
comme un paradis terrestre. « La route du paradis est
étroite, disait un jour un de nos prédicateurs ; on n'y
arrive point en carrosse. »

À celui-ci, on arrive parfaitement en carrosse, en voiture
de gala, en Eilwagen. Il est gardé cependant par plusieurs
enceintes. D'abord un mur en briques construit à l'extrémité du territoire de Vienne par mesure de précaution
contre les contrebandiers et les malfaiteurs, puis une ceinture de trente-quatre faubourgs, puis la ceinture des glacis
revêtue à présent d'un vert gazon et parsemée de jolies
habitations, puis la ceinture des remparts démolis, apla-
nis et transformés en promenades comme un joyau en-
châssé dans un cercle d'argent, d'or et d'émeraude ; au
milieu de ces enceintes est le berceau de la monarchie autrichienne, le cœur des duchés, la résidence de l'empe
reur.

Avec ses trente-quatre faubourgs, Vienne occupe un immense espace, aussi étendu, dit un géographe, que celui

de Pékin. La cité, proprement dite, est fort restreinte. Ses rues sont étroites, ses maisons hautes, et l'on n'y compte pas plus de 70,000 habitants. Mais là sont les richesses et les gloires de l'empire, les plus puissantes maisons de commerce, les plus admirables manufactures, les plus précieuses collections d'œuvres d'art et de science ; l'Imprimerie, que l'on cite comme une institution incomparable ; le Burg, l'ancien château des souverains, les palais des plus grands seigneurs de l'Europe, et enfin la cathédrale de Saint-Étienne, cet admirable monument de l'architecture gothique, ce merveilleux sanctuaire. Ses colonnes, ses ogives semblent avoir été taillées, ciselées, dentelées par des mains de fées, et sa flèche s'élance vers le ciel comme une ardente pensée de foi. Au pied de ses autels, les empereurs viennent recevoir des mains du prêtre leur couronne. Sous ses voûtes ont retenti tous les chants de gloire et tous les chants de deuil de l'Autriche.

Il y a environ un siècle et demi, du haut de cette cathédrale, on voyait au loin se dérouler les innombrables légions des musulmans qui venaient de nouveau assiéger la cité chrétienne. Du haut de cette cathédrale flamboyaient les signaux de détresse. Dans ce siége terrible qui dura près de deux mois, dans les angoisses d'une vaillante population cernée, affamée, et chaque jour décimée par des hordes féroces, cette cloche sonnait le tocsin, annonçait l'heure de l'assaut, appelait les citoyens sur les remparts. Puis, le jour vint où on l'entendit vibrer et sonner à toute volée.

C'était le jour de la délivrance, le jour où les Turcs fuyaient éperdus devant les bataillons de Sobieski et du duc de Lorraine; jour à jamais mémorable! prodigieuse victoire! Déjà les Turcs étaient en Hongrie; ils possédaient la forteresse de Bude; ils maîtrisaient le cours du Danube. S'ils avaient réussi à s'emparer de Vienne, ils se répandaient à travers l'Allemagne, et qui sait où ils se seraient arrêtés ! La Pologne et l'Autriche ont préservé l'Europe de cette formidable invasion.

L'Europe ne s'en est pas longtemps souvenue.

J'éprouve un intérêt extrême à visiter les monuments de l'ancienne cité, et un très-grand plaisir à parcourir ses rues. Elles n'ont point la rigide et monotone régularité de celles de Berlin. La plupart sont au contraire étroites, tortueuses, assombries par de hautes maisons, mais très-animées. A tout instant j'y découvre une scène curieuse. Toi, qui as mieux étudié la géographie que mademoiselle Alie, tu sais, ma chère Stina, que l'empire d'Autriche est un assemblage de plusieurs États fort dissemblables. Dans la capitale de cet empire, sans cesse on voit passer des gens de ces différents pays : Bohêmes, Hongrois, Dalmates, Tyroliens, Italiens, avec leurs divers costumes et leurs divers types de physionomie.

Dans chaque quartier apparaissent des Valaques, des Grecs, des Arméniens. Vienne est un des grands points de jonction du nord et du sud de l'Europe, et par le Danube et par Trieste, en communication directe avec l'Orient.

Souvent aussi, dans mes promenades, je rencontre des Turcs et je songe en les regardant aux révolutions des choses de ce monde. Ces descendants de la race audacieuse, belliqueuse, insatiable, qui par le fer prétendait asservir l'Europe, ne se rappellent pas, ou ne savent peut-être même pas que deux fois en deux siècles (1529-1683) leurs sultans terrifièrent cette ville impériale. Ils arrivent dans cette ville comme de simples bourgeois, avec un passe-port qu'ils soumettent humblement à la vérification de la police autrichienne. Une partie de leur journée est employée à traiter quelques affaires de négoce ; une autre à fumer isolément leur pipe sur le seuil d'un café.

Mais ce qui me plait le plus, c'est l'aspect de la population viennoise, si polie et si riante. Partout une expansion de gaieté naturelle et nulle apparence de misère.

Le peuple de Vienne n'a pas eu pourtant, que je sache, le bénéfice d'une loi agraire. Il y a ici des familles énormément riches, et d'autres qui ne possèdent pas un denier. Mais personne ne paraît trop riche, ni personne trop pauvre. Tout le monde a l'air content.

— Oui, me dit Walther, quand je lui communique mon impression, les Autrichiens ont un heureux caractère. Ils veulent se rendre, autant que possible, la vie agréable et ne se font point d'inutiles soucis. J'entends dire qu'il y a des peuples qui veulent examiner, contrôler et régler eux-mêmes l'administration de leur pays. Si cela leur plaît, j'en suis charmé. Mais on prétend que souvent par là ils en viennent à d'âpres discussions, à des scènes violentes, quelquefois à des révolutions. Le nôtre ne se donne pas tant de peine. Il abandonne tranquillement la gestion de ses affaires à son gouvernement et n'en a nul regret. Au contraire, il s'en réjouit et par une raison bien simple.

Le temps que nous passerions à nous disputer, peut-être fort désagréablement, sur des questions que nous ne sommes pas aptes à résoudre, chacun de nous peut l'employer à faire utilement sa besogne. Je me rappelle avoir gravé pour le descendant d'une ancienne famille allemande cette devise : *Ich diene* (Je sers). Elle paraît bien humble cette devise nobiliaire. Moi, je la trouve fière et digne, et je pense que chaque homme devrait se l'appliquer. D'une façon ou de l'autre, par les armes, par la science, par le labeur agricole ou le labeur industriel, pauvre ou riche, petit ou grand, chaque homme, en effet, doit servir, et ceux-là sont vraiment de bons serviteurs qui, au lieu de s'aventurer dans une entreprise trop difficile pour leurs facultés, s'appliquent à la tâche qu'ils peuvent honnêtement accomplir.

Ainsi parle ce philosophe qui a eu aussi ses rêves de jeunesse, ses effervescents désirs d'artiste, et qui se borne à graver des cartes de visite, des inscriptions et des plaques de blasons.

Et Alie!.je lui raconte aussi l'émotion que j'ai ressentie en pénétrant sous les voûtes solennelles de Saint-Étienne, dans les cryptes de l'église des capucins, où sont les tombeaux des empereurs, en visitant les galeries du vieux Burg et celles de quelques maisons princières, ouvertes librement aux étrangers. Je lui exprime le plaisir que j'éprouve à errer dans les rues de Vienne, à m'arrêter sur la Bastei, à contempler du haut de ce rempart la magnifique plaine sillonnée par les flots du Danube, animée par les quatre cent mille habitants de sa ceinture de faubourgs, embellie par les forêts du Prater et les jardins de Schœnbrunn, illustrée à jamais par sa chapelle de Kahlenberg, d'où Sobieski, après avoir pieusement entendu la messe, descendait avec ses vaillants bataillons vers le camp de Kara-Mustapha.

Alie m'écoute en riant, puis frappe l'une contre l'autre ses petites mains et s'écrie :

— Voilà ce qui prouve bien qu'il n'y a pas au monde une ville comparable à notre ville de Vienne. Plus vous la connaîtrez, plus vous l'aimerez. Vous vous y marierez et vous y resterez. Moi, je me marierai avec Franzl dès qu'il sera revenu, et le dimanche nous irons nous promener ensemble, tantôt au Prater, tantôt dans le parc de Laxenbourg ou dans la vallée de Briel. Ce sera délicieux.

Un soir, comme j'étais assis près d'elle, tandis qu'elle préparait de ses doigts menus des sandwiches très-appétissantes, tandis que sur la table sa mère rangeait symétriquement sucrier, tasses, théière, et que Walther ayant fini sa journée se délectait à fumer sa pipe; tout à coup, elle me dit avec le petit ton caustique qu'elle prend quelquefois et qui lui va très-bien; — Voyons, pensez-vous au mariage que vous devez contracter ici dans cette capitale que vous aimez et non point dans votre pays de Suède, qui est un vilain froid pays de neige, quoique vous ne veuillez pas l'avouer? Avez-vous dessiné dans votre cœur l'image de l'heureuse personne à laquelle vous donnerez votre nom et votre bien de Dalécarlie? Répondez.

— Alie! Alie! s'écrie la mère, comment oses-tu questionner ainsi notre jeune voisin? C'est inconvenant.

— Mais, réplique Alie, je lui parle de mariage. Cela ne peut être inconvenant puisqu'on m'en a tant parlé.

Puis, se retournant vers moi, elle ajoute : — Allons, faites vos confidences. Apprenez-nous comment vous vous représentez madame Falk. Jeune. C'est entendu. Belle! Assurément. Mais quel genre de beauté? Brune ou blonde?

— Vous voulez, dis-je, que je vous révèle le secret de mes rêves?

— Oui, oui.

— Vous le voulez. Eh bien, écoutez.

Alors je me place en face de la curieuse Alie, je la regarde et je fais son portrait. D'abord elle hésite à se reconnaître, mais quand je désigne la couleur de sa robe et celle de sa ceinture, elle ne peut plus douter de mon intention. Enfin, je signale encore comme un agrément particulier une petite tache noire à la joue gauche. Alie a cette tache.

Son père rit en fumant sa pipe. Sa mère lui dit d'un ton de bonne humeur :

— C'est bien fait, petite indiscrète. Tu ne te plaindras pas. Tu l'as voulu.

— Vous vous moquez de moi, me dit Alie en me menaçant du bout du doigt. C'est très-mal de répondre par une plaisanterie à un sincère témoignage d'intérêt. Mais vous

aurez beau faire, nous vous marierons à Vienne, j'en suis
sûre, et vous bénirez votre sort. Je n'en ai pas le moindre
doute. Si vous saviez comme on aime bien à Vienne, et
quelles touchantes histoires d'affection et de fidélité nous
avons dans notre pays! Voulez-vous que je vous en raconte
une?

— Vous me ferez grand plaisir.

— La voici :

Au bord de la forêt, sous les verts rameaux d'un chêne,
un jeune homme serrant dans ses mains les mains de sa
fiancée, lui dit : « Il faut que je voyage pendant sept ans;
il faut que je parte. Dans sept ans, viens m'attendre ici. »

Les sept ans sont écoulés. La jeune fille retourne vers
la forêt et s'assoit sous les verts rameaux du chêne. Elle
regarde avec inquiétude de tous côtés, et elle voit venir un
chevalier dont la figure est entièrement cachée sous la
visière de son casque.

« — Jeune fille, lui dit-il, que fais-tu là toute seule, et
pourquoi sembles-tu pensive et triste?

« — J'ai bien raison d'être triste. Aujourd'hui j'attendais
mon fiancé, et il ne revient pas.

« — Je le connais, ton fiancé; il ne reviendra plus, il est
marié bien loin d'ici. Que lui souhaites-tu pour sa trahison?

« — Je lui souhaite autant de douces heures qu'il y a de
grains de sable sur les rivages de la mer, autant de bénédictions qu'il y a d'étoiles au ciel. »

Le chevalier tire de son doigt un bel anneau d'or, et le
donnant à la jeune fille :

« — J'ai voulu, dit-il, mettre ta douceur à l'épreuve.
C'est moi qui suis ton fiancé. Fidèle je suis parti, fidèle
je reviens. »

— Qu'en pensez-vous, me demande Alie; n'est-ce pas
une très-intéressante légende?

—Très-intéressante. Mais je dois vous dire que je la connaissais. Nous en avons une en Suède exactement pareille.

— C'est sans doute quelque voyageur suédois qui, l'ayant apprise en Allemagne, l'aura traduite dans votre langue.

— Assurément, les Suédois n'étant pas capables d'avoir par eux-mêmes une poétique idée.

— Ne vous moquez pas de moi, ou je vous refuse cette délicate tartine que j'avais préparée pour vous.

— Quelle menace! vous me faites frémir. Je demande grâce. Vous me verrez humble et soumis comme un enfant.

— Très-bien. Je veux vous raconter une autre légende que vous n'avez peut-être pas encore entendu narrer en Suède.

Dans vos promenades autour de Vienne, vous avez remarqué un joli monument gothique qui de loin ressemble à une chapelle et qu'on nomme la Fileuse à la Croix. Il y a longtemps, longtemps, à l'endroit où s'élèvent, vers le Wienerberg, ces colonnettes et ces arceaux, un matin Norbert de Hochstein et Clara de Waldsee se disaient un tendre, un solennel adieu. Tous deux s'aimaient et tous deux voulaient se marier. Mais avant d'accorder sa sanction à cette union, le père de Clara, condamné par de vieilles blessures à rester dans son château, exigeait que Norbert fît une expédition en terre sainte avec les croisés. Norbert partit avec une religieuse pensée. Il espérait accomplir noblement sa mission et revenir avec une palme de Judée près de sa chère fiancée.

Quelques années après, des pèlerins apportaient au manoir de Waldsee deux étendards turcs conquis en un sanglant combat par le jeune comte de Hochstein.

Clara serra sur son cœur ces éclatants drapeaux. Son

père lui dit qu'elle en ferait son voile nuptial s'il vivait assez longtemps pour assister à son mariage, et que, s'il mourait avant le retour de Norbert, il désirait être enseveli dans ces bannières enlevées aux infidèles.

Et le vieux seigneur mourut, et il fut enterré comme il l'avait demandé dans son glorieux linceul.

Clara, qui, quelque temps auparavant, avait déjà perdu sa mère, resta seule, faisant de bonnes œuvres, priant et sans cesse songeant au jeune croisé. Un jour, on apprit qu'il était mort. On ne savait comment annoncer à la malheureuse orpheline ce malheur. Le chapelain seul osa se charger de cette pénible tâche.

Clara l'écouta en silence, le regardant avec des yeux effarés. Puis, lorsqu'il eut achevé son récit, elle lui dit :

« —Vous voulez éprouver mon courage. Vous me trompez. Norbert n'est point mort. Non. Il m'a promis de revenir, et jamais il n'a manqué à sa parole. Il m'a promis de me rejoindre sur le Wienerberg. C'est là que je dois aller l'attendre. O l'heure bénie où il arrivera ! Les princes et les prélats iront à sa rencontre, et l'on fera de grandes fêtes pour célébrer notre mariage. Mon père y sera, et ma mère, qui ne m'a plus embrassée depuis si longtemps. »

La douce Clara était folle.

Le lendemain, tout le monde put la voir dans sa pauvre vie de folle.

Elle allait sur le Wienerberg, portant son rouet et sa quenouille ; elle s'asseyait au pied des arbres et se mettait à filer. De temps à autre, elle se levait, regardait du côté de l'Orient, baissait la tête tristement, puis se remettait à son travail.

Parfois, quelques-uns de ses vassaux ou de ses serviteurs s'approchant d'elle avec une tendre commisération lui disaient : « Pourquoi donc voulez-vous tant filer ? »

Et elle répondait : « Ne le savez-vous pas ? N'entendez-vous pas mon rouet qui siffle, qui rit et qui chante :

« File, file les fibres du chêne dont on tressera la corde de l'arc pour frapper l'ennemi de notre Dieu.

« File, file la blanche soie dont on tissera l'écharpe du vaillant chevalier.

« File, file le lin des champs, dont on fera mon voile de noce.

« File, file la chaude laine pour les enfants des pauvres qui grelottent pendant l'hiver.

« File, file le rude chanvre pour en faire le drap mortuaire.

« Le ciel est noir. Les arbres soupirent. Les ruisseaux pleurent ; l'orage gronde ; l'hirondelle rassemble ses petits.

« File, file ton dernier vêtement. »

Le soir, elle se levait, regardait de nouveau du côté de l'Orient, puis prenant son rouet et sa quenouille se retirait en disant : Pas aujourd'hui ; demain sans doute.

Plusieurs fois, quand elle sortait de son château par le mauvais temps, ses domestiques avaient essayé de la retenir. Mais alors, elle leur disait : Laissez-moi aller sur le Wienerberg. C'est là que Norbert m'a dit adieu. C'est là qu'il doit me retrouver.

On avait pour elle une telle pitié et un tel respect, qu'on n'osait l'arrêter.

Cependant, elle s'affaiblissait visiblement, et bien des gens disaient qu'elle avait au cœur un mal dont elle ne pouvait guérir.

Un jour, comme elle était à sa place habituelle, tout à coup elle entend résonner des trompettes. Elle se lève,

elle regarde : des casques, des cuirasses brillent au soleil.
Des banderoles se déroulent à la pointe des lances. Des
acclamations retentissent dans les airs. C'est une troupe
de chevaliers qui revient triomphalement de la croisade. —
« Norbert ! Norbert ! » s'écrie Clara dans un indicible transport de joie.

Mais Norbert n'est pas là. Les chevaliers s'éloignent, et
personne ne répond à l'appel de l'infortunée.

Elle retourne à son rouet. Elle le fait d'un coup de pied
tourner rapidement, siffler et chanter :

« File, file, dit-elle, ton dernier vêtement. »

Puis, soudain, elle frissonne, pâlit, tombe pour ne plus
se relever, et ses doigts étaient encore attachées au fil de
sa quenouille, et ses lèvres murmuraient : « Norbert !
Norbert ! »

— Voilà, dit Alie, en finissant son récit, voilà comme on
aime en Allemagne.

Mais n'aime-t-on pas ainsi partout ? Ces légendes, racontées par la fille du graveur, me paraissaient charmantes.
Mais, en Suède, ma chère Stina, nous en avons d'autres
non moins intéressantes dans nos recueils de Sagas, dans
nos Folkvisor. On proclame très-justement la beauté des
Viennoises. mais on peut bien justement aussi vanter celle
de nos Flickares.

Quelquefois, en regardant ma jolie voisine de Vienne,
je pense à notre petite voisine de Sollroe, à la gentille
Ebba. Ses yeux ne sont pas noirs et brillants comme
ceux d'Alie, mais si bleus et si ingénus ! Près de moi, l'éclat
et le reflet du soleil d'Orient ; là-bas, le pur azur de notre
ciel suédois, la douce teinte du vergiss-mein-nicht, épanoui
au bord de nos ruisseaux ; peut-être, comme tu l'as dit,
la fleur de l'idéal, la vraie *Flor del aire*, que je m'en vais
cherchant si loin.

Vienne...

Depuis mon arrivée ici, chère Stina, j'ai vécu dans une atmosphère de poésie allemande ; poésie des traditions chevaleresques et des paisibles scènes de la vie bourgeoise, poésie du travail et de la rêverie, poésie de la nature et du foyer.

J'ai maintenant un nouvel ami qui m'entraîne dans une nouvelle région. C'est un jeune Italien, nommé Paolo Dolini, que j'ai rencontré au restaurant où je vais ordinairement dîner, et dans un cabinet de lecture où je vais souvent passer la soirée.

Comme il a vu que j'étais étranger, il m'a fort courtoisement offert ses services. Comme il connaît très bien Vienne et qu'il est instruit, il m'a donné, sur divers établissements de cette ville d'excellentes indications et m'a conduit d'une façon très-agréable dans des bibliothèques et des musées.

Nous en sommes venus ainsi à nous voir souvent et longuement. D'abord il m'a séduit par l'intelligente expression de sa physionomie et par sa politesse. Il était d'une complaisance extrême. Il m'écoutait avec une attention parfaite quand je lui confiais mes goûts littéraires, et il semblait s'intéresser particulièrement à mes rêves de voyage. Peu à peu, il m'a amené à d'autres entretiens. Il s'est mis à traiter des questions auxquelles, jusqu'à présent, j'étais resté fort étranger : questions de finances, de constitution, de politique.

Un jour, comme il développait une de ses idées favorites, tout d'un coup, il devint si âpre, si violent, que j'en fus tout surpris et un peu révolté. Il remarqua mon impression, s'excusa de sa vivacité et reprit sa dissertation en termes plus modérés. Le lendemain, pourtant, nouvel élan impétueux. Déjà, j'en étais moins effarouché, et par ma débonnaire attitude j'encourageais son ardeur. Je l'ai si bien encouragée, que maintenant je ne peux plus la réprimer.

Quand nous sommes assis l'un à côté de l'autre dans notre cabinet de lecture, ou à la table de notre restaurant, il ne me parle que des œuvres d'art et de littérature de l'Autriche, de Mozart, de Beethoven, des tragédies de Grillparzer, des poésies lyriques de Zedlitz. Quand nous nous promenons dans les rues, il baisse la voix comme s'il craignait d'attirer par un accent trop sonore l'attention des passants. Mais quand nous sommes seuls dans sa chambre ou la mienne, fenêtres et portes closes, il ne se contraint plus, et il a une violence de langage qui me chagrine.

Ce qui me fait surtout de la peine, c'est la manière dont il parle de ce pays pour lequel j'éprouve une si vive sympathie. Il est du Milanais, par là, sujet de l'Autriche, mais un sujet très-rebelle.

— Dans cette ville qui vous plaît, me disait-il un jour, dans cet empire qui vous apparaît peut-être heureux et attrayant, moi je ne vois que des niais et des tyrans, un peuple ignare et rétrograde, sans idées, sans élan, sans vigueur, et d'abominables despotes qui, par tous les moyens possibles, s'efforcent de le maintenir dans l'ignorance, l'inertie et le sensualisme, pour le mener à leur guise, comme un troupeau de moutons.

Dans notre douce demeure de Sollröe, nous n'avons jamais songé, ma chère sœur, à ces grandes questions gouvernementales qui doivent au plus haut degré occuper l'intelligence.

Parfois notre excellent père, après avoir parcouru quelques journaux de Stockholm, nous disait en les rejetant pêle-mêle sur la table : « Aimer son roi, respecter ses ministres, obéir aux lois, payer ses impôts, travailler selon sa condition et se réjouir de son repos, tel est le devoir, et telle est la récompense du bon citoyen. Que chacun mette l'ordre dans sa maison, et l'ordre sera dans l'État. »

Nous en étions à cet enseignement, et nous n'en concevions pas un autre. Mon ami Paolo m'a interrogé, et je l'ai vu stupéfait de mon ignorance.

— Quoi ! s'est-il écrié, vous ne comprenez pas vous-même ce qu'il y a de distance infinie, de profondeur d'abîme entre le régime de l'absolutisme et le régime constitutionnel ? Sachez donc que le premier corrompt, dégrade, écrase tout ce qui lui est soumis, tandis que l'autre, au contraire, fait éclore tous les talents et propage toutes les vertus.

Alors il s'est mis à développer l'idée qui le passionne, et il m'a dit :

« Si vous avez le bonheur de passer quelque temps en France et en Angleterre, ne manquez pas cette occasion d'acquérir de précieuses connaissances. Appliquez-vous à l'examen des rouages et du mécanisme de cette magnifique invention qu'on appelle le système constitutionnel. Voyez comment on prépare et comment on fait une élection. Quelle fermeté de caractère, quelle droiture de jugement dans les assemblées qui accomplissent cet acte national ! »

Ceux qui ont le privilège de nommer les députés ne peuvent se laisser émouvoir dans le sentiment de leur mission, ni par une alliance de famille, ni par une prévention, ni par une vanité, ou une ambition personelle. Ils ne pensent qu'à faire scrupuleusement leur devoir. Ceux qui sont élus ont la même fière indépendance et le même désintéressement. La tâche qui leur est confiée excite leur émulation. Le désir de rédiger de bonnes lois enflamme leur ardeur. S'ils diffèrent l'un de l'autre sur certains points, ils sont également passionnés pour le bien public. Ceux qui soutiennent et ceux qui combattent les mesures du pouvoir exécutif, tous patriotes. Sous l'empire des vieilles institutions, qui heureusement touchent à leur fin, on n'avait point l'idée d'un tel élan, ni d'une telle universalité de patriotisme.

Etudiez les lois sur la presse, les règlements des assemblées législatives et, ligne par ligne, les nouvelles chartes. Un seul paragraphe de ces chartes, s'il est, comme on le dit, faussement interprété, suffit pour bouleverser tout un royaume.

Après cela, si vous vous sentez la faculté de composer de virulents mémoires, de parler en public, de vous signaler par un toast bruyant dans un banquet populaire ou par de longs discours dans une réunion parlementaire, faites-vous admettre dans la corporation des avocats.

Dans le mouvement des peuples modernes, les avocats sont les hommes par excellence : les prophètes d'Israël, les Gracques de la république romaine, les régulateurs de l'opinion, les défenseurs de la patrie, les pilotes du navire de l'État. Ils font et défont les ministres. Ils deviennent ministres eux-mêmes, et quand ils tombent du ministère sans espoir d'y remonter, ils annoncent au peuple que la patrie est en danger et que le moment est venu où il doit faire une glorieuse révolution.

Telles sont les réflexions de mon ami Paolo. Il est probable que je n'en userai guère. Je ne me sens nulle aptitude à prendre part au gouvernement du peuple, et pas la moindre envie de m'associer à une révolution.

A chacun de nous sa tâche selon ses facultés. Si, en

vertu des lois de la métempsycose, je devais, après ma mort, rentrer en ce monde, dans le corps d'un oiseau, et, s'il m'était permis de choisir, je ne voudrais pas être le pétrel qui se berce sur les vagues soulevées par la tempête, ni l'aigle qui plane dans les airs, ni le condor qui étend ses grandes ailes à la cime des Andes, mais l'humble rouge-gorge qui égaye les laboureurs en leur chantant sa chansonnette, et, l'hiver, trouve un refuge à leurs foyers.

Vienne...

Un soir, comme je rentrais chez moi, après avoir passé une partie de la journée avec mon ardent Italien, j'ai rencontré Walther fumant sa pipe sur le palier.

— Monsieur Falk, m'a-t-il dit, tout le monde dans la maison est couché. A cette heure, je le suis aussi habituellement. Je vous ai attendu pour vous donner un avis qui peut vous être utile. Vous savez comme ici la vie est agréable et facile. Nous avons un gouvernement vraiment paternel qui se réjouit de notre joie, et qui, jamais, n'affligera un bon citoyen par une injustice, mais qui surveille strictement ceux qui inspirent quelque défiance, et l'on affirme que notre police de Vienne emploie à ce service un grand nombre d'agents secrets.

Hier, j'ai remarqué un individu qui se promenait devant notre maison, comme s'il devait y faire quelque observation particulière.

Aujourd'hui, ce même individu est entré dans mon atelier pour me montrer le dessin d'un cachet qu'il désirait, disait-il, faire graver. Mais là n'était pas sans doute le vrai

motif de sa visite. Il s'est mis à me parler de vous avec
une insistance dont j'ai été frappé. Il m'a demandé si je
vous connaissais depuis longtemps, si je vous voyais souvent et quelles étaient vos habitudes.

Mes réponses étaient faciles, et ma femme, qui assistait
à cette sorte d'interrogatoire que nous ne pouvions esquiver, s'est empressée, comme moi, de vous louer ainsi que
vous le méritez. Alors cet homme nous a adressé d'un ton
plus résolu, comme s'il avait le droit de commander, une
autre série de questions sur un jeune Italien qui est fréquemment avec vous.

A cela nous n'avions rien à répondre. Nous ne connais-
sons pas cet Italien. Mais à présent je crains qu'il ne soit
dans une position suspecte. Comment? pourquoi? je ne
sais et n'ai point à m'en occuper. S'il est ici mal noté,
vous pourriez vous compromettre par votre liaison avec
lui. Voilà ce qui m'a donné du souci, et voilà ce que j'ai
voulu vous dire. Excusez la liberté que j'ai prise. Bonsoir.
Il y a longtemps que je ne me suis couché si tard.

A ces mots, l'honnête graveur m'a serré la main et moi
naturellement je l'ai bien remercié de son affectueuse sollicitude. Tout seul ensuite, en réfléchissant à ses observations, j'ai pensé qu'il avait raison ; et je pouvais sans regret
diminuer la fréquence de mes rapports avec Paolo, car
souvent il me causait une impression désagréable par l'à-
preté de ses discours.

Pour le lendemain, il m'avait invité à dîner avec quelques-uns de ses amis. Je résolus de renoncer à cet engagement. Le matin, j'étais très-affermi dans cette décision,
et je cherchais le moyen de l'annoncer à Paolo de la façon
la plus polie, quand soudain, je le vis entrer dans ma
chambre tout pimpant et tout radieux.

— *Buono giorno!* s'écria-t-il avec son vif accent national, *caro amico ;* habillez-vous. Je vous apporte le programme d'une jolie matinée. D'abord, une permission spéciale pour visiter la galerie du prince Esterhazy. Vous verrez là de magnifiques tableaux de l'école espagnole, et ce qui vaut mieux encore, plusieurs œuvres des grands maîtres de ma glorieuse Italie. Ensuite, je vous mène à un concert chez Strauss, cet illustre Strauss, que j'aime parce qu'il énerve les Viennois avec ses valses et ses contredanses.

Ensuite nous allons dîner avec mes trois amis, trois vaillants Hongrois, trois fils de Magyars qui se souviennent des anciennes gloires de leur patrie et qui voudraient la délivrer du joug de l'étranger. Magyars et Italiens unis par l'infortune, par les mêmes regrets et les mêmes aspirations de gloire et d'avenir. Allons, hâtez-vous et partons.

Je ne m'attendais point à cette visite. Je ne pus formuler l'excuse que j'avais préparée et me laissai entraîner. Ordinairement, lorsque je sortais, j'allais dire bonjour à Walther. Cette fois, je passe rapidement devant sa porte. J'ai peur de le rencontrer.

Un instant après, mobile enfant que je suis, je ne songe plus aux affectueux soucis qu'il m'a témoignés et me réjouis pleinement de l'emploi de ma matinée; mais quelle excellente matinée !

Deux heures dans la maison du prince Esterhazy en contemplation devant la Vierge de Murillo, un portrait de Velasquez, une Sainte Famille de Raphaël, des paysages de Salvator Rosa, un grand tableau de Rembrandt; deux heures dans le salon de Strauss, sous le charme de son archet.

A midi, Paolo me conduit chez Keller, l'aristocratique restaurateur. Un instant après arrivent nos Hongrois, trois beaux garçons, portant d'un air cavalier leur costume national : la redingote à brandebourgs, le pantalon collant, les bottes à l'écuyère, la toque en drap brodé. Ils ne parlent pas suédois, cette belle langue sonore et pure, comme les vibrations de l'airain, a dit notre poëte Tegner. Moi, je ne connais pas un seul mot de leur langue hongroise, dont on n'a pu encore découvrir l'origine. Mais ils savent le français. Comme nous avons bien fait, chère sœur, de l'apprendre ! C'est l'idiome universel, le lien de tous les peuples.

Nous voilà tous les cinq dans un joli salon, assis autour d'une table élégamment servie, et causant des diverses curiosités de Vienne, des concerts de Sperle et du Théâtre-Impérial, du Prater et des faubourgs.

Cette causerie de fantaisie peu à peu se transforme en un entretien plus vif et plus hardi. Les têtes s'échauffent, les esprits s'exaltent. Paolo s'attendrit au souvenir des gloires de l'Italie ; les Hongrois proclament avec enthousiasme l'ancienneté de leur race, les conquêtes d'Arpad, le fondateur de leur monarchie, les vertus de saint Étienne, leur premier roi chrétien, et leurs victoires en différents lieux et leurs luttes héroïques contre les Turcs.

De ces tableaux du passé on en vient, par une pente rapide, à l'image du présent, et alors, à un accent d'orgueil et d'amour, succède un cri de douleur et de haine, douleur de la patrie affaiblie et vaincue, haine à ceux qui l'ont asservie.

Paolo nous scande, d'une voix vibrante, un sonnet de Filicaja, qui déplore, en un style grandiose, la chute de l'Italie :

« Italie ! Italie ! ô toi qui as reçu du sort le don fatal de la beauté ! ah ! que n'as-tu été moins belle, ou plus forte ! »

Un des Hongrois frappe sur son verre pour réclamer le

silence, et entonne ce chant de départ d'un de ses concitoyens :

« Que Dieu soit avec toi, ô ma patrie ! Terre de braves,
que Dieu soit avec toi ! Douce vallée, vaste ceinture de
montagnes, berceau de mon enfance, sanctuaire de mes
rêves de jeunesse, je m'en vais bien loin, bien loin.
Puissé-je, si jamais je reviens, te retrouver calme et floris-
sante !

« Tes montagnes ne s'élèvent point si haut que les Alpes
de Suisse couronnées de leur diadème de neige, et les
prairies ne sont point riantes et fleuries comme celles qui
s'épanouissent sous le ciel de la Provence. Mais que m'importe la grandeur gigantesque, ou la richesse d'une autre
contrée ! C'est ma patrie que j'aime ! c'est pour elle que
palpite mon cœur !

« A chaque peuple un don de Dieu. A chaque foyer un
souvenir. A la Grèce les éclatantes commémorations de l'art
et de la poésie ; à Rome, la couronne de l'univers ; à la
France, les fanfares de ses victoires ; à toi, ô ma patrie, le
souvenir de tes glorieuses infortunes.

« Champs de bataille à jamais célèbres ! rives du
Danube où les Hongrois se signalèrent par tant de merveilleux exploits ! Ce fleuve du Danube qui, de la forteresse de Bude, descend vers la plaine immortelle de
Mohacz, n'est-il point, ô ma chère patrie, le fleuve de tes
larmes ? »

Un autre Hongrois qui me frappe par son expressive
physionomie, et dont j'ai retenu le nom : Marc Eothen, se
lève, et, dans une attitude martiale, une main élevée en
l'air comme pour appeler ses frères d'armes, l'autre sur
son flanc gauche, comme s'il y tenait son épée, il chante
l'hymne patriotique, l'hymne de liberté de Petœfi.

« Entends-tu, Hongrois, la voix de la patrie ? Debout,

dit-elle. A présent ou jamais. Veux-tu rester esclave, ou conquérir ta liberté ? Choisis.

« Au nom du Dieu de la Hongrie, nous jurons, nous jurons de briser nos chaînes. »

J'écoute, chère Stina, avec une mélancolique sympathie ces chants dont on me traduit le sens en français.

Mais, dans le salon qui nous a été réservé, il y a un autre auditeur sur lequel ils produisent une tout autre impression. C'est le domestique viennois qui nous sert. Dès que mes compagnons ont commencé leurs dissertations politiques, je l'ai vu attentif à leurs paroles, comme s'il voulait les recueillir. Il sait le français, comme la plupart des domestiques allemands employés dans les grandes maisons, et je crois qu'il ne perd pas un mot de cet entretien, où éclate, à tout instant, une injure contre l'Autriche.

Sera-t-il discret, ou est-il payé pour ne pas l'être ? Je me rappelle ce que Walther m'a dit de la police de Vienne, et cela m'inquiète. Je voudrais pouvoir modérer l'élan des quatre ardents patriotes et comprimer l'imprudente vivacité de leur langage. Mais ils sont dans un tel état de surexcitation, qu'ils ne m'entendraient pas, ou que peut-être, mes avertissements les enflammeraient encore davantage.

Et le dîner n'est pas fini ; nous n'en sommes qu'au dessert. Que sera-ce dans une heure ?

— Garçon, crie Paolo, donnez-nous du vin de Champagne.

— Non, réplique Marc, pas de vin de Champagne, au moins pas à présent. Laissez-moi d'abord vous faire goûter une meilleure boisson.

Puis se tournant vers le garçon :

— Apportez-moi, dit-il, un grand bassin, six bouteilles

de votre meilleur vin de Johannisberg et deux bouteilles
de Tokay.

Le domestique obéit.

— Maintenant, dit le Hongrois, versez dans ce bassin
votre johannisberg. C'est fini. Bien.... Faites rafraîchir là-
dedans nos deux bouteilles du royal vin de Hongrie, et vous
pourrez dire que le vin de ministre qui les enveloppe est
ainsi très-honoré.

— Bravo ! s'écrient ses camarades en riant.

Mais le domestique qui, je ne sais pourquoi, me préoc-
cupe, ne rit pas. Au dernier ordre du jeune magyar, sa
figure s'est crispée, et en l'observant, je m'imagine qu'il
ressent comme une injure personnelle, cette profanation
de la récolte des nobles coteaux du prince de Metternich,
pour lequel il a sans doute une grande vénération.

Il sort, puis revient, d'un air placide, continuer son service.

Quelques instants après, nous voyons apparaître un
homme vêtu comme un simple bourgeois qui, en ôtant son
chapeau, nous dit d'un ton poli, mais grave : — Messieurs,
voulez-vous bien venir avec moi chez le directeur de la
police ?

— Comment ? pourquoi ? qui êtes-vous ? s'écrient à la
fois les descendants des guerriers d'Arpad.

— Messieurs, reprend d'une voix bénigne celui à qui
s'adressent ces impétueuses interpellations, je suis le
commissaire de ce quartier. J'ai reçu l'ordre de vous conduire chez mon chef. Je désire accomplir dignement mon
mandat, et une voiture vous attend à la porte de cette
maison pour vous éviter le désagrément de cheminer à
pied dans les rues avec un employé de la police.

— Mais, monsieur, dit le plus calme des trois Hongrois, il nous semble que...

— Messieurs, je ne puis entrer dans aucune explication. J'obéis à mon mandat, et croyez-moi, le mieux pour vous est de me suivre, sans essayer une résistance qui ne pourrait que vous être fort préjudiciable. Près d'ici, deux de mes subordonnés se tiennent à ma disposition, et tous les gens de cet établissement me porteraient au besoin main-forte.

Que faire? Évidemment toute tentative de révolte ne pourrait avoir pour nous qu'un résultat fâcheux.

— Allons, dit Marc d'une voix lugubre, encore une page à ajouter à l'histoire de la tyrannie.

Avant de sortir nous avons une dette à acquitter. C'est Paolo qui nous a invités à dîner, et Paolo n'est pas là. A quel moment, par quel heureux hasard, s'est-il esquivé? Nul de nous ne s'est aperçu de cette disparition, et nul de nous ne peut en ce moment le réclamer. Nous sommes persécutés. Ne devons-nous pas généreusement désirer que notre ami échappe à la persécution?

Marc, prenant la note du restaurateur, s'écrie que comme c'est lui qui a fait la folle commande du vin de Johannis-berg, c'est lui qui doit tout solder. Ses deux camarades et moi, nous ne voulons pas, bien entendu, accepter cette libéralité, et chacun de nous enfin paye sa part d'un compte dont l'ampleur semblerait impossible à nos modestes hôteliers de Suède.

Dans un large fauteuil en cuir, devant une table cou-verte de papiers, M. le directeur de la police est assis, en grand uniforme, avec une double rangée de croix et de médailles sur la poitrine. On peut voir de quelle autorité il est investi au respect profond que lui témoigne le commissaire qui est venu nous arrêter.

Du fond de son fauteuil, sans faire un mouvement, il darde sur nous comme un éclair le rayon de deux petits yeux gris et pénétrants.

Puis, d'une voix lente, cadencée, il adresse quelques questions aux trois magyars prisonniers, et se fait apporter un registre qui, dans ses énormes pages, pourrait renfermer la chronique du monde entier. Le directeur le feuillette à divers endroits, prend des notes, et de nouveau le feuillette, et de nouveau écrit encore quelques lignes, après quoi il dit au commissaire en lui désignant mes trois compagnons : « Conduisez ces messieurs dans la chambre des accusés. Leurs noms sont déjà inscrits ici plusieurs fois et leur cause doit être attentivement examinée. »

Ces paroles prononcées d'un ton sévère m'attristent. Ces jeunes gens que j'ai vus pour la première fois, il y a quelques heures, m'intéressent. Braves jeunes gens ! j'en suis sûr, trop téméraires dans leurs idées de liberté, sous un gouvernement absolu, mais incapables certainement de commettre une méchante action. Pourquoi donc cet arrêt qui les envoie dans la chambre des accusés ?

A cet arrêt, ils obéissent sans réplique, et, l'un après l'autre, en sortant me serrent la main.

Je reste seul avec le directeur, qui feuillette encore son colossal registre, puis me dit :

— Je sais ce que vous avez fait depuis votre arrivée ici, et pas une mauvaise note n'est jointe à votre nom. Mais vous êtes trop prompt à vous lier avec des gens qui, par le prestige de certaines théories dont vous ne voyez pas le côté dangereux, peuvent séduire votre imagination et vous entraîner dans une mauvaise voie. Nous n'avons ici aucun goût pour ces idées turbulentes, qu'on appelle, je ne sais pourquoi, les idées libérales ; car il y a plus de véritable esprit de liberté dans un grand nombre de nos vieilles in-

stitutions que dans la plupart de ces belles doctrines, prê-
chées si orgueilleusement par les nouveaux réformateurs.

Notre empereur a dit : « Je ne demande pas à avoir
des sujets brillants, mais de bons sujets. » Et il les a, ces
ces bons sujets. Nulle part, vous ne verrez un peuple plus
doux, plus poli, d'une humeur plus confiante et plus gaie
que le peuple autrichien. Nous ne voulons pas qu'on nous
le gâte, et nous n'aimons pas à voir près de lui ces étrangers qui, par leur effervescence ou leur abandon, peuvent
jeter le trouble autour d'eux. Vous n'êtes point de la légion
des agitateurs, je me plais à le reconnaître. Mais vous ne
savez ni leur résister ni les éviter. Je crois que le sol autrichien ne vous est pas bon, et que vous feriez bien de le
quitter au moins pour quelque temps...

À ces mots, je l'ai interrompu pour lui demander si c'é-
tait un ordre qu'il me donnait ou un conseil.

— Il vous sera sans doute plus agréable, m'a-t-il répondu, de penser que c'est un conseil. Seulement, permettez-
moi d'ajouter que plus vite on suit un bon conseil, mieux
cela vaut.

Je ne pouvais me méprendre sur le sens de ces paroles.
Je remercie le haut fonctionnaire de la politesse avec laquelle il me signifiait ma sentence d'exil.

Alors, sa figure s'est déridée, et il m'a regardé avec une
expression de contentement, comme un homme qui se sent
délivré d'une tâche fâcheuse.

Encouragé par son sourire, je lui ai demandé si je pourrais revoir les jeunes magyars qui me semblaient, quelle
que fût leur erreur, de braves garçons.

— Il est inutile, m'a-t-il répondu, que vous les revoyiez.
Mais si leur situation vous inquiète, rassurez-vous. Nous
ne sommes point si cruels que messieurs les libéraux vou-

draient le faire croire. Il ne nous est point agréable d'ordonner un châtiment. Ces Hongrois qui vous intéressent ont fait en plusieurs occasions un peu trop de tapage. Nous devons leur donner un salutaire avertissement. Ce sont de ces hommes de cœur qui ont l'imagination trop vive, dont l'activité peut devenir dangereuse, mais qui nous inspirent beaucoup moins de défiance que les Italiens. Souvenez-vous de cet avis très-sincère : Défiez-vous des Italiens.

Après cette recommandation, il m'a congédié avec un très-courtois salut.

— Ah ! s'est écrié Walther, quand je lui ai raconté mes aventures de la matinée, cela me fait de la peine, mais franchement cela ne me surprend point. Je sais qu'il y a toujours dans le monde des gens qui se font gloire de crier contre les gouvernements, il faut bien que les gouvernements se défendent. C'est leur droit et leur devoir. On dit que le nôtre est surtout attaqué par les Italiens. Dieu sait pourquoi. Car je suis bien sûr que notre bon empereur ne veut leur faire aucun mal. Quand ce Milanais, ce Paolo, comme vous l'appelez, a commencé à venir ici, je l'ai remarqué à diverses reprises. Tantôt il avait un air effronté, et tantôt un air sournois qui ne me plaisait point. Il baissait la tête devant moi, mais il la levait devant ma fille, et je l'ai surpris, un matin qu'il la rencontrait sur le palier, par hasard, la regardant d'une façon si hardie, qu'elle en était toute interdite, et moi tout prêt à lui donner une rude leçon, si, à l'instant même, il n'était entré dans votre chambre.

J'étais chagriné de vous voir en si fréquents rapports avec lui, et je regrette de ne vous avoir pas plus tôt révélé mes inquiétudes. C'est peut-être cet homme qui, après vous avoir conduit à un dîner où vous deviez entendre calomnier l'Autriche, a été avertir la police de cette réunion. Je ne voudrais pas être injuste envers lui ; mais, voyez-vous, ces Italiens sont capables de tout.

En écoutant ces récriminations de Walther, je n'ose lui dire que, la veille de notre dîner, Paolo m'a emprunté cent florins. Il l'accuserait sans doute de m'avoir trahi pour ne plus me rencontrer, tandis que cet infortuné Paolo est peut-être poursuivi par les sbires autrichiens, et désolé de ne pouvoir me rejoindre pour me rendre mes cent florins.

C'est cependant bien singulier qu'il ait disparu juste au moment où l'agent de police venait nous arrêter.

Madame Walther a paru aussi très-affligée, quand elle a su que j'allais partir.

« Je savais bien, me dit-elle, que vous ne séjourneriez pas longtemps à Vienne. Mais j'espérais que vous resteriez avec nous jusqu'à la fête de mon mari. Ce jour-là, je voulais vous servir un joli festin, et vous préparer moi-même un gâteau des plus fins. Mais puisque vous partez, je vais vous le faire tout de suite ce gâteau, pour que vous ne vous en alliez pas sans connaître une des bonne choses de notre pays. »

Alie me dit : « Vous reviendrez, n'est-ce pas, pour assister à mon mariage avec Franzl ? Vous verrez quelle belle noce nous aurons, et comme nous serons heureux ! Cela vous donnera envie de vous marier comme Franzl à Vienne. Quand vous irez à Paris, s'il est encore là, je vous en prie, allez le voir, et dites-lui qu'il a un modèle de fiancée. »

La veille de mon départ, madame Walther a majestueusement déposé sur la table, à la fin du dîner, un gâteau superbe et vraiment délicieux. Alie m'a fait présent d'un carnet sur lequel ses jolis doigts ont brodé mes initiales, et son père m'a remis un cachet en cornaline, où il a gravé ce mot : *Erinnerung* (souvenir).

Le lendemain, tous trois m'ont conduit à la voiture qui

devait m'emmener, et m'ont embrassé comme un vieil ami.

Quel bien cela fait de rencontrer de si bonnes gens! Ils me demandent où je vais, non point par curiosité, mais par un sentiment affectueux. Je vais en Suisse, et promets de leur écrire. Certainement, je n'y manquerai pas.

Au bord du Danube.

Je vais en Suisse, chère Stina, admirer dans sa suprême grandeur la poésie vivante de la nature, et, chemin faisant, je m'arrête à la poésie du passé.

A quelques lieues de Vienne, sur la rive gauche du Danube, sont les ruines du château de Durrenstein où fut enfermé Richard Cœur de lion. Il avait aimé la poésie ce vaillant soldat. Il avait honoré et protégé les ménestrels. Un de ces reconnaissants ménestrels le sauva.

L'Europe ne savait ce qu'était devenu le héros de la terre sainte. Blondel voulait le retrouver. Blondel s'en allait le cherchant de royaume en royaume. Un jour, au pied des murs de Durrenstein, il chantait un des chants favoris de Richard. A peine avait-il fini la première strophe, qu'il entendit moduler la seconde dans l'une des tours du château, par une voix que bien il connaissait. Le fidèle serviteur tressaillit de joie. Il avait découvert la retraite de son maître, et pouvait la révéler à ceux qui désiraient lui rendre la liberté.

Non loin de cette sombre forteresse, jadis si redoutable, et maintenant anéantie, sur l'autre rive du fleuve, florit en paix une des salutaires institutions du moyen âge, le couvent de Gottweihe. Son origine est racontée dans une jolie légende.

Au pied de la montagne où resplendit le dôme de ce monastère, sous les ombreux rameaux des chênes et des hêtres, s'épanche une source limpide. Par une belle matinée d'automne, près de cette source, trois jeunes étudiants étaient assis, trois pauvres enfants du peuple élevés gratuitement par une communauté religieuse. A la fin de leurs longues années scolaires, chacun d'eux allait revoir sa famille. En se reposant de leur trajet de la journée, au bord de l'eau pure, ils s'entretenaient amicalement de leurs jours d'études et de leurs pensées d'avenir.

Tous trois se destinaient à la prêtrise. L'un d'eux dit dans son candide élan juvénile :

— Si jamais je deviens évêque, je fonderai un cloître en mémoire de celui qui m'a si généreusement adopté dans mon indigence.

Les deux autres disent :

— Si nous devenons évêques, nous ferons comme toi !

Innocente confédération ! doux essors d'un sentiment de piété et de gratitude. Ces trois pauvres écoliers eurent l'honneur de porter la mitre. L'un d'eux fut proclamé évêque de Passau ; un autre, évêque de Würzbourg ; le troisième, archevêque de Saltzbourg, et tous trois construisirent, comme ils l'avaient dit, leur monastère.

Sur une agreste colline, inscrite dans la farouche épopée des *Nibelungen*, s'élève un autre cloître, un des plus beaux qu'on puisse voir. Sa grandeur étonne les regards ; ses œuvres émeuvent le cœur. La lampe qui brille jour et nuit devant son autel, éclaire les bateliers qui naviguent sur le Danube. Les lampes allumées le soir dans ses vastes galeries éclairent les veilles des professeurs et celles des étudiants. La magnifique abbaye de Melk appartient à cet ordre de bénédictins, qui s'est fait un si grand renom par sa piété et son savoir.

Je m'incline avec un profond respect devant ces religieuses institutions, qui, de génération en génération, ont si fidèlement accompli leur tâche. Dans les révolutions des siècles, dans le bouleversement des empires, dans les transformations de tant de choses humaines, elles ont invariablement gardé le sentiment de leur mission.

Leur pouvoir a été amoindri. Leur zèle est resté le même. Aujourd'hui encore, après les désastres qu'elles ont subis, on n'invoque point en vain leur secours, et, au moyen âge, elles ont été les plus puissantes auxiliaires du peuple, elles l'ont soulagé dans sa misère, éclairé dans son ignorance, défendu dans sa faiblesse. Au milieu du pauvre peuple des campagnes, elles m'apparaissent dans leur œuvre bienfaisante, comme ces arbres vénérés dont parlent les chroniques des Canaries, qui, toute l'année, conservaient leurs vertes feuilles lustrées, et, de ces feuilles, distillaient sur le sol desséché une eau rafraîchissante.

Le peuple reconnaissant a idéalisé, dans ses légendes, ces anciennes communautés religieuses. Sur la rive gauche de cet admirable Danube, illustré par tant d'actions glorieuses et tant d'images poétiques, près du village de Mette, est un couvent de bénédictins, fondé par un vaillant ermite qui, la hache à la main, ouvrait une clairière dans une forêt sauvage. On dit que, lorsqu'il était fatigué de son labeur, il suspendait, en ses heures de repos, sa hache à un rayon de soleil.

En Bavière.

Comme notre bon pays de Suède qui garde si fidèlement dans ses chants et ses récits populaires le souvenir de ses

aïeux, cette région d'Allemagne que je traverse, conserve
avec amour tout ce qui lui représente une des naïves
images, un des faits éclatants, une des scènes touchantes
du passé.

Quel noble amour ! je plains ceux qui, dans l'absorption
du présent ou la préoccupation de l'avenir, abandonnent
le culte du passé.

Le culte du passé, c'est le mémorial de la famille, le
blason de la chaumière, la gloire du foyer. C'est la source
vivifiante où le sentiment de l'honneur se raffermit, où le
cœur se retrempe. C'est, aux jours de repos, la légende
qui édifie, le conte qui récrée, la chanson qui fait rire. C'est,
aux jours d'anxiété, la poésie d'Ossian qui entend la parole
des siens dans le souffle des vents et voit apparaître leur
blanche figure dans les lueurs du crépuscule, dans les contours des nuages. C'est, aux heures de luttes, la montagne
où est enseveli le géant scandinave.

D'un bras impétueux Orm frappe sur cette montagne. Il
frappe si fort que le vieux colosse se réveille.

— Quel est, dit-il, le téméraire qui vient ainsi troubler
mon repos ?

— C'est moi Orm, ton fils.

— Que veux-tu ? je t'ai donné l'année dernière des amas
d'or et d'argent.

— C'est vrai ; tu m'as donné des amas d'or et d'argent ;
mais aujourd'hui je dois livrer un rude combat et je te demande ton épée.

Le géant se lève et lui remet sa grande épée.

La mythologie des Grecs peuplait les airs, les eaux, les
champs, d'une myriade d'êtres surnaturels. Le culte du
passé peuple ainsi chaque pays d'une quantité d'images
grandioses ou touchantes, images de ceux qui, dans ces
lieux, ont avant nous vécu, souffert, aimé, et dont le sou-

venir est pour nous un enseignement et un encouragement. Les pierres de Deucalion enfantaient des hommes. Les pierres des monuments historiques enfantent des idées.

Cependant plusieurs de ces villes allemandes, que je vais voir en faisant quelques détours, ne peuvent, sans une réflexion mélancolique, se rappeler ce qu'elles ont été, en songeant à ce qu'elles sont devenues.

Ratisbonne, qui n'occupe plus aujourd'hui qu'un rang secondaire dans le royaume de Bavière, a été une des villes les plus florissantes de l'empire germanique, ville de commerce de premier ordre entre l'Allemagne du sud et les régions de l'Orient; ville de guerre dix-sept fois assiégée; ville impériale où soixante-deux diètes furent réunies.

Ulm, la vieille libre cité, avait autrefois tant d'argent qu'un proverbe disait: L'argent d'Ulm gouverne le monde, et elle était si bien fortifiée, qu'on la croyait imprenable.

Elle n'a plus, à présent, que quelques fabriques, et elle a capitulé, en 1805, devant les régiments français.

Augsbourg a été l'une des plus opulentes cités de l'Europe, la cité des Fugger et des Welser, ces hardis, ces généreux, ces magnifiques capitalistes du seizième siècle « Riche comme un Fugger, » a dit Cervantes dans son immortelle histoire de *Don Quichotte*. Quand Charles-Quint passa par Paris, et qu'on lui fit voir le trésor de la couronne, il dit après l'avoir contemplé : « Je connais, à Augsbourg, un tisserand qui pourrait acheter et payer immédiatement tous ces diamants. » Il pensait à Fugger. Quand il visitait sa prospère cité d'Augsbourg, les Fugger et les Welser se disputaient l'honneur de le recevoir, et dans l'une ou l'autre de ces maisons, il avait un palais féerique.

Ce grand souverain, dont le sceptre s'étendait sur les

deux moitiés du globe, des rives de l'Elbe et de l'Esca[ut] jusqu'aux plages de l'océan Pacifique, avait souvent beso[in] d'argent. Un soir, Antoine Fugger, après lui avoir servi u[n] royal festin, plaça dans la cheminée un fagot de bois [de] senteur, et y mit le feu avec une feuille de papier. Cett[e] feuille de papier c'était un trésor. C'était un billet e[n] bonne forme constatant que son glorieux convive lui deva[it] plusieurs millions.

Les Welser avaient aussi aidé de leurs capitaux en se[s] nombreuses expéditions l'ambitieux Charles-Quint. Le[s] Welser armaient, en une seule année, huit bâtiments d[e] guerre et faisaient la conquête du Venezuela.

Les Welser et les Fugger exploitaient, par un privilége spécial, les vastes mines de Hongrie et du Tyrol. Les Wel[-] ser et les Fugger avaient des comptoirs dans toutes le[s] grandes villes, et jusqu'au delà des mers, on connaissait les noms de ces princes de la finance, de ces Jacques Cœur d'Augsbourg.

Mais les Welser avaient de plus que les Fugger un trésor vivant, une perle sans pareille.

C'était leur fille Philippine, une merveille de beauté, et modeste et vertueuse autant que belle. L'archiduc Ferdi[-] nand la vit un jour à son balcon, et en devint aussitôt amoureux. Il réussit à la revoir, et résolut de l'épouser. Mais il était le neveu de Charles-Quint, le fils de Ferdi[-] nand, roi des Romains et plus tard empereur d'Allemagne. Si puissant que fussent les Welser, il y avait entre eux et la famille impériale une trop grande distance pour que le prince osât confesser son dessein matrimonial à son père. Il épousa la belle Philippine secrètement et l'emmena dans un château qu'il avait en Bohême. Elle vécut là pendant plusieurs années mystérieusement, et devint mère de plu[-] sieurs enfants.

Son mariage fut enfin accepté par l'Empereur et publiquement déclaré. Elle reçut le titre d'Altesse, et son époux, ayant été appelé au gouvernement du Tyrol, elle le suivit dans ce beau pays.

A une lieue environ d'Innspruck, au sommet d'un plateau d'où l'on voit au loin la vallée de l'Inn, s'élève l'imposant et pittoresque château d'Ambras. Ce fut là que le prince s'établit avec sa noble compagne. Tous deux aimaient les lettres et les arts. Ils attirèrent autour d'eux des hommes distingués. Ils formèrent une bibliothèque et un musée. En même temps, Ferdinand gouvernait avec une paternelle bonté le pays, et Philippine étendait de tous côtés son action charitable. Quel heureux règne ! à trois siècles de distance, dans le Tyrol, on en a gardé la mémoire. Par malheur, il finit trop tôt. Philippine mourut à l'âge de cinquante ans, et quelque temps après, son fidèle époux était enseveli à côté d'elle.

Avoue, ma chère Stina, que je t'envoie dans notre charmante maison de Sollroe, un joli épisode des annales germaniques du seizième siècle, et qu'on peut bien aller à Augsbourg pour y voir la maison des généreux Fugger, et celle où apparaissait, comme une fée d'Allemagne, Philippine Welser, avec ses cheveux d'or et ses beaux yeux bleus.

Il est une autre ville du royaume de Bavière que je ne pouvais manquer de visiter : Nuremberg. Nous lui avons dû de si bonnes joies ! Tu sais, Stina, quand nous étions petits, ces poupées et ces ménages en bois, suspendus, avec des hussards et des trompettes, aux branches de l'arbre de Noël, cela venait de Nuremberg. Cette grosse montre en argent, d'une forme si singulière, que notre vieille tante Louise faisait sonner à notre oreille : toc ! toc ! c'était un œuf de Nuremberg. Ces cahiers de gravures qui représen-

taient les principaux personnages de la Bible : Moïse, avec
une si grande barbe ; Abraham, avec un si grand sabre ;
c'était encore un des produits de Nuremberg.

En arrivant dans cette ingénieuse et bienfaisante cité, je
me rappelais les naïves surprises de notre enfance. En parcourant ses rues, en contemplant ses monuments, je me
sentais à tout instant le cœur saisi par une grave et religieuse pensée.

Ville étonnante! ville unique, dit-on, et je le crois. Dans
ma recherche de l'idéal, je vois ici l'idéal de l'art du moyen
âge au portail de l'église Saint-Laurent, à la façade de
l'église catholique de la Vierge, sous les voûtes de Saint-
Sebald, dans les sculptures en pierre de Kraft, dans les
sculptures en bronze de Vischer, dans les dessins d'Albert
Durer, dans des vitraux d'un éclat prodigieux, dans les
tourelles, les armoiries, les inscriptions, et les figures
symboliques d'une quantité de maisons.

Cette ville a tellement conservé le caractère du moyen
âge, qu'on la dirait exhumée de la profondeur des siècles,
comme Pompéi de la profondeur des couches de lave.

La réforme de Luther n'a point ici soulevé, comme en
d'autres villes, une légion barbare d'iconoclastes. Le peuple
a respecté ses édifices catholiques, le tabernacle de Saint-
Laurent, le tombeau de saint Sébald, ces deux chefs-
d'œuvre, et les crucifix, et les madones, et plusieurs anciennes fondations religieuses.

En l'an 1420, un bourgeois de Nuremberg fit un legs à la
fabrique de l'église Saint-Laurent, pour qu'une lampe fût
nuit et jour perpétuellement allumée sur le tombeau de sa
famille, et depuis cinq siècles, à travers toutes les vicissi-
tudes du temps, ce vœu n'a pas été oublié, cette lampe
n'a pas été un seul jour éteinte.

En 1477, un autre pieux citoyen, nommé Martin Kœtzel,

alla à Jérusalem et y mesura pas à pas la distance des diverses stations de la passion, depuis le jardin des Oliviers jusqu'au Golgotha. Il voulait faire représenter par un habile statuaire ces mêmes stations à ces mêmes distances, depuis la porte de sa demeure jusqu'au cimetière. A son retour à Nuremberg, il avait perdu ses mesures. Onze ans après, il entreprit un nouveau pèlerinage, et cette fois en revint avec les exactes dimensions, et Adam Kraft, le célèbre sculpteur, se mit à l'œuvre, et ce chemin de croix du fervent Kœtzel subsiste encore.

Toutes les rues de Nuremberg, longues, étroites, tortueuses, ont gardé leur physionomie primitive; toutes les maisons, quoique très-différentes l'une de l'autre par leurs proportions, par la teinte de leurs ornements, de leur façade, ont entre elles un air de famille, et nulle part, je ne pense, on ne peut voir tant de pignons aigus et dentelés, tant d'ogives et de tourelles charmantes, et tant d'inscriptions peintes ou gravées au-dessus des portes. Ici de pieuses sentences; là, une date, un fait, un nom mémorable.

Une de ces inscriptions signale la demeure d'Albert Durer, le grand artiste; une autre, celle de son ami Pirkheimer, le riche et intelligent praticien qui fut le Mécène de sa ville natale; une autre, celle de Hans Sachs, le prodigieux cordonnier, qui, tout en faisant son métier de cordonnier, ne composa pas moins de six mille pièces de vers, et près de trois cents comédies dont la plupart furent jouées à Nuremberg, et applaudies.

Plusieurs de ces habitations historiques ont conservé leur ancienne destination.

Un marchand de cartes géographiques est établi dans la maison où, au commencement du quinzième siècle, ces cartes étaient dessinées par Martin Behaim, le savant cosmographe qui rencontra en Portugal Christophe Colomb, qui fit un voyage de découvertes sur la côte occidentale d'Afrique, et construisit pour le roi Jean II un astrolabe.

Un horloger vend encore des montres dans le magasin où jadis résonnaient ces vieilles grosses montres qu'on appelait les œufs de Nuremberg.

Un descendant de Pierre Vischer fond encore du bronze dans l'atelier où l'illustre artiste fondait les colonnettes, les arceaux et les statues de son tombeau de saint Sébald.

D'ici, de là, pourtant s'élèvent des constructions d'un style tout nouveau. Les jeunes gens disent qu'elles sont plus belles et plus commodes que celles d'autrefois. Les bons vieux bourgeois s'affligent de cette préférence. Ils craignent que peu à peu l'architecture moderne ne pénètre dans leurs différents quartiers et ne les soumette à la froide rigidité de son équerre, à l'uniformité de ses lignes symétriques.

Est-ce possible? faut-il croire qu'un tel changement peut s'accomplir, que Nuremberg cesse d'être Nuremberg? n'y a-t-il donc rien de durable en ce monde? les plus belles choses doivent-elles toutes périr ou se transformer? Je me rappelle le conte oriental de Ruckert. Ce conte serait-il le symbole de la vérité?

« Chidar, éternellement jeune, a dit :

« Je passais par une ville; un homme cueillait des fruits dans un jardin. Je lui demande depuis combien de temps cette ville est là. Il me répond en continuant à cueillir ses fruits : « Elle a toujours été là et elle y sera toujours. »

« Cinq cents ans après.

« Je reviens par le même chemin, et je ne vois plus aucune trace de la ville. Un berger solitaire conduit son troupeau dans les champs en jouant du chalumeau. Je lui demande depuis combien de temps la ville qui était là a

disparu. Il me répond en soufflant dans son chalumeau :
« Une chose dépérit, une autre grandit. Moi, j'ai toujours
« vu ici un pâturage. »

« Cinq cents ans après.

« Je reviens par le même chemin et voici un grand lac
où un pêcheur jette ses filets. Quand son pénible travail
est achevé, je lui demande : « Depuis combien de temps
« y a-t-il un lac ici? » Il me répond, en riant de ma question : « De tout temps on a pêché dans ce lac. »

« Cinq cents ans après.

« Je reviens par le même chemin et vois une vaste forêt
où un bucheron abat un arbre avec sa hache. Je lui demande depuis combien de temps cette forêt s'élève là. Il
me répond : « Cette forêt a perpétuellement existé et perpétuellement elle existera. »

« Cinq cents ans après.

« Je reviens par le même chemin et revois une ville où
résonnent les cris de la foule. Je demande depuis combien
de temps cette ville est bâtie. Que sont devenus les bois, le
lac, le pâturage. On continue à crier. On ne me répond
pas. Ainsi va le monde.

« Dans cinq cents ans je retournerai par ce même chemin. »

Ruckert, l'excellent poëte, qui a été professeur de langues orientales à Erlangen, a dû imaginer ce conte en
voyant l'humide plaine où est Munich. On se figure aisément que là il y a eu successivement un lac, une forêt, et
là, à côté de quelques anciens édifices, une ville qui semble
née d'hier.

Comment les princes de Bavière ont-ils eu l'idée de fonder leur capitale au milieu de cette vallée froide, maréca-
geuse, aride, au bord de l'impétueux Isar, tandis qu'ils
pouvaient si facilement s'établir sur les rives du majestueux

Danube. Un caprice de prince? un hasard? Je m'imagine
qu'en lisant l'histoire de différents pays, on doit en venir
assez vite à ne plus s'étonner de rien. C'est peut-être ce
que les profonds penseurs de l'école allemande de Hegel
appellent la philosophie de l'histoire.

De cette capitale si mal située, le roi Louis a entrepris
de faire une ville d'une beauté à la fois attrayante et solennelle, une nouvelle Athènes, une nouvelle Florence. Tout
jeune, il manifestait déjà un grand goût pour les lettres et
les arts. Les années ont développé en lui ce noble penchant, et depuis qu'il est sur le trône, on le voit sans cesse
occupé de réaliser quelques-unes de ses poétiques conceptions. Il construit des temples, des églises, des musées. Il
a eu le bonheur de réunir autour de lui des architectes,
des peintres, des sculpteurs, d'un rare mérite, et le
bonheur d'embellir ses galeries par d'excellentes acquisi-
tions.

Au commencement de ce siècle, deux hommes, dont
l'Allemagne doit vénérer le nom, les deux frères Boisserée,
de Cologne, se mirent à chercher les œuvres des peintres
primitifs de leur pays, et graduellement firent une collection qui a été achetée par le roi Louis.

En tête de cette collection est Guillaume de Cologne, le
Cimabue du Nord, le précurseur de Rembrandt, et là apparaît, par ordre chronologique, toute l'ancienne école allemande, depuis Van Eyk jusqu'à Holbein.

Ces bons vieux peintres m'ont saisi le cœur. On leur
reproche la sécheresse de leurs compositions, de graves
défauts de dessin et de perspective, l'ignorance du clair-
obscur et de violents anachronismes.

C'est vrai qu'ils ne s'inquiètent guère de ce qu'on appelle
la vérité historique. Dans leurs tableaux religieux, ils
placent tranquillement en plein Orient les paysages de

l'Allemagne, les châteaux, les villes, les abbayes des bords
du Rhin. Leurs saintes sont vêtues comme des bourgeoises
de Cologne ; leurs patriarches comme des bourgmestres,
et ils ne se gênent point pour mettre un chapelet entre les
mains d'une des femmes de la Bible; ni un missel sur la
table d'un des solitaires de la Thébaïde.

Mais quelle innocente naïveté dans ces erreurs et ces
ignorances !

C'est vrai que souvent leurs personnages sont un peu
roides, et leurs traits un peu maigres. Mais n'est-ce pas à
dessein qu'ils les peignent ainsi pour mieux faire ressortir
l'empire de la pensée sur la matière ? La chair est macé-
rée, l'esprit fort et vaillant.

Quelle piété dans leurs œuvres !

Ces martyrs ! comme on voit que leur âme est au ciel,
tandis que leur corps est déchiré! Ces pèlerins et ces religieux ! comme ils sont agenouillés dévotement au pied des
autels ! Et ces vierges ! quel sentiment ineffable de pudeur
dans leur joie, d'humilité dans leur triomphe !

Ils avaient la foi, ces peintres allemands du moyen âge,
une vraie, candide, religieuse foi. De là l'émouvant caractère de leurs tableaux.

— Maintenant, dit un écrivain qui s'est beaucoup occupé
de choses d'art, maintenant à toutes les expositions apparaissent des milliers de toiles représentant des scènes de la
Bible et de l'Evangile. Ces toiles sont peintes par des
hommes qui ne croient pas à l'Écriture sainte, examinées
par des juges et achetées par des amateurs, qui n'y croient
point davantage.

Est-ce possible, ma chère Stina? faut-il que je sois venu
jusqu'au sein de l'Allemagne pour entendre formuler une
telle idée ! Dans notre pauvre pays de Dalécarlie, dans
notre calme solitude, nous avons au moins conservé nos

vieilles salutaires croyances. Dieu veuille que nous les conservions à jamais intactes!

Je me rappelle cette sentence de Shakespeare :

« Il n'y a point de tromperie dans la simple bonne foi. »

Et cette parole d'un autre poëte anglais :

« A travers les ombres de la vie, la foi nous conduit vers la Divinité. »

Et ces deux vers de Goëthe :

> Gardez fidèlement la foi dans votre cœur,
> Lumière dans la joie, appui dans le malheur.

Le roi Louis, qui a eu le bonheur d'acquérir le religieux trésor des frères Boisserée, a mis dans son palais une collection d'un tout autre genre, une galerie de portraits des plus belles personnes de Munich, grandes dames et bourgeoises, ouvrières et rentières, toutes peintes avec le même soin, et leurs frais visages encadrés avec le même luxe, nobiliaire de la grâce, armorial de la beauté.

N'est-ce pas là une jolie pensée de roi? Il y a tant de rois qui se croient obligés de ranger autour d'eux des tableaux de bataille et des figures de généraux avec de grands sabres, de grandes moustaches grises, des nez rouges, des yeux farouches. C'est très-laid.

La laideur, c'est l'affliction des yeux et de l'esprit. Le beau, c'est le rayon céleste, et il n'y a rien de plus beau dans le monde que la douce, tendre et pure beauté de la femme, la dernière création de Dieu, la première et la plus longue pensée de l'homme; la mère et la sœur, la fiancée et l'épouse, la Flor del air, comme tu disais, ma chère Stina, quand ma charmante petite Ebba m'apportait, au moment de mon départ, son bouquet d'anémones, la fleur de l'air au printemps de la vie, la fleur de la raison dans les jours de l'âge mûr, la fleur du rameau bénit, humecté d'une larme de cœur à notre heure suprême.

Tout ce que j'ai vu des entreprises du roi Louis m'inspire pour lui un vrai sentiment de respect, et on le dit juste, humain, affable, trois excellentes qualités de roi. Cependant, il n'est point aimé dans ses États comme je me figure qu'il devrait l'être. La plupart de ses sujets ne comprennent rien à la construction de son Walhalla, de son église byzantine, ni même à ses galeries de sculpteurs et de peintres, dont ils ne peuvent s'habituer à prononcer le nom grec. Tout cela leur paraît bizarre, inutile et ruineux.

D'autres qui peuvent apprécier ces œuvres d'art prétendent qu'elles ne sont point proportionnées au budget d'un petit royaume. Les habitants de la province comptent avec amertume ce qui sort chaque année des coffres de l'État pour les embellissements de Munich, et disent qu'au lieu de gaspiller ainsi les ressources du pays en de luxueuses dépenses, mieux vaudrait les appliquer à des travaux d'utilité publique.

Les habitants de Munich, dont les provinciaux envient les prérogatives, se plaignent aussi. En voyant autour d'eux tout ce mouvement d'architectes, de peintres et de sculpteurs, suscité par une magnifique souveraineté, ils pensaient que leur capitale allait attirer une foule d'étrangers et s'accroître rapidement. Ils ont fait, dans cet espoir, diverses spéculations, et leurs prévisions ne se sont point réalisées. Les maisons qu'ils se hâtaient de bâtir restent inoccupées.

Enfin, on accuse le roi d'être moins libéral qu'au commencement de son règne, et les fins observateurs prétendent qu'il a, sur certains points, des idées très-rétrogrades. Par bonheur, il n'a point élargi le chiffre des contributions. S'il voulait augmenter seulement d'un kreutzer l'impôt sur la bière, je crois que tout le pays entrerait en révolution.

Ah! Dieu, ma bonne Stina, que de réflexions je fais depuis que j'ai quitté notre humble village! Que de fois j'ai entendu répéter là ce dicton traditionnel : « Heureux comme un roi! »

A présent les rois ne me semblent pas heureux, et les peuples que je vois ne sont pas contents.

Il me tarde d'être en Suisse.

Là les gens du peuple ne peuvent pas se plaindre de leur gouvernement, puisque eux-mêmes le choisissent et participent à ses décisions. Là, on n'est point exposé à recevoir, pour une maladresse involontaire, un coup d'épée d'un officier arrogant, puisque la milice helvétique n'aspire point, comme l'armée prussienne, à conquérir le monde, et que ses officiers sont de simples citoyens.

Là, on n'est point arrêté par un agent de police pour avoir passé quelques heures, avec des jeunes gens qui, en buvant du vin de Tokay, proclament la liberté, puisque la Suisse ne cesse de glorifier le principe de liberté proclamé sur le Grütli. Là, ni l'Etat, ni les particuliers ne se livrent à de luxueuses dépenses, puisque le budget de chaque canton est si droitement réglé par le régime républicain, et que chaque famille prétend garder les austères traditions de ses aïeux.

Dans ce pays, on se souvient encore de la reine Berthe, qu'on appelait la bonne reine, qui, de ses mains délicates, travaillait sans cesse pour les pauvres, qui, en chevauchant dans la campagne, filait pour eux sa quenouille suspendue à l'arçon de sa selle. On se souvient de ce noble gentilhomme d'Argovie, qui, après avoir vaillamment combattu pour la liberté de son pays, s'en allait labourer ses champs avec ses fils, en leur disant :

> Qui forgea le soc était sage,
> Et qui fit l'épée était fol.

On se souvient de Nicolas de Flue, le doux et pieux ermite, qui par l'onction de sa parole apaisait les dissensions publiques.

Sans doute, je vais trouver là encore des maisons patriarcales, comme celle des anciens barons d'Attinghausen, où maîtres et valets, tout le monde s'asseyait à la même table, et dans ces maisons des hommes d'une trempe vigoureuse comme les soldats de Morgarten, et des jeunes filles naïves comme celles de Gruyères au temps des croisades.

« Quand le pont-levis fut baissé, dit une vieille chronique, et que le banneret armé de toutes pièces s'écria : Pars, Gruyères, reviendra qui pourra ! les jeunes Gruyériennes se mirent à pleurer, et demandèrent si cette mer qu'il fallait traverser était plus grande que le lac le long duquel on passait pour se rendre à Notre-Dame de Lausanne.

Enfin, ma chère Stina, les voyageurs racontent que lorsqu'on jette dans les profondeurs des mines de Saltzbourg un rameau d'arbre effeuillé par l'hiver, quelques mois après il est tout entier couvert de cristallisations pareilles à de petits diamants. Les annales héroïques, les vertus traditionnelles, les coutumes religieuses de la Suisse cristallisent ainsi ma pensée.

A la distance où je suis de ce magique pays, je le vois en sa beauté physique et morale, dans ses tableaux de Diday et de Calame, dans ses légendes et ses chants populaires, dans les descriptions de plusieurs voyageurs, dans les idylles de Gessner.

Canton de Saint-Gall.

Oui, l'idylle ! la voici près de Saint-Gall, au sommet d'un plateau couronné de sapins, une maison rustique, une fontaine, un jardin. Dans cette maison, une jolie chambrette vacante où je me suis installé. Ce petit domaine appartient à une industrieuse famille, tout le jour occupée. Le père, employé d'une maison de commerce de Saint-Gall, s'en va dès le matin à son bureau, et ne rentre que le soir. La mère, robuste ouvrière, debout au premier chant du coq, puise de l'eau à la fontaine, fend le bois, allume le feu de la cuisine, prépare les repas, va, vient, trottine, met tout en ordre, et après ce travail du ménage, entre dans son jardin, sarcle ses pommes de terre, émonde ses choux, plante des baguettes pour soutenir ses tiges de haricots. Ses deux filles ont une tout autre besogne. Elles font ces délicates broderies que les marchands de Saint-Gall emportent en différentes contrées. Peut-être en as-tu une à ton col, et peut-être a-t-elle été façonnée par une des jeunes ouvrières de la maison d'où je t'écris.

A vrai dire, ces gens-là ne me plaisent point tant que mes bons voisins de Vienne. Le mari demi-paysan, demi-monsieur, par les vêtements, comme par le langage, me paraît un peu prétentieux et un peu trop prompt à raconter ce qu'il a lu dans les journaux. La femme n'a point la touchante cordialité de madame Walther, et les filles, quoique jeunes, roses et fraîches, ne peuvent être comparées à la charmante Alie. Ces quatre personnes, pourtant, sont très-polies et très-empressées de faire tout ce qui peut m'être agréable. Mon déjeuner et mon dîner sont servis avec un soin tout particulier, et ma chambre est entretenue avec une propreté extrême.

Délicates, ingénieuses attentions d'un noble sentiment! les anciens Suisses se distinguaient par leur hospitalité. D'âge en âge, Dieu soit loué! leurs descendants ont conservé cette vertu.

Cependant, je ne réside guère dans la chambre où chaque meuble est régulièrement si bien essuyé, et où l'on me donne un linge si blanc. Je passe ma journée à errer de côté et d'autre, tantôt pénétrant dans le vallon où m'attirent les babillements d'un frais ruisseau, tantôt grimpant au haut d'un rocher d'où je dois avoir un vaste point de vue; tantôt m'asseyant sur une mousse semblable à un tapis de velours vert, et écoutant cette continue, cette indescriptible, cette harmonieuse musique des champs et des airs: murmure de l'eau dans la prairie, soupirs du vent dans la forêt, bourdonnement des insectes sur le gazon, ou sous les feuilles, chant des oiseaux de toute part, à toute volée, et, de temps à autre, la note rustique d'une chanson de berger.

Ordinairement, dans ces promenades solitaires, j'emporte un de mes livres favoris. Un bon livre, particulièrement un livre de poésie. C'est un compagnon qui, dans la poésie de la nature, s'associe à nos idées, et souvent éclaire, agrandit notre émotion.

Mais, hier matin, en sortant de mon hôtellerie champêtre, après avoir savouré une tasse de lait onctueux, j'avais une feuille de papier plus agréable pour moi, qu'un volume de notre cher Tegner, de Geibel, de Thomas Moore, de Longfellow, de Lamartine, une petite feuille qui ne tenait guère de place dans ma poche, et qui m'emplissait le cœur, ta dernière lettre, ma chère Stina, qui m'arrivait par la poste de Saint-Gall.

Béni soit celui qui inventa la poste!

Bien vite, en la recevant, j'avais lu cette lettre d'un bout à l'autre. Mais cela ne me suffisait pas. J'ai été m'asseoir dans un endroit que j'affectionne particulièrement, sur le revers de la colline, au pied d'un sapin. Là, je me suis mis à relire tout ce que tu me racontes de nos parents et de notre maison, de nos voisins et de notre jolie Ebba, que tu appelles encore la petite Ebba, qui doit être grande pourtant depuis le temps que je l'ai quittée. Plusieurs mois ! songe un peu.

En déroulant tes feuillets si bien remplis, je crois t'entendre faire tous tes gentils racontages. En regardant autour de moi, je puis me figurer que je suis encore dans notre pays. Ce coteau où je suis assis ressemble à ceux qui dominent notre village.

Sur ce sol helvétique s'épanouissent les mêmes fleurs que nous aimons à voir sur notre terre suédoise ; le crocus printanier, le colchique qui n'éclôt qu'en automne, la gentiane empourprée, la blanche anémone, la bleue véronique, la légère digitale, que les Allemands appellent *Fingerhut* (dé à coudre), sans doute le dé dont se servent les fées du Nord pour se faire leurs vêtements avec les rayons de la lune.

Et ce petit scarabée qui tout doucement monte le long de mon bras, et vient se poser amicalement sur ma main, comme pour me souhaiter la bien-venue dans son canton de Saint-Gall, il y a longtemps que je le connais. Tu le connais aussi, ma chère Stina, tu l'as vu bien des fois tomber sur tes genoux, fatigué d'un de ses longs trajets. Lorsqu'il s'était bien reposé, lorsqu'il entr'ouvrait ses ailes d'or, tu l'aidais toi-même à reprendre son mouvement en lui disant : Vole, vole, petite bête du bon Dieu !

Et cette mésange suspendue à une branche de coudrier qui penche de mon côté sa tête noire, comme si elle voulait lire avec moi ta lettre ; elle est de la grande famille des mésanges répandues en tant de contrées, elle a peut-être visité, dans une de ses migrations ses parents de Suède. Elle voudrait savoir si tu m'en donnes des nouvelles.

Et ce sapin qui étend sur moi ses longs rameaux, n'est-il pas le frère de nos sapins de Dalécarlie? Ah! le sapin, que je l'aime! J'ai lu avec une vive curiosité ce que les voyageurs racontent de la majesté des cèdres du Liban, de la grâce des palmiers, de l'incroyable circonférence du baobab, et de la hauteur prodigieuse des cyprès de la Californie. Cela n'a point diminué mon admiration pour les sapins.

Ces arbres dont on nous fait de si belles peintures n'ont pas grand mérite à s'élever dans les conditions les plus favorables à la végétation, dans la région ou près de la région des tropiques, sous un chaud climat, dans une terre profonde, tandis que notre cher sapin est, sa vie durant, un étonnant exemple de patience et de fermeté. Il naît sous un froid climat, sur un sol peu épais, quelquefois même sur une couche de pierres, ou dans la fissure d'un roc. Il étend de ci, de là horizontalement ses racines, cherchant de côté et d'autre un suc nutritif et un point d'appui.

Peu à peu, par sa ténacité, il s'affermit, il se développe, s'élève comme une pyramide. Dans le cours de l'année, les plantes qui l'environnent changent plusieurs fois d'aspect, et lui, calme et immuable, garde en chaque saison sa sévère beauté. Le soleil de la canicule ne le dessèche point; les brumes de l'automne ne le flétrissent point. L'hiver le couvre de flocons de neige comme d'un manteau d'hermine. Sous ce vêtement de neige, ses rameaux conservent leur verdure lustrée comme aux jours vivifiants du printemps.

Il ne porte aucun fruit. Mais on dit que son ombre paisible calme les agitations de l'âme. Mais de son écorce on extrait une essence aromatique; de ses bourgeons, on distille un suc médicinal qui guérit de graves maladies ; de ses branches résineuses, nos paysans font des torches qui les éclairent dans leurs veillées, et de sa haute tige, tout ce qui protége, tout ce qui accompagne du commencement jusqu'à la fin notre existence : la poutre de la maison, le lambris du foyer, le mât du navire, le berceau de l'enfant, le cadre du tableau de famille, les planches du cercueil.

On raconte en Allemagne, aux enfants, une histoire de sapin qui mérite d'être lue par les grandes personnes.

« Il y avait une fois..., c'est ainsi que commencent la plupart des contes de fées, ces chefs-d'œuvre de l'esprit humain, il y avait une fois un petit sapin sans expérience qui gémissait de son sort : « Ah ! disait-il, ces lignes uni-« formes de pointes vertes qui s'étendent le long de mes « branches sont bien laides. J'ai le cœur un peu plus fier « que mes voisins, et me sens fait pour être habillé « d'une autre sorte. Je voudrais avoir un feuillage doré. »

« Le génie de la montagne l'écoute, sourit, fait un signe, et le lendemain matin, le jeune présomptueux se réveille avec des feuilles d'or. Le voilà tout radieux, qui s'admire, se pavane et regarde orgueilleusement ceux qui, plus sages que lui, n'envient point sa rapide fortune. Le soir, arrive un juif qui détache chacune de ces feuilles d'or, les met dans son sac, et s'en va, laissant le pauvre arbuste, des pieds à la tête, entièrement nu.

« Hélas ! dit-il, étourdi que je suis, je n'avais pas songé « à la cupidité de l'homme. Comme celui-là m'a dépouillé ! « Maintenant, il n'y a pas dans la forêt une petite plante « plus pauvre que moi. J'ai eu tort de désirer ces pièces « de métal qui excitent de si ardentes convoitises, et main-« tenant je voudrais bien ne pas rester dans ma honteuse « nudité. Si j'avais un vêtement de verre ! Cela serait ma-

» « gnifique, et le juif rapace n'aurait nulle envie de me
» « dépouiller. »

« Le lendemain matin, le sapineau se réveille avec des
feuilles de verre qui se balancent légèrement au souffle de
la brise et reluisent au soleil comme des petits miroirs. De
nouveau, il est tout réjoui et tout fier, et dans son étince-
lante parure, de nouveau regarde dédaigneusement ses
voisins. Mais le ciel se couvre de nuages. Le vent se lève,
mugit, éclate; et d'un coup de son aile noire, brise les
feuilles de verre.

« Je me suis encore trompé, dit l'innocent jouvenceau
« des bois, en contemplant les débris de son luxe sitôt
« perdu. Ni l'or, ni le verre ne sont faits pour décorer les
« forêts. Je serais moins brillant, mais plus tranquille, si
« j'avais un bon feuillage, doux et velouté comme celui du
« noisetier. »

« Le troisième vœu est accompli, et en renonçant à ses
vanités premières, l'ambitieux sapin avait encore le plaisir
de se croire mieux vêtu que les arbres de son espèce. Mais
des chèvres paissant près de là aperçoivent ses feuilles
nouvellement écloses, si tendres et si fraîches, les prennent
à belles dents, et n'en épargnent pas une.

« Le malheureux sapin, humilié, désolé de ses erreurs,
n'aspirait plus qu'à reprendre sa forme primitive. Il obtint
encore cette grâce, et oncques depuis, il ne s'avisa de
souhaiter une autre condition. »

Telle est, ma chère Stina, l'histoire de l'ambitieux sapin. Je la considère comme une sage leçon. J'espère bien
m'en souvenir. J'espère bien ne pas échanger mon bon,
simple vêtement dalécarlien pour une dangereuse brode-
rie, ou un fragile clinquant.

Canton de Saint-Gall.

Je t'ai dit, ma chère Stina, ma première idylle helvétique. Elle a fini par un colloque qui m'a péniblement surpris.

Le jour de mon départ, quand mon hôte m'a remis ma note, il m'a paru qu'on me faisait payer un peu cher quelques tasses de lait, dans un pays où le lait n'est point si précieux, ni la vache si vénérée que sur les bords du Gange, un peu cher aussi mon frugal repas de chaque jour, un peu cher ma chambre dont le mobilier ne représente assurément pas un gros capital. Je ne voulais cependant faire aucune réclamation. Mais M. Stock a deviné ma pensée, et comme il aime à pérorer, il a profité de l'occasion pour me faire un discours :

— Monsieur, m'a-t-il dit d'un ton solennel, vous êtes jeune, vous commencez à voyager, et vous ne connaissez pas encore la Suisse. Voulez-vous que je vous en donne brièvement une juste idée ?

— Je vous en serai fort obligé.

— La Suisse se divise en deux parties distinctes : les cantons favorisés par la nature et les cantons disgraciés.

— Il me semble que celui-ci n'a point à se plaindre de son partage. J'y vois de beaux sites, des champs fructueux, de verts pâturages, de grandes forêts.

— Petit bien ! petit bien ! Nous n'avons ici ni le mont Blanc, ni la Jungfrau, ni le Righi, ni la mer de glace, ni la vallée de Meyringen, ni le Staubbach, ni le lac de Genève ou de Lucerne, rien de ce qui est dessiné par tant d'artistes, chanté par tant de poëtes, rien de ce qui fait la célébrité de la Suisse, bien plus que les vieilles histoires de

Guillaume Tell et de Winkelried, rien de ce qui attire les
étrangers. La Suisse récolte des légumes, des céréales et
un petit vin blanc qui n'est pas à dédaigner. La Suisse
vend à un bon prix le produit de ses forêts et de ses pâturages; la Suisse a d'importantes manufactures d'horlo-
gerie, de rubans, de tissus. Mais je crois que son meilleur
revenu lui vient des étrangers qu'elle héberge périodique-
ment pendant plusieurs mois, et chaque année on attend
ici les étrangers, comme on attend en Hollande l'apparition des harengs, et dans certaines régions du Nord le passage des cailles.

Dès les premiers jours du printemps, chacun se prépare, selon son industrie, à cet événement. Le bijoutier de
Genève accélère tant qu'il peut le travail de ses ouvriers;
le guide de Chamounix consolide ses échelles et ferre ses
bâtons; la batelière de Brienz fait vernir sa barque et se
façonne avec une fine paille un nouveau chapeau; le cise-
leur en bois réunit ses figurines de bonshommes, ses
croix, ses bénitiers, ses petits chalets; les jeunes filles du
canton de Berne nattent leurs cheveux, blanchissent leurs
manches, polissent leurs chaines d'argent; les pâtres des
montagnes s'exercent à sonner de la trompe et à chanter
le *Ranz des vaches*. Les aubergistes nettoient leur literie,
leur salle à manger, leur vaisselle, et reconstituent leur
cohorte de kellners, cette curieuse milice de sommeliers
que l'on voit dans les grands hôtels de Suisse, en habit
noir, en cravate blanche, alertes, accorts, parlant plusieurs
langues, en mouvement tout le jour avec une prestesse
étonnante, puis s'éparpillant à la fin de la fructueuse saison, et, comme des fourmis économes, vivant l'hiver des
résultats du travail de l'été.

Au commencement de l'été, arrivent les voyageurs dési-
rés, à pied, à cheval, par les voitures publiques, par les

bateaux, par les chaises de poste, élégants aristocrates, gros et gras capitalistes, riches désœuvrés, fonctionnaires en vacances, graves savants, couples amoureux, vieillards moroses, jeunes enthousiastes, une babylone de gens de divers pays et de toutes sortes de conditions, et tous, chose essentielle, ayant de l'argent à dépenser, qui, de leurs patrimoines, qui de leurs honorables emplois, ou d'une aventureuse industrie, ou d'une habile banqueroute, n'importe de quelle façon leur bourse est faite, pourvu qu'ils en laissent une bonne partie en Suisse.

On les loge, on les promène, on sourit à leurs fantaisies, on exalte ce qui éveille leurs désirs, on excite leur curiosité. Si pour les charmer on pouvait enluminer les vallons, exhausser les montagnes, creuser plus profondément les ravins, certainement on n'y manquerait point, car on ne craint pas de se donner de la peine, quand on compte faire une bonne moisson.

A ces mots, je me suis écrié : — Ah! monsieur, j'espère que vous plaisantez, car il ne m'est pas possible de croire qu'on spécule sur la contemplation des grandes scènes de la nature, qu'on attache une idée de lucre aux plus nobles émotions de l'âme.

— Très-bien, m'a répondu froidement M. Stock. Vous êtes jeune et libre et assez riche pour employer selon vos goûts cette jeunesse et cette liberté. Il vous plaît de venir en Suisse. Cela me semble une bonne idée, et vous commencez par vous arrêter dans mon humble maison; je m'en félicite. Vous contemplerez ces grandes scènes de la nature dont vous avez lu de poétiques descriptions, et vous aurez ces nobles émotions de l'âme auxquelles vous aspirez. Mais quand vous en aurez joui, par un beau rayon de soleil, ou un doux crépuscule, vous vous en irez, et ceux qui restent là, croyez-vous qu'ils puissent avoir longtemps ces émotions, si jamais ils les ont eues? croyez-vous que ce soit une chose fort séduisante de passer sa vie, au pied d'une montagne de neige, d'entendre toujours mugir le même torrent, de voir toujours la même forêt de sapins, et le même défilé sauvage?

Non. On ne va point s'établir là pour son agrément, mais pour recueillir un juste tribut des sentimentales ladies, des bons bourgeois naïfs et des magnifiques touristes. J'envie le sort de ceux qui peuvent avoir une auberge ou une boutique en une de ces stations privilégiées. Pour peu qu'ils sachent leur métier, ils ne doivent pas tarder à faire fortune. Tout jeune, j'ai enchaîné par un lien conjugal ma liberté d'action, et je suis ici vivotant dans un petit emploi. Ma femme vend chaque jour pour quelques deniers du beurre et du lait à Saint-Gall. Mes filles gagnent un franc, du matin au soir, à faire des broderies qui pareront des princesses, et lorsqu'il m'arrive, bon an mal an, une douzaine de voyageurs que je reçois de mon mieux, je compte qu'ils doivent payer le loyer de mon logis.

Telle a été, ma chère Stina, l'allocution de mon hôte, et j'ai acquitté sa note, qui, comme je te l'ai dit, me semblait un peu exagérée. J'aurais mieux aimé l'acquitter sans entendre ce discours.

Bâle.

« Le touriste, dit un écrivain anglais, n'a certainement pas fait de bien à la Suisse. Mais ce qui a été bien plus préjudiciable à la moralité des habitants de ce pays, c'est le développement des manufactures, aveuglément encouragé par la diète. »

Il y a environ quarante ans que M. Mattews faisait cette réflexion. Si, maintenant, la diète voulait comprimer l'accroissement continu des manufactures, elle n'y réussirait pas. En venant ici, j'avais un espoir d'idéal; je me réjouissais d'observer les mœurs pastorales d'un peuple primitif. On m'affirme qu'elles existent encore dans quelques petits cantons. C'est possible. Mais dans ceux que j'ai parcourus jusqu'à présent, dans les villes et les villages, partout je ne vois que le mouvement industriel. Au bord du ruisseau, la scierie, ou la tannerie; dans le rustique chalet, le métier à broder, ou le métier de tisserand; dans la cité, les vastes ateliers et les grands entrepôts.

A Zurich, sur les bords de la Limmath, et le long du lac, au pied des verts sapins, de toute part s'élèvent les hautes cheminées des machines à vapeur.

A Bâle, le cloître de la cathédrale est complétement abandonné. De loin en loin seulement quelques curieux visitent encore la salle où se réunit un fameux concile, où, pendant seize ans, des centaines de prélats, de docteurs, d'abbés, discutèrent les plus graves questions. L'Université, jadis si renommée, ne renferme plus guère qu'un petit nombre d'étudiants, et les gens de Bâle ne se souviennent guère de leurs anciennes illustrations, ni de Holbein, qui fit ici quelques-uns de ses meilleurs tableaux; ni d'Erasme, qui aimait tant le séjour de cette ville; ni de son ami Froben, qu'on appela le prince des imprimeurs; ni de Burkhardt, qui explora si courageusement l'Orient; ni d'Euler, l'auteur des Lettres à une princesse d'Allemagne; ni de Jean Bernouilli, qui fut le premier maître de ce célèbre mathématicien; ni de plusieurs autres savants.

Mais Bâle se glorifie de son activité commerciale. Ses filatures de soie, ses fabriques de rubans occupent une quantité d'ouvriers. Ses longues rues tortueuses sont perpétuellement sillonnées par de lourds wagons chargés de marchandises. Les corporations religieuses de cette cité, autrefois soumise à l'autorité temporelle et spirituelle d'un évêque, ont disparu. Mais elle a des corporations de marchands qui, de père en fils, conservent le même magasin, et des capitalistes dont les signatures sont acceptées avec empressement dans toutes les banques de l'Europe, et jusqu'au delà de l'Atlantique.

Dans notre village de Sollroe, peux-tu avoir l'idée d'une millionnaire, c'est-à-dire d'un homme qui, avec le contenu de sa caisse, pourrait faire une pile de riksdalers plus haute que notre maison?

Avec tout ton beau savoir de français, d'allemand, d'anglais, de littérature et même d'histoire, tu ne sais sans doute pas, ma chère sœur, quel bel emploi on peut faire d'un tel trésor.

Moi, je ne le savais guère plus que toi. Mais on s'instruit chaque jour en voyageant, et il est juste que tu profites de mon instruction. Tu sauras donc que lorsqu'on a le bonheur de posséder tant d'écus, on doit les ménager avec soin et les faire fructifier en secourant son prochain. — Comment? par un procédé bien simple. Tu vas voir. On prête charitablement ces écus à des gens qui en ont besoin, et qui s'engagent à les rendre à une époque déterminée, avec une redevance, juste témoignage de leur gratitude. Plus on prête son argent, plus on rend de services, et plus on perçoit de redevances. Ainsi le capital devient comme un bon champ pour lequel on n'a point à redouter la grêle, ni les coups de vent, et dont on tire une abondante récolte, sans fatigue, sans labeur, sans le rude emploi de la charrue, seulement par quelques chiffres qu'on additionne tranquillement au coin de sa cheminée. Aussi l'état de millionnaire est-il généralement fort considéré.

Bâle est une fière ville. Sur une population de trente-huit mille âmes, il existe là une centaine de millionnaires, non pas de ces inertes, ou frivoles, ou fantasques, ou prodigues millionnaires, comme on en voit en d'autres pays, mais de graves et sensés millionnaires, qui comprennent les devoirs de leur situation.

Ils parlent de l'argent comme d'un être vivant et intelligent, qui a ses élans d'espérance et ses découragements, ses sympathies et ses répulsions. Un de leurs premiers principes, c'est que cet argent doit travailler, c'est-à-dire circuler sur la table du banquier, dans le comptoir du manufacturier, dans le portefeuille du voyageur, et, de chaque endroit où il s'arrête, revenir au gîte, comme un bon ouvrier, avec quelque profit.

Parfois, ces charitables trésoriers se trompent dans leur honnête intention; parfois, malgré leur sagacité, ils se laissent séduire par un mécréant qui abuse affreusement de leur confiance, qui ne leur paye point le légitime tribut qu'il leur doit, et ne leur rend pas même leur précieux capital.

Ils peuvent alors traduire ce traître devant les tribunaux, faire vendre ses meubles et le faire condamner à la prison. Mais, ordinairement, ils n'obtiennent par cette poursuite judiciaire qu'une chétive satisfaction. Pour réparer leur échec, ils combinent d'autres opérations plus prudentes et s'astreignent à une plus rigide économie.

L'économie est une de leurs vertus. Elle leur a été enseignée par leurs pères, et ils se font une pieuse obligation de la conserver.

Si riches qu'ils soient, ces vénérables financiers de Bâle, ils ne s'égarent point en de vaines fantaisies; ils épargnent avec soin leurs revenus. Quelques-uns ont au premier étage de leur maison un salon et une salle à manger superbement meublés. Ils y descendent une ou deux fois par an pour donner un grand dîner, après quoi la vaisselle, l'argenterie, la verrerie sont soigneusement enveloppées, rangées dans les armoires, puis toute la famille remonte dans son petit appartement et reprend son modeste train de vie ordinaire.

Quelques-uns s'accordent un carrosse à deux chevaux dans lequel ils se pavanent régulièrement les dimanches. La plupart s'interdisent tout étalage luxueux et s'appliquent à régler strictement leur budget. On m'a fait voir un petit vieillard que les plus riches négociants de la ville saluent avec respect, et dont les principaux manufacturiers des environs convoitent la bienveillance. Chaque jour, à deux heures, en hiver comme en été, il s'en va pédestrement sur la place du marché prendre une tasse de café qui lui coûte sept sols. Depuis vingt ans, il se permet cette dépense quotidienne. Mais pour ses sept sols, il lit aussi le journal auquel il n'est pas abonné, et, en sortant, met dans sa poche deux des morceaux de sucre qui lui ont été servis. Les gens qui le connaissent disent qu'il possède une quinzaine de millions.

Ainsi vivent ces riches financiers, sans éclat, sans bruit, et, à ce qu'il me semble, sans joie, si ce n'est la triste joie d'amasser de l'argent.

L'argent ! l'argent ! depuis que je suis ici, j'entends répéter ce mot, comme une conjuration magique, comme le *Sésame, ouvre toi*, des *Mille et une nuits*. Il m'importune, il m'agace, et en voyant les désirs qu'il excite, je me rappelle la légende slave du roi des métaux. Pour te récréer, ma chère Stina, je te l'envoie dans toute sa naïveté :

Il y avait une fois une veuve nommée Marie-Jeanne, qui avait une très-belle fille nommée Flora. La veuve était une humble brave femme ; la fille, au contraire, très-hautaine ;

beaucoup de jeunes gens s'étaient présentés pour l'épouser. Aucun ne lui convenait, et plus le nombre de ses prétendants s'accroissait, plus elle en montrait de dédain.

Un nuit, la mère s'étant réveillée et ne pouvant se rendormir, prit son rosaire et se mit à prier pour sa fille, dont l'orgueil l'inquiétait. Flora était couchée près d'elle et souriait dans son sommeil :

Le lendemain, Marie-Jeanne lui dit : —Quel beau rêve as-tu donc eu qui te faisait rire dans ton sommeil?

— J'ai rêvé qu'un seigneur me conduisait à l'église dans un carrosse en cuivre et me donnait un anneau entouré de petites pierres qui brillaient comme des étoiles, et lorsque j'entrais à l'église, les gens qui étaient là ne regardaient que la Mère de Dieu et moi.

— Ah ! quel rêve orgueilleux ! s'écria la veuve en secouant la tête.

Flora se mit à chanter. Ce jour-là même, un jeune paysan d'un bon renom vint la demander en mariage. Ce prétendant plaisait à la mère, mais la fille lui dit : « Quand même tu viendrais me chercher avec un carrosse en cuivre, et quand tu me donnerais un anneau brillant comme les étoiles, je ne voudrais pas de toi. »

La nuit suivante, de nouveau Marie-Jeanne s'éveillant, se mit à prier et vit Flora qui souriait dans son sommeil.

— Quel rêve as-tu donc encore fait? lui dit-elle le lendemain.

— J'ai rêvé qu'un seigneur venait me chercher avec un carrosse d'argent et me donnait un bandeau en or, et lorsque j'entrai dans l'église, les assistants étaient plus occupés de moi que de la Mère de Dieu.

— O pauvre enfant, s'écria Marie-Jeanne, quel rêve impie! Prie, prie pour te préserver de la tentation.

Flora sortit pour ne pas entendre la remontrance de sa mère.

Ce jour-là un jeune gentilhomme vint la demander en mariage. La mère considérait cette proposition comme un grand honneur, mais Flora dit à ce nouveau prétendant :

— Quand même vous viendriez me chercher avec un carrosse en argent et un bandeau en or, je ne voudrais pas de vous.

— Malheureuse! s'écria Marie-Jeanne, renonce à ton orgueil. L'orgueil conduit en enfer!

Flora se mit à rire.

La troisième nuit, sa mère de nouveau s'éveillant, lui vit une expression de figure extraordinaire, et de nouveau pria pour elle.

Le lendemain sa fille lui dit :

— J'ai rêvé qu'un seigneur venait me chercher avec un carrosse en or et me donnait une robe en or, et quand j'entrai à l'église les assistants ne regardaient que moi.

La mère pleura amèrement. La fille s'enfuit pour ne pas voir ses pleurs.

Ce jour-là, dans la cour de sa maison, on vit entrer trois voitures; l'une en cuivre, l'autre en argent, la troisième en or. La première était attelée de deux chevaux; la seconde de quatre; la troisième de huit. De la première et de la seconde descendirent des pages avec des culottes rouges et des bonnets verts; de la troisième, descendit un beau seigneur dont les vêtements étaient d'or. Il demanda à épouser Flora. Aussitôt elle accepta, et courut dans sa chambre pour se parer de la robe d'or qu'il lui avait apportée.

La bonne Marie-Jeanne était pourtant inquiète, mais Flora avait la figure radieuse. Elle sortit de sa demeure sans demander la bénédiction maternelle, et entra d'un

air superbe dans l'église. La mère resta sur le seuil priant
et pleurant.

Après la cérémonie, Flora monta avec son époux dans
le carrosse en or, et ils partirent suivis des deux autres
carrosses.

Ils allèrent bien loin, bien loin, et enfin arrivèrent à un
rocher où il y avait une grande ouverture, comme la porte
d'une ville. Ils entrèrent par cette porte, qui aussitôt se
referma sur eux avec un bruit terrible, et ils se trouvèrent
dans une profonde obscurité. Flora avait peur. Mais son
mari lui dit : « Rassure-toi; bientôt tu verras des lumières. »

En effet, de tous côtés apparurent, avec leur culotte
rouge et leur bonnet vert, ces petits nains qui habitent
les cavités des montagnes. Ils portaient des torches en-
flammées et s'avançaient à la rencontre de leur maître, le
roi des métaux.

Ils se rangèrent autour de lui, et l'escortèrent à travers
de longues vallées et de longues forêts souterraines. Mais,
chose singulière, tous les arbres de ces forêts étaient en
plomb.

De là, le cortége arriva dans une magnifique prairie, au
milieu de laquelle s'élevait un château en or parsemé de
diamants.

— Voilà, dit le roi des métaux, votre demeure.

Et l'orgueilleuse Flora contempla avec joie toutes ces
magnificences.

Cependant, elle était fatiguée et avait faim. Les nains
préparèrent le dîner, et son époux la conduisit à une table
d'or. Mais tous les mets qui lui furent présentés étaient en
métal. Flora n'ayant pu y goûter se trouva réduite à demander humblement un morceau de pain. Les valets aussitôt lui apportèrent du pain de cuivre, puis du pain d'ar-

gent, enfin du pain d'or. Ni à l'un, ni à l'autre, elle ne pouvait mordre.

— Je ne puis, lui dit son époux, vous donner la nourriture que vous souhaitez. Ici, nous n'avons pas d'autre pain.

La jeune femme alors se mit à pleurer, et le roi lui dit : « Vos larmes ne changeront rien à votre destinée. Cette destinée, c'est vous-même qui l'avez voulue. »

La malheureuse Flora fut obligée de rester dans sa demeure souterraine, souffrant de la faim, par la passion qu'elle avait eue pour l'or.

Une fois par an seulement, à Pâques, il lui est permis de monter pendant trois jours à la surface de la terre, et alors elle s'en va dans les villages, quêtant de porte en porte un morceau de pain.

Genève.

Je suis bien sûr, ma chère Stina, que tu ne songeras jamais à épouser le roi des métaux, pas même le roi des métaux de nos honnêtes mines de Fahlun, et moi j'espère bien aussi n'être jamais tourmenté par la passion de l'argent.

— Faut-il te l'avouer, cependant? j'ai éprouvé, dans cette ville de Genève, je ne sais quel désir d'être plus riche. Singulière idée! n'est-ce pas? Mais aussi singulière ville, en tout sens pleine de constrastes : ville ancienne, morose et sombre; ville moderne brillante, bruyante et pimpante; ville industrielle au milieu de la plus poétique nature; ville républicaine où les paysans furent longtemps traités comme des ilotes par des citadins, où, entre les deux catégories de citadins : les *habitants* et les *domiciliés*, il y avait une plus grande distance que dans les pays aristocratiques, entre la plus haute noblesse et le peuple; ville dogmatique et puritaine, où rien n'arrête, me dit-on, le débordement de l'immoralité, où le chef de l'État organise lui-même dans sa propre demeure un établissement de jeu et ce qui y tient; ville de marchands et d'aubergistes, glorifiée par des écrivains et des savants de premier ordre; ville protestante proclamant avec le dogme de la réforme le principe de liberté religieuse, et son réformateur Calvin condamnait à être brûlé vif un malheureux médecin qui avait osé contredire une de ses opinions, et les catholiques ne pouvaient résider sans crainte dans cette vieille cité épiscopale, dans la métropole de saint François de Sales, le doux enseigneur, dont tu ne pourrais me lire, ma chère Stina, les touchants écrits, sans une tendre émotion.

A présent, les catholiques résident en grand nombre dans cette ville. Ils y ont leur église, leurs prêtres, leurs offices réguliers, et les étrangers qui affluent ici, chaque été, sont libres de professer la religion qui leur plaît, ou de n'en professer aucune. Juifs et mahométans, quakers et presbytériens, trembleurs des États-Unis, mormons de l'Utah, croyants et non croyants peuvent venir ici sans inquiétude. L'austère population de la vieille cité gémira de leurs erreurs, et voudra les convertir ; mais le gouvernement ne s'en inquiétera pas, et la population de la nouvelle cité pas davantage.

Cette célèbre ville de Genève, qui jadis se soumit si entièrement au cruel pouvoir de Calvin, a été le refuge de Byron, fuyant la pruderie britannique ; de Shelley, dont le parlement anglais condamnait l'athéisme ; et dernièrement, elle a élevé une statue au fils d'un de ses anciens horlogers, à J.-J. Rousseau, le faux philosophe, l'orgueilleux sophiste, l'insensé misanthrope.

Mais ce que l'on voit autour de Genève, ô Stina, quel autre contraste !

Ce magnifique bassin du lac Léman, bien plus large que notre lac Silian et bien plus profond, cette vaste pelouse qui l'entoure comme une ceinture d'émeraude, ces villes et ces villages disséminés sur ses vastes contours, les vieux châteaux sur les collines ; les clochers dans la vallée, les maisons des paysans cachées comme des nids d'oiseaux sous les arbres fruitiers ; les vignes à côté des champs de blés ; plus haut, les pâturages et les mystérieuses forêts de sapins ; plus haut, les cimes de rocs pareilles aux murs d'une forteresse ; plus haut, le géant de toutes ces sommités, le patriarche des Alpes, le mont Blanc.

Non, je ne puis essayer de décrire ce magique panorama, ces images si riantes et si grandioses, si variées et si harmonieuses. Je ne puis que les contempler dans une muette admiration, et sans cesse je vais d'un côté ou de l'autre les contempler, souvent dès le matin, quand elles se dégagent des ombres de la nuit, quand les brouillards planant sur le lac comme un nuage, s'entr'ouvrent comme un rideau, se lèvent au souffle de la brise, comme une voile de batelier, puis se dispersent et flottent sur les flancs des collines comme des écharpes de gaze, quand tout s'éclaire successivement aux rayons de l'aurore, flots limpides semblables à des miroirs de cristal, feuillage des bois, pointes de gazon, où comme des perles étincellent les gouttes de rosée ; flèches des églises, tourelles des manoirs que la lumière argente ; prairies et coteaux où tout renaît avec le jour.

A quelque distance de Genève, sur la route qui conduit à la maison Diodati, où demeura Byron, il y a un endroit que j'affectionne particulièrement, un petit monticule ombragé par un sapin. De là on voit le lac dans toute son étendue jusqu'à Vevay, une partie de la côte de Savoie, toute la côte où s'élèvent Morges, Nyon, Coppet, ces jolies villes, et les grandes forêts et les majestueuses cimes du Jura. Souvent, je vais là m'asseoir, et j'y reste jusqu'au moment où le soleil s'incline à l'horizon, où les cloches des villages sonnent le couvre-feu, où le pêcheur retourne à son foyer, et l'oiseau à son nid, où toute cette splendide nature peu à peu s'enveloppe dans son voile nocturne, et s'assoupit en silence sous le regard de Dieu.

Le matin et le soir, à toute heure du jour, quel merveilleux tableau ! Je le regarde dans une sorte d'extase, avec un indicible attendrissement.

Un écrivain allemand a dit : « Le premier voyage au milieu d'une poétique région donne au jeune homme une douce pensée, des ailes pour le transporter au-dessus des glaciers de la vie et un affectueux élan vers ses semblables. »

Je suis jeune. C'est mon premier voyage. Ce ciel est si pur, ce lac si bleu, cette terre si belle ! Je me sens si ému, si ému ! mon cœur palpite, mes yeux s'humectent de larmes. J'adore la grandeur de Dieu ; j'appelle à moi les âmes sympathiques. Dans mon transport, je voudrais embrasser le monde entier.

Dans l'enceinte de Genève, je ne puis conserver cette idéale émotion. Là est la réalité de la vie : affaires de commerce et d'administration, quelques savantes études et de nombreux calculs.

Les Genevois ont un renom particulier : « Fier comme un Bernois, dit un proverbe suisse, grossier comme un Zurichois, intéressé comme un Genevois ; » et l'on attribue à un gentilhomme français du siècle dernier cette plaisanterie : « Quand vous verrez un Genevois se jeter par la fenêtre, vous pourrez vous y jeter après lui ; il y aurait au moins cinq pour cent à y gagner. »

En aucune ville des vingt-deux cantons, il n'arrive
chaque été tant de voyageurs qu'à Genève; en aucune ville,
on ne trouve tant de moyens de séduction de toute sorte,
tant de magasins brillants et de pompeux hôtels; en aucune ville, on ne sait si bien faire cette moisson dont mon
aubergiste de la colline de Saint-Gall me parlait avec une
si vive convoitise.

Dans ces magasins de Genève sont étalés tous les objets
de fantaisie des plus ingénieuses fabriques de l'Europe,
toutes les étoffes et les parures les plus récentes de France,
d'Allemagne, d'Angleterre, et tous les produits de la riche
industrie genevoise, des amas de montres, des torrents
de chaînes d'or, des boisseaux de bagues, de quoi fiancer
garçons et filles des deux hémisphères, et des bijoux,
comme si Aladin avait passé par là avec sa lampe merveilleuse.

Dans ces magasins, maîtres et commis se lèvent tôt, se
couchent tard et ne se reposent guère le dimanche; dans
les hôtels, jour et nuit, arrivées et départs, mouvement
continu, et là tout est rigidement compté, toutes les minu-
ties du service intérieur, tous les agréments du dehors :
voisinage de la poste ou des bateaux, aspect du lac ou des
montagnes.

Dans ces magnifiques magasins, j'ose à peine entrer,
sachant combien peu j'y puis dépenser. Dans mon grand
hôtel, je sens combien je suis petit. J'occupe au quatrième
étage une modeste chambre d'où l'on ne voit que la vieille
ville, et à la table d'hôte je ne fais aucun extra.

A cette longue table, qui n'en finit pas, s'assoient des
gens de toute qualité : des Russes, tous princes; des
Anglais, tous lords; des Allemands, tous docteurs, ou
comtes, ou au moins barons; des Américains, riches banquiers de New-York, ou planteurs de la Louisiane. Ces

opulents voyageurs ne peuvent se contenter à leur dîner
du petit vin blanc de la Suisse. Ils demandent à haute voix
des vins d'Espagne ou de France, les plus fins et les plus
chers, ce qui prouve bien leur distinction, et ils veulent
être servis immédiatement, ce qui fait voir comme ils ont
l'habitude de commander. Les Français sont moins difficiles : aussi sont-ils moins titrés et moins honorés, car,
naturellement, petites exigences et petites dépenses ne
peuvent produire que petit respect.

La semaine dernière, le plus glorieux personnage de
notre assemblée était un épais Américain, à la figure
rouge encadrée dans de longs favoris. Dès le commencement du dîner, il demandait le plus vieux vin de Madère,
puis parcourait méthodiquement, avec une ardente sensualité, toute une gamme bachique, jusqu'au vin de Champagne frappé, et à la liqueur des îles ; après quoi, il ne
réclamait plus qu'une demi-douzaine de fins cigares qu'il
fumait dans un état de béatitude, en savourant d'abord
une tasse de café, puis un grog. Les sommeliers l'admiraient et obéissaient avec empressement à son moindre
signe.

Il est parti, ce bruyant Yankee, pour s'en aller, en une
autre ville, déguster d'autres boissons. Mais le jour même
où le maître d'hôtel s'affligeait de l'éloignement de cette
grosse bourse américaine, un courrier arrive à franc étrier,
avec l'ordre de faire préparer l'un des meilleurs appartements pour un couple britannique : monsieur et madame
Sandy.

Quelques heures après, dans une magnifique berline,
apparaissent monsieur et madame Sandy, et dès ce jour,
on est fort occupé d'eux.

M. Sandy n'est pas attrayant. Non, vraiment. Il a une
large figure dure, des façons vulgaires, avec une affecta-

tion d'élégance, un air de fatuité, et, qui pis est, un regard fauve.

Madame Sandy est un peu maniérée et un peu trop pomponnée. Mais quelle jolie taille et quelles jolies petites mains, et de grands yeux si bleus, et de longues boucles de cheveux blonds si fins! On ne peut la voir sans l'admirer. Elle a la bonté de dîner à table d'hôte, et quand elle entre dans la salle à manger, tous les hommes s'inclinent devant elle. Les femmes mêmes reconnaissent sa beauté.

> Beauté, secret d'en haut, rayon, divin emblème.

Mais tu sais ces vers de M. de Lamartine, le mélodieux poëte. Je ne veux pas te les répéter.

La rude physionomie de M. Sandy s'adoucit lorsqu'il regarde la jeune femme, et elle est pour lui très-gracieuse. Il lui dit avec un accent nasillard : « My sweet Kate! » et elle lui dit d'une voix musicale : « My good Oscar! » Ils paraissent très-contents l'un de l'autre. Je pense que ce sont deux nouveaux mariés qui font, selon l'usage anglais, leur voyage de *Honey moon*. Mais, comment cette charmante créature a-t-elle pu s'allier à cet homme qui me semble si peu digne d'elle? Peut-être une de ces douces, humbles fleurs, écloses près d'un cottage champêtre, comme une marguerite, ou à la fenêtre d'une mansarde, comme une giroflée, une de ces pauvres filles de pasteur ou de petit bourgeois, éblouie, dans son ingénuité, par l'éclat d'un titre nobiliaire ou d'une fortune.

Si M. Sandy n'appartient point, par sa naissance, à la haute aristocratie anglaise, il doit être en bons rapports avec elle. Par hasard, je me trouve placé près de lui, à table, moi chétif, et à tout instant, je l'entends parler à la jolie Kate d'un baronnet qui lui témoigne une confiance

particulière, d'un jeune officier aux gardes dont il reçoit
souvent la visite, d'un pair d'Ecosse avec lequel il a eu une
longue correspondance, surtout de lord Cliff, dont il
semble être l'ami intime.

La ravissante petite-fille d'Ève écoute ces récits avec une
naïve satisfaction, et de temps à autre, levant la tête de
notre côté, et d'un léger coup de main, écartant la soyeuse
chevelure qui flotte sur ses joues et se déroule sur ses
épaules, elle semble nous dire, en nous regardant d'un
petit air coquet : Voyez dans quel grand monde je suis
placée !

Donc M. Sandy a de très-nobles liaisons, et il est riche,
un vilain riche, fantasque, impérieux, hautain, sans ménagement pour les gens qui le servent, impertinent même
envers le maître de maison. Mais il fait de grosses dépenses,
et ce maître le salue respectueusement.

Nos propriétaires de Gaestgiwaregord n'auraient pas tant
de condescendance. Aubergistes, maîtres de poste, et la
plupart en même temps simples laboureurs, ils sont très-
obligeants pour le voyageur poli, intraitables avec l'arrogant.

Hvarken Herr, eller slava : Ni maître, ni esclave, dit
notre paysan suédois. Cela me semble une louable devise.

Mais la Suède appartient aux Suédois, et depuis que je
suis ici, depuis que je vois comment les Anglais et les
Américains ordonnent, crient, se font servir, s'imposent et
se fâchent, je suis très-tenté de croire que la plus belle
partie de la Suisse appartient aux étrangers, et que les
bons Suisses n'en sont que les fermiers.

Chamouny.

Quel mouvement sur le grand quai de Genève, autour du bureau des messageries ! De là partent chaque matin des voitures pour Sallanches, Saint-Gervais, Chamouny, et les employés de l'administration ont fort à faire pour répondre à toutes les demandes qui leur sont adressées, inscrire les bagages qu'ils doivent expédier, donner leurs instructions au conducteur, et les voyageurs semblent tous très-pressés.

Enfin, me dis-je, voilà au moins des gens qui ne se laissent point subjuguer par les délices de Capoue, qui abandonnent les séductions de Genève pour s'en aller, au sein des montagnes, admirer les virginales beautés de la nature ! Voilà trois jeunes Parisiens qui grimpent sur la banquette de la diligence, lestement et gaiement, dans l'innocence de leur jeunesse et l'enthousiasme de leurs pensées. Voilà un Anglais qui entre avec sa fille dans l'intérieur de la voiture, où une femme en deuil est déjà installée avec ses deux enfants, et où ma place est retenue.

Cette femme n'a fait aucun bruit et n'a manifesté aucune prétention. J'ai lu par hasard son nom sur sa malle : Madame Maillot, de Lons-le-Saunier (Jura), une simple bourgeoise d'un département de France, voisin de la Suisse. Mais les employés de la diligence, touchés de sa grâce modeste, ont pour elle les plus grands égards.

Cet Anglais est bien laid, et bien laide aussi est sa fille. Mais ils portent deux de ces grands bâtons en sapin qui, par leurs pointes ferrées et par leurs inscriptions, attestent de longues et difficiles pérégrinations. Voilà un de mes compagnons, un gros homme bien vêtu et bien nourri, à l'œil chatoyant, à la figure bénigne, probablement un honorable conseiller de quelque bonne petite ville d'Allemagne, content de sa fortune, et désirant adjoindre à la satisfaction de sa vie de chaque jour le souvenir d'un intéressant voyage. Voilà à côté de lui un petit homme maigre au regard vif, inquiet, à la physionomie intelligente, probablement un savant naturaliste impatient d'arriver au lieu où il doit faire ses recherches et ses observations.

En le voyant, je songeais à ce hardi, à cet actif, à ce mémorable savant de Genève, **M.** de Saussure, qui, vers l'âge de cinquante ans, après avoir longtemps étudié les terrains où il faisait de curieuses découvertes, réussit enfin à réaliser son rêve le plus ambitieux, à gravir le sommet du mont Blanc.

Telles sont mes ingénieuses remarques, et déjà je me réjouis de voyager en si bonne compagnie.

Cependant les Parisiens assis sur la banquette n'ont pas l'émotion poétique que je leur attribuais. En sortant de Genève, en parcourant cette belle route qui passe au pied du Salève, ils se mettent à faire des plaisanteries qui ne sont ni délicates, ni spirituelles ; ils interpellent les passants et rient aux éclats, et, de temps à autre, chantent d'une voix fausse des chansons grossières.

Je me suis trompé aussi dans mes autres suppositions. Tu peux juger de mon erreur par ce dialogue que j'ai entendu patiemment tout au long dans l'intérieur de la voiture :

Le petit homme maigre, se tournant d'un air agité vers son voisin :

— Monsieur, pourriez-vous me dire au juste en combien d'heures la diligence fait le trajet de Genève à Saint-Gervais ?

— Sept ou huit, je crois.

— Sept ou huit ! Oui ! c'est ce qu'on m'avait annoncé,

et plutôt huit que sept. Un jour de torture ! Un médecin
m'a prescrit, pour un rhumatisme dont je suis affligé, les
eaux de Saint-Gervais, et j'ai quitté mon agréable maison
de Louvain, ma bonne brasserie pour obéir à son ordonnance. Si j'avais su ce qu'il faut souffrir sur cette terre sa-
voyarde, j'aurais cherché ailleurs un autre remède. Quels
chemins ! quels horribles chemins !

Le gros monsieur, complaisamment :

— C'est vrai qu'ils ne sont pas beaux. Il y a vingt ans
que j'exerce dans ce pays la profession d'huissier. Je les
connais. Pour atteindre un débiteur difficile, j'ai été plus
d'une fois obligé de les parcourir par les plus mauvais temps.
Vous les voyez à présent dans la belle saison : que diriez-
vous, si vous y reveniez au printemps, à la fonte des
neiges, ou en hiver dans les jours de verglas ?

— Que le ciel m'en préserve !

L'Anglaise à son père :

— Je suis bien contrariée qu'on n'ait pas gravé le nom
de Staubbach sur nos bâtons.

Le père :

— C'est la faute de ce stioupide guerçon de l'hôtel.

— Vous lui en aviez donné l'ordre.

— Yes. J'avais. Mais ce guerçon il était idiot et méchant.
Indeed. Il était.

—J'espère qu'à Chamouny, nous pourrons réparer sa
sottise, et si nous trouvons là un bon ouvrier, nous ferons
graver sur ces mêmes bâtons plusieurs autres noms : Aoste,
Saint-Bernard, Gemmi.

— Mais, my dear, nous n'étions point là. Je croyais
qu'on ne faisait mettre sur ces Alpenstockes que les noms
des lieux par où l'on avait passé.

— On y fait mettre tout ce que l'on veut, et plus ils sont
chargés d'inscriptions, plus on montre par là comme on a

bien voyagé. Caroline Miller, la fille de notre associé, en a rapporté un, il y a deux ans, qui était comme un dictionnaire géographique de la Suisse.

L'Anglais riant et découvrant deux énormes rangées de dents :

— Oh ! very good ! very good indeed !

Le brasseur de Louvain de plus en plus agité :

— Ah ! l'abominable voiture ! il me semble qu'à chaque tour de roue elle me disloque les membres. Et il y a des gens qui voyagent ainsi pour leur agrément, sans y être obligés ! Et il y a une confrérie de mauvais plaisants, romanciers, journalistes, poëtes, qui nous vantent la beauté de ce pays : des rocs arides, des terrains desséchés ou marécageux, des villages misérables. Pas un indice de grande culture, ni un signe d'industrie. Je suis sûr que, dans toute cette vallée où nous cheminons, on ne rencontrerait pas assez d'orge ou de houblon pour faire une bonne tonne de *faro* ; et, de quelque côté que je regarde, je ne vois pas une de ces hautes cheminées en briques qui s'élèvent de toutes parts sur ma terre natale, comme les colonnes de l'intelligent labeur ; pas une machine à vapeur, pas même un rouage hydraulique.

L'huissier, avec une expression de voix câline :

— J'ai entendu parler de vos villes de Belgique, et je voudrais bien y être. Comme il y a là un si grand commerce, il doit y avoir beaucoup d'affaires litigieuses et de faillites. Protêts, citations, jugements, saisies, et par là, emploi réitéré de l'huissier. Ici, nous n'avons pas tant d'heureuses chances. Peu de spéculations, peu de marchés, par conséquent peu de difficultés judiciaires, et les habitants de cette province ont des craintes déplorables. Ils redoutent les procès et les évitent tant qu'ils peuvent. Un jour, un savant de Genève, qu'on appelait, je crois, M. de Saussure,

passant par un village que nous venons de traverser, entra
dans un jardin dont les fruits l'affriandaient, et se mit
tranquillement à y cueillir, avec ses compagnons de
voyage, les plus belles poires. Pour un tel délit, dans un
pays pleinement doté des bienfaits de la civilisation, on
serait aussitôt arrêté, traduit devant un juge et condamné
à une amende. Ici, la propriétaire du jardin s'avança en
riant vers les maraudeurs, et comme ils s'excusaient de
leur hardiesse, et lui offraient une compensation pour
leur larcin : « Y songez-vous, dit-elle? prenez, prenez; celui qui a fait ces fruits ne les a pas faits pour moi seule. »

De pareils accommodements anéantissent la légitime
action de l'huissier. Pourtant nous avons les marchands et
les hôteliers de Genève. Là, je vous assure, personne ne
mange une poire sans savoir ce qu'elle coûte, et il est des
voyageurs pour qui les compotes d'auberge ont été de
vraies poires d'angoisse... Eh! eh ! que dites-vous de cette
comparaison ?

Le brasseur de Louvain n'a pas compris.

L'Anglais à sa fille :

— Il me semble que vous êtes bien pensive.

— Yes. Je suis.

— A quoi songez-vous ?

— Je compose des vers byroniens sur le jardin.

— Quel jardin ?

— Ce phénomène des glaciers de Talèfre, cette pièce de
terre qui chaque année reverdit et refleurit, à une hauteur
extraordinaire, au milieu des neiges perpétuelles !

— Mais vous ne l'avez point vue, et je crois que vous ne
vous proposez point de la voir.

— Non, certainement, puisque le *Handbook* de Murray
dit qu'on ne peut y arriver sans s'exposer à de mortels
dangers. Mais je veux la décrire en strophes superbes,

comme celles de Manfred, comme si je l'avais vue. Je veux la décrire pour faire de la peine à ma cousine Jemmina, qui se croit si courageuse !

— *Perfect ! perfect !* Ah ! comme vous êtes rusée, ma chère Sabine !

Le brasseur :

— Qu'est-ce qu'on aperçoit donc là-bas à droite ? Est-ce un nuage, est-ce de la neige ?

L'huissier :

— C'est le mont Blanc.

Le brasseur :

— Ah ! oui. On m'avait bien dit qu'en allant à Saint-Gervais je verrais le mont Blanc. J'aime mieux la plaine de Louvain.

Un des Parisiens assis sur la banquette, à une paysanne, qui le regarde stupéfaite :

— Eh ! dites donc, la vieille , vous n'auriez point par hasard, rencontré mon veau ?

Un autre :

— Écoutez, mes amis, la jolie chanson :

> C'était de mon temps
> Que brillait madame Grégoire.
> J'allais, à vingt ans,
> Dans son cabaret rire et boire.

Voilà, ma chère Stina, ce que j'entends sur la route de Chamouny, dans la vallée de l'Arve, en face du mont Blanc.

Et cela m'attriste.

Je considère la nature comme un immense sanctuaire où partout éclate la puissance, la gloire et la douceur de Dieu. Il y a là, des arcades dans les bois, des vallées fleuries; des clairières lumineuses, de petits coins de terre mystérieux qui m'apparaissent comme des chapelles, des

ermitages, des oratoires, et dans d'autres zones, des struc-
tures qui sont comme les basiliques du suprême architecte,
prodigieuses, éternelles basiliques près desquelles les monuments humains les plus gigantesques, les tours de Babel, les piliers d'Elephanta, les colonnes de Palmyre, les
pyramides du Caire, les acropoles, les colisées et les palais
des nations ne s'élèvent que comme des fourmilières.

Il me semble que partout, dans ce temple de l'univers,
on doit éprouver ou une tendre émotion, ou un religieux
sentiment, ou un ardent enthousiasme, et cela m'attriste,
quand j'y suis surpris par un oubli ou par une profanation.

J'ai un besoin de sympathie qui s'attache à tout ce qui
végète, s'épanouit et palpite autour de moi. Je remercie la
fleur qui me donne son parfum, l'oiseau qui me chante sa
chanson, le sapin qui m'ombrage, le ruisseau qui me dés-
altère. Je voudrais tendre la main à tous les hommes que
je rencontre, et cela m'attriste quand je me sens arrêté
dans mon élan par une expression d'idées que je repousse
ou par une vulgarité qui m'offusque.

Telles étaient mes impressions, chère sœur, dans cette
voiture de Chamouny, quand j'entendais les sottes plaisanteries et les vilains couplets résonnant sur la banquette, et
quand j'assistais au dialogue de l'Anglais, de l'huissier et
du brasseur.

Mais il y a près de moi une société meilleure. Madame
Maillot, la jeune femme en deuil, et ses deux enfants : une
fille et un garçon de dix à douze ans. C'est un plaisir de les
voir. La mère a une si digne attitude et une figure si honnête !

Les enfants sont si éveillés et en même temps si soumis !
Leurs yeux sont sans cesse tournés vers l'un ou l'autre côté
de la route, et ils se communiquent à voix basse leurs ob-

servations. Une fois, dans la vivacité de leur curiosité, ils ont fait un mouvement pour se rapprocher de la portière: «Cécile! Raymond!» dit doucement la mère. Aussitôt ils se sont remis tranquillement à leurs places. Quelques moments après cependant, Raymond en se penchant de mon côté pour regarder un torrent que nous entendions mugir, a effleuré le chapeau de l'Anglais qui a fait un geste d'impatience et a murmuré un rude : « Goddam!»

Le pauvre Raymond est resté tout confus. J'ai eu pitié de lui, et comme j'étais assis au coin de la voiture près de la portière par laquelle on avait la plus large perspective, je lui ai dit : — Mettez-vous là avec mademoiselle votre sœur, vous verrez mieux ce spectacle qui vous intéresse.

— O monsieur! me dit d'une voix émue la modeste madame Maillot, que vous êtes bon! Ces enfants vous ont déjà peut-être fatigué par leur agitation, et je crains d'abuser de votre obligeance.

Raymond ne dit rien. Il interroge du regard sa mère, n'osant, sans son assentiment, accepter mon offre. J'insiste. Enfin il a la permission qu'il désirait, et se met avec joie à ma place, en me remerciant et en heurtant de nouveau l'Anglais qui de nouveau grommèle et dit à sa fille, en son idiome britannique : — Ces petits Français à peine sortis de leur coquille sont déjà des fléaux.

— La petite n'est pas mal, réplique mademoiselle Sabine, mais inélégante. *Common people.*

Cécile sourit. Son sourire indique qu'elle comprend l'anglais, et qu'elle ne se soucie guère de la remarque qu'elle vient d'entendre.

C'est vrai qu'elle n'a pas une élégante toilette. Une simple robe en toile rayée, des mitaines de fil et un chapeau de paille. Mais, dans ces mitaines, des mains si mignonnes ; sous ce chapeau de paille, des yeux si clairs et une figure si candide !

Elle n'est probablement pas riche, l'innocente Cécile, mais elle ne songe guère à ce qu'on peut faire avec la fortune. Je suis sûr qu'elle n'envie nullement les chaînes d'or et les bracelets de la superbe miss, et je suis bien sûr aussi que l'idée ne lui viendrait pas de s'attribuer faussement des actes de courage extraordinaires pour chagriner ses amies.

Elle s'est mise à côté de son frère, et tous deux contemplent avec admiration le spectacle que jusque-là ils interrogeaient difficilement.

— Regarde, dit Raymond, ces grandes roches couvertes à leur sommité d'une masse de neige. C'est là que le hardi chasseur va poursuivre le chamois. Je voudrais avoir le fusil de notre père et monter jusque-là.

— Regarde, dit Cécile, ce ruisseau qui tournoie au bas de la montagne, et cette verte prairie toute parsemée de boutons jaunes. Je voudrais avoir notre génisse blanche et la conduire dans ces belles herbes.

— *Take care !* dit d'une voix rogue l'Anglais, dont ils ont, dans un de leurs mouvements, heurté le genou.

A cette brusque interpellation, les deux innocents rougissent, demandent pardon et se resserrent l'un contre l'autre pour ne plus offenser leur rude voisin.

— Les aimables enfants ! dis-je à la mère. Le bonheur et l'intelligence rayonnent dans leurs regards.

— Ce sont de bons enfants, m'a-t-elle répondu, et ce voyage est une des joies de leurs vacances. L'automne dernier, je les ai conduits à Notre-Dame des Ermites. Cette année, nous entreprenons un plus difficile trajet, et l'année prochaine, si Dieu le permet, nous en ferons un autre encore plus long. Je n'ai que ces deux enfants, et ils n'ont que moi pour les accompagner. Leur père est mort, il y a quatre ans. Puissé-je accomplir la tâche qu'il m'a laissée ! puissé-je les élever dignement !

Elle m'a dit ces simples paroles avec un accent de cœur dont j'étais touché. J'aurais voulu prolonger avec elle mon entretien. Mais elle ne pouvait détourner son attention de ses enfants, et je craignais d'être indiscret.

Vers midi, nous arrivons à Saint-Martin, où l'on s'arrête pour dîner et pour changer de voiture. En entrant dans la cour de l'hôtel, nous entendons des éclats de rire et des cris de colère.

Le fier M. Sandy est là en grande effervescence au milieu d'un cercle de domestiques et de curieux. Arrivé de Genève le matin, dans sa berline, il a fait un ample déjeuner, puis il a demandé des chevaux de poste pour se rendre à Chamouny. On lui fait observer qu'au delà de Saint-Martin, la route est si étroite, qu'on ne peut y conduire un carrosse et qu'on doit se résigner à prendre un autre véhicule.

Il réplique d'un ton superbe que l'on se trompe si l'on croit pouvoir se jouer de lui, qu'il a l'habitude de voyager et ne se laissera pas duper par des gens qui désirent lui faire payer la location d'une carriole. Alors, les rires des gens de la maison, et l'indignation de l'aubergiste outragé par cette injuste protestation.

Madame Sandy comprend que son mari a tort, et l'engage à ne point persister dans sa révolte.

— Eh quoi ! lui répond-il brusquement, voulez-vous que je sois assez niais pour croire ce qu'il plaît à ces gens de me raconter et assez faible pour me soumettre à leurs exactions... ?

— Mais, reprend-elle timidement, le *Handbook* de Murray dit aussi que le chemin de Saint-Martin à Chamouny est...

—Murray !... Murray peut bien aussi mentir. Eh ! que dirait mon noble ami lord Cliff, s'il me voyait sur une de ces ignobles charrettes où l'on veut me jucher avec vous?

A ces mots, les Parisiens qui avaient assisté à cette scène, dont j'abrége les détails, ne peuvent résister à l'envie d'intervenir dans la question.

Ils s'approchent de l'aubergiste et l'un d'eux lui dit gravement :

— Puisque monsieur est l'ami de lord Cliff, vous ne pouvez en conscience le faire voyager comme un simple bourgeois dans une de vos carrioles, il faut lui procurer une litière garnie de coussins en soie.

— Non, dit le second, une chaise à porteurs peinte par Watteau.

— Un palanquin, dit le troisième.

— Toutes réflexions faites, reprend le premier, je pense qu'il vaudrait mieux offrir à monsieur le dromadaire de Sésostris.

— Le Bucéphale d'Alexandre.

— Le fameux Bayard des Quatre fils Aymon.

— Le cheval du roi Lear. Mon royaume pour un cheval !

— Le cheval du sultan de la Mecque.

— L'éléphant du roi de Siam.

— C'est cela. Ohé ! ohé ! amenez l'éléphant blanc.

M. Sandy regardait d'un air furieux ces étourneaux lançant coup sur coup ces lazzi, et je crois qu'il aurait bien voulu les battre. Mais il devait se dire que, dans une lutte avec eux, il ne serait pas le plus fort, et son compatriote, avec qui je venais de voyager, ne manifestait nullement l'intention de le défendre. Il était dans la salle à manger avec sa fille, appelait les garçons et demandait impétueusement des anchois, du roastbeef, du porter.

Madame Sandy, craignant que son mari ne se laissât

entraîner à quelque violence, le prend par le bras et l'em-
mène à l'extrémité de la cour. Là, sur un banc, est assis un
vieil habitant de Saint-Martin, qui lui confirme pleinement
ce que l'aubergiste a dit des difficultés de la route. Rien
pourtant n'a pu le décider à prendre une des carrioles qui
lui étaient offertes. Il a demandé des chevaux et s'en est
retourné à Genève, dans sa berline, au grand regret de sa
femme, qui désirait vivement voir Chamouny.

J'ai su depuis que ce voyageur si exigeant était un tailleur
de Londres, qui se proclamait en pays étranger l'ami des
personnages aristocratiques pour lesquels il façonnait des
gilets et des redingotes. Mais sa femme! comment une si
gracieuse personne a-t-elle pu consentir à devenir la femme
d'un être si désagréable?

Après ce petit épisode, nous nous sommes mis à table,
et madame Maillot n'était pas avec nous. Je l'ai vue s'asseoir avec ses enfants au pied d'un sapin, à quelque distance de l'hôtel. Elle a tiré d'un panier du pain, du vin,
un poulet, et a ainsi dîné, probablement par une raison
d'économie. Je n'ai pas eu non plus la joie de continuer
avec elle mon voyage. Elle est partie dans une carriole, moi
dans une autre.

Le soir, à Chamouny, je l'ai revue, après l'*Angelus*, sur
les marches de l'église, où elle venait de faire sa prière.
En ce moment, la lumière du jour s'éteignait autour de
nous. Dans le village s'allumaient les réverbères des hôtels,
les lanternes des magasins, les feux rustiques des foyers
de famille. Au dehors, à gauche et à droite, du côté du
col de Balme et du glacier des Bossons, tout était enveloppé
dans un voile nocturne.

On ne distinguait plus que comme un fil imperceptible
le cours de l'Arve, et comme un rideau noir les forêts de
sapins. Mais les rayons du soleil couchant qui disparais-

sent si vite dans l'enceinte des collines s'arrêtent longtemps sur les pics des glaciers, et plus longtemps encore
au sommet du mont Blanc. Ils l'éclairent, ils le dorent, ils
l'illuminent.

Au-dessus de la vallée ensevelie dans l'ombre, cette cime
prodigieuse, cette tête blanche du géant des Alpes, cette
couronne de neige empourprée, flamboyante, apparaissait
comme un phare lumineux sur une plage sombre, comme
une ile magique au sein d'un océan ténébreux, ou comme
une clarté céleste dans la nuit d'un tombeau. Idéal aspect
d'une des grandes gloires de la création ! magnifique,
sublime tableau ! La jeune mère le contemplait en un
religieux recueillement, et ses enfants, debout à ses côtés,
le contemplaient immobiles et silencieux comme elle.

Je n'ai point tenté de me rapprocher d'eux, j'aurais eu
peur de les troubler dans leur méditation.

Il y a longtemps, dans cette vallée, s'élevait une petite
chapelle, puis un cloitre de bénédictins qu'on appelle le
prieuré, puis un village soumis à l'autorité du prieuré,
humble et obscur village ignoré et séparé du reste du
monde.

Au commencement du dix-huitième siècle, saint François de Sales, évêque de Genève, voulut visiter cette dernière paroisse de son diocèse. Il dut faire le voyage à pied,
arriva tout meurtri par les mauvais chemins, et coucha
dans la cabane d'un paysan.

A cette époque, les habitants de Chamouny n'avaient point
d'auberge. Ils n'en avaient point encore au siècle dernier,
quand M. de Saussure faisait de ce côté ses savantes explo-
rations. Maintenant ils en ont, et des plus grandes, et des
plus belles, et cafés, restaurants, tavernes, boutiques élégantes, magasins de mode et de bijouterie, cabinets de
lecture, collections de journaux et de romans. Rien ne leur

manque de ce qui annonce les plus hauts progrès de l'humanité, pas même la roulette.

Tu n'as jamais, chère Stina, entendu prononcer ce nom. Tu ne peux comprendre ce qu'il signifie. Je te le dirai en deux mots. La roulette est un jeu de hasard qui, par les billets de banque, par les pièces d'or et d'argent scintillant sur le tapis vert, fascine les regards, enflamme la cupidité. C'est le démon qui a ses griffes dans un râteau, qui par cet instrument ressaisit de vieux pécheurs à demi repentants, et en même temps séduit des âmes innocentes, les captive, les bouleverse par une fatale effervescence et les entraîne dans l'abîme.

Un tel jeu dans les murs vénérables du prieuré, dans cette austère vallée, au milieu des plus solennelles images de la nature. O honte! ô mon pauvre rêve d'idéal!

Jadis, le peuple des environs de Genève, en regardant les sommets de ces montagnes qui entourent Chamouny, les appelaient les montagnes maudites et croyaient que le diable y tenait des légions d'âmes de pécheurs enfermées dans des neiges éternelles.

Le diable y est réellement entré avec les belles œuvres de la civilisation, et plus d'un pauvre voyageur a dû maudire ces montagnes où il cédait à l'appel du croupier penché sur la roulette.

Il faut dire pourtant que cette table de jeu n'a pas été très-entourée, et elle a révolté tant d'honnêtes gens, qu'on croit qu'elle sera supprimée.

Mais j'éprouve une autre singulière surprise en voyant les nomades tribus qui se rejoignent ici.

Dans ce solitaire vallon, quel mouvement et quel bruit! dans cette petite bourgade, quel bizarre assemblage de voyageurs de tous pays et de toutes sortes! De temps à autre, un artiste qui s'en va cherchant les plus pittoresques

points de vue, un vigoureux et intrépide marcheur, le plus
souvent un Anglais, qui veut faire l'ascension du mont
Blanc, et alors tout Chamouny est en émoi; de temps à
autre, un botaniste qui désire ajouter des plantes alpestres
à son herbier, un physicien qui continue une série d'observations météorologiques, un géologue qui pense, comme
M. de Saussure, que par l'étude du mont Blanc on peut
avoir une lumineuse idée de la théorie de la terre; puis
des jeunes gens qui courent dans les bois, gravissent d'un
pas hardi les pics escarpés et se précipitent vers les glaciers avec l'ardente curiosité et les poétiques enthousiasmes
de la jeunesse; puis une cohorte de touristes, inertes ou
blasés, fatigués d'avoir vu les phénomènes de toutes les
contrées, ou n'ayant jamais sérieusement rien vu, qui
viennent ici pour accomplir leur pérégrination annuelle,
pour passer un mois de leur été, pour pouvoir dire, l'hiver
dans leurs cercles qu'ils ont fait une fameuse excursion
dans les régions les plus sauvages de la Suisse.

Ils s'installent le plus confortablement qu'ils peuvent
dans un hôtel, s'habillent et se déshabillent plusieurs fois
dans le jour pour se promener, ou pour paraître à la table
d'hôte, et bâillent dans les avenues de Chamouny, comme
dans les rues de Londres, de Paris ou de Pétersbourg.

Le soir, quand le temps est beau, on se réunit sur la
terrasse de l'hôtel Royal, pour prendre le thé en face du
mont Blanc. Là, on s'entretient des événements politiques,
du cours de la bourse et des chroniques de salon, comme
si l'on était dans une des capitales de l'Europe. Là, il y a
aussi des colloques mystérieux, des susurrements dans
l'ombre, des chapitres de romans commencés dans un
autre pays et continués sur le sol de la patriarcale Helvétie.

Je suis seul au milieu de cette foule de touristes, et
seul, ou avec un guide dont le langage naïf m'intéresse,

je vais visiter ces lieux qui donnent à l'âme un élan religieux et y laissent une impression que le temps, j'en suis
sûr, ne peut effacer.

Ces vaillants guides! on ne peut les voir sans un sentiment d'estime et quelquefois d'admiration. Ils sont les
pionniers de leurs sombres forêts, les audacieux explora-
teurs de leurs déserts de glace. C'est l'un d'eux qui, seul,
errant à l'aventure, découvrit le circuit par lequel on pouvait atteindre à la pointe du mont Blanc, et le premier en
accomplit la terrible ascension.

Exercés tout jeunes à leur rude métier, ces guides ont
l'œil pénétrant, la tête ferme, les jarrets robustes, le pied
agile et vigoureux. A ces qualités physiques ils joignent
une mémoire excellente et un courage à toute épreuve.

Quand ils doivent entreprendre une de ces expéditions
qui ont déjà fait de nombreuses victimes, leurs familles
sont dans l'angoisse, et souvent alors on voit pleurer les
mères et les fiancées. Eux-mêmes savent mieux que personne à quelle tâche effrayante ils se soumettent et à quels
périls mortels ils vont s'exposer. Mais leur devoir est de
s'exposer. Ils partent et se donnent entièrement au voyageur auquel ils ont promis leurs services.

Mademoiselle Sabine, avec qui j'ai eu l'honneur de faire
le trajet de Genève à Saint-Martin, n'a pas eu besoin du secours des guides. Elle tient seulement à démontrer par ses
Alpenstocks qu'elle a vaillamment parcouru la Suisse.
Je l'ai aperçue dans une échoppe d'ouvrier, très-occupée à
réparer l'oubli du Staubach et à faire graver plusieurs
autres noms sur ses bâtons de sapin. Il m'a semblé que
ses cheveux étaient devenus plus longs. Leurs anneaux
découlaient jusqu'à sa ceinture. Comment, en quelques
jours, ont-ils pu grandir ainsi?

J'ai rencontré aussi dans mes excursions les trois Parisiens. Ils m'agaçaient sur la banquette de la diligence par leurs chansons et leurs plaisanteries. Ils se conduisent ici comme de braves garçons, montant au col de Balme, au Buet, au Courtil, et, par les effets des grandes choses qu'ils regardent, leur physionomie a pris une tout autre expression. Elle est devenue à la fois sereine et sérieuse.

Enfin, j'ai aussi rencontré la jeune veuve, comme elle revenait de la Flégère avec ses enfants. Ils étaient tous trois fatigués de leur marche, mais ravis de ce qu'ils avaient vu. Le visage de Cécile, empourpré par la joie, ressemblait à la rose fulgurante des Alpes, à laquelle on donne le nom de rhododendron, qui m'a toujours paru fort long et fort désagréable à prononcer.

Raymond, oubliant, dans son enthousiasme, la faiblesse de son âge, s'écrie qu'il veut gravir à la sommité du mont Blanc.

Sa mère lui met la main sur l'épaule, et en le regardant avec un indulgent sourire, semble lui dire :

— Cher petit, à quoi songes-tu?

Moi, je lui demande s'il a lu quelque récit d'une ascension au mont Blanc.

— J'ai lu, réplique-t-il d'une voix résolue, celui de M. de Saussure.

— Je puis vous en donner un autre. Vous lisez l'anglais?

— Oui, monsieur, me répond-il d'un ton modeste, en redescendant tout à coup de son héroïque élan à son état d'écolier.

— Très-bien. Attendez-moi un instant.

Nous étions près de mon hôtel, et j'avais dans ma chambre l'ouvrage de M. Auldjo, l'un des tableaux les plus dramatiques et les plus saisissants des épouvantables solitudes du mont Blanc.

Je vais chercher ce volume et l'apporte à Raymond, qui,

en l'ouvrant et en déroulant les planches lithographiques qu'il renferme, reste tout confus.

La mère me remercie avec un accent de gratitude qui me fait regretter de n'avoir pas toute ma bibliothèque à offrir à ce jeune et ardent collégien.

Elle m'a annoncé qu'elle allait partir.

Je lui ai tendu la main en lui disant adieu, et lui ai demandé la permission d'embrasser ses enfants. Tous deux aussitôt m'ont présenté de bonne grâce leurs joues fraîches et rebondies. Après avoir fait quelques pas, ils se sont retournés pour me voir encore et me saluer, comme s'ils avaient regret de me quitter. Moi aussi je m'éloigne d'eux à regret. Je ne les reverrai probablement jamais. Mais qui sait? Peut-être ils ne m'oublieront pas tout de suite !

Si, comme les miroirs qui ne gardent nulle empreinte des images qu'ils ont reflétées, ou comme les touches de piano qui ne gardent aucun trait des notes qu'elles ont fait vibrer, il y a des natures humaines sur lesquelles tout glisse rapidement, il en est d'autres plus sensibles et plus tenaces qui conservent la mémoire d'une figure et d'une voix amicales.

C'est une douce chose de songer que nous pouvons jeter en passant une bienveillante réminiscence dans le cœur de ceux que nous rencontrons. Pourquoi? Parce qu'il y a en nous une faculté d'expansion, et un besoin d'attachement qui ne doivent pas, ce nous semble, rester stériles, parce que l'homme a besoin de l'homme, parce que comme l'a dit un grand poëte :

> Toute âme est sœur d'une âme...

et que nous nous en allons instinctivement sur notre route, cherchant cette âme qui doit s'allier à la nôtre, peut-être aussi parce que sachant combien ici notre vie est courte, nous croyons la prolonger par les souvenirs que nous laissons autour de nous.

Et c'est une douce chose de croire à ces accords affectueux. Quand les rois se visitent, ils se font de riches présents. Les humbles, honnêtes voyageurs qui se trouvent par hasard réunis un instant sur les grands chemins se font de bien meilleurs présents, s'ils se donnent mutuellement un bon sourire, un bon regard, s'ils échangent entre eux un témoignage de sympathie.

Je venais de faire cet échange ; j'y songeais encore le soir dans ma chambre, et je me plaisais à me représenter le riant et candide visage de Cécile et de Raymond, et la touchante physionomie de leur mère.

Dans la nuit, je rêve que ces deux enfants s'avancent vers le torrent des Pèlerins avec cette tendre mère, qui n'a pas voulu les quitter, et ce torrent modère son cours impétueux pour les laisser passer. Ils traversent la forêt de sapins qui s'élève autour du ravin. Les véroniques bleues, les anémones aux boutons d'or les regardent en souriant, et le pinson niverolle les salue avec son petit cri joyeux : Pink! pink !

Ils entrent dans la moraine des Bossons. Les blocs de pierre monstrueux dont elle est hérissée se rapprochent comme pour leur faire une chaussée. Ils vont, ils vont avec une naïve confiance. Ils arrivent au milieu des glaciers. Alors, les sinistres gardiens du mont Blanc se soulèvent, ceux qui s'efforcent d'égarer ou d'endormir les guides ; ceux qui humilient l'orgueil des savants, épouvantent les plus résolus et fatiguent les plus robustes, ceux qui creusent les abîmes, ceux qui amassent les avalanches, ceux qui soufflent dans les veines de l'homme un froid mortel, ceux qui sonnent le glas funèbre de la tempête. Et de noirs nuages se rejoignent, et le vent commence à mugir, et le précipice est là béant, profond, terrible. Mais une voix d'en haut crie : « Laissez passer les doux enfants. »

A cet ordre suprême, tout change de face. L'atmosphère s'épure ; l'ouragan menaçant s'apaise : l'air s'attiédit ; l'avalanche inclinée sur sa pente et prête à tomber, s'arrête.

Les doux pèlerins continuent leur marche. Les fissures des glaciers se ferment à leur approche et leur font un chemin de cristal et d'émeraudes. Ils continuent leur marche en regardant autour d'eux ces merveilles terrestres et en admirant pieusement la puissance de Dieu. Ils traversent de vastes plateaux de neige, étincelants comme des champs de diamants. Ils gravissent ces rocs gigantesques qu'on appelle les Grands-Mulets, puis les flancs escarpés de la montagne de la Côte.

Ils vont encore plus loin ; ils gravissent encore d'autres cimes, puis ils atteignent le sommet du mont Blanc. Là, ils tombent à genoux, les mains jointes, courbent le front et prient. Le soleil rayonne sur leur tête ; la neige brille comme un tapis de pourpre sous leurs pieds, et les habitants de Chamouny, assemblés sur les collines pour les voir, s'extasient, battent des mains et crient : Miracle ! miracle !

Et moi, je pense, ma chère Stina, qu'on peut voir dans le monde plus d'un miracle non moins étonnant, le miracle des violentes, des féroces passions assouplies, vaincues par l'innocence et la douceur.

Quoi qu'il en soit, voilà mon rêve. Je suis du pays de Swedenborg, le mystique rêveur. Ne dois-je pas rêver ?

Schwitz.

Enfin, ma chère Stina, je l'ai trouvé, ce coin de terre
que je cherchais, ce foyer où je désirais m'arrêter, ce
peuple dont je me faisais une poétique idée. J'ai trouvé ce
contentement dans un petit district dont je t'envoie la
carte pour t'aider à comprendre ma description.

Regarde. Là est le lac des Quatre-Cantons dont les eaux
baignent les murs de la noble ville de Lucerne, la colline
couronnée par la chapelle de Guillaume Tell, le vallon de
Rütli, où en 1307 les trois vaillants confédérés Werner
Stauffacher de Schwitz, Arnold d'Unterwalden, Walther
Furst d'Uri, se réunissaient dans une nuit de novembre et
juraient de délivrer leur pays du pouvoir d'une monarchie
représentée par de cruels Gessler.

Là est le pittoresque lac de Zug, entouré de majestueuses
forêts ; là l'étroit lac de Lowertz, enfoui dans une verte
vallée comme une coquille de nacre.

Des rives de ces lacs, on voit du côté du nord une prairie qui s'élève graduellement comme un amphithéâtre
jusqu'au pied du Righi, du Hacken et des deux rocs gigantesques qu'on appelle les Mythes.

Dans les contours de ces prairies, dans l'enceinte de ces
montagnes, le canton de Schwytz est comme un petit
monde, protégé par plusieurs colonnes d'Hercule : petit
monde, en effet, petite république de 40,000 âmes, toute
glorieuse pourtant dans ses étroites limites ; c'est elle qui
forma l'un des premiers noyaux de la Confédération helvétique et lui donna son nom (Schwitz-Suisse) ; c'est elle
qui combattit intrépidement à Morgarten ; c'est elle qui,
en diverses occasions, a vaillamment défendu sa liberté et
son dogme religieux.

Elle est catholique. Elle a planté la croix à la cime du plus haut des Mythes (6,000 pieds au-dessus du niveau de la mer), et elle s'honore de posséder une célèbre institution catholique, le couvent d'Einsiedeln.

Dans le voyage que je viens de faire, chère Stina, je me suis souvent senti plus attiré vers les catholiques que vers les protestants.

De longues dissertations ont été écrites pour démontrer, qu'en général, la population protestante est plus instruite, plus laborieuse et plus riche que la population catholique. C'est possible. Mais celle-ci m'a semblé plus expansive et plus gaie.

— Oui, me disait un jour un paysan d'Olten, dans le canton de Soleure, on prétend que nous négligeons la culture de nos terres, parce que nous avons trop de fêtes. Mais ces fêtes nous édifient et nous réjouissent. Elles ravivent par le souvenir nos vieux parents, elles charment nos enfants. Les animaux qui nous servent sont contents de ces fêtes pendant lesquelles ils se reposent. La terre aussi veut se réjouir ; elle ne peut toujours être fatiguée par la charrue et la herse, par la faucille et le râteau. Il faut qu'à certains jours elle s'épanouisse en toute liberté, qu'elle voie l'homme rire, qu'elle l'entende chanter. Si après cela, quand nous arrivons à la fin de l'année, nos rigides voisins les protestants ont quelques écus de plus que nous, grand bien leur fasse ! Avec ces écus, ils ne pourraient racheter le bonheur que nous avons goûté.

C'est vrai, chère Stina. L'homme ne vit pas seulement de pain, a dit l'Evangile. Les intérêts matériels ne peuvent lui faire la nourriture de l'âme. Nul profit pécuniaire ne peut lui donner une douce et pieuse émotion comme celle qu'on éprouve en une Fête-Dieu, dans la procession solennelle d'une grande ville, en une fête des Rogations au milieu des champs fleuris, en une fête patronale de village au milieu d'une naïve et franche gaieté.

Les catholiques ont encore d'autres pratiques religieuses dont malheureusement le rigoureux protestantisme s'est privé. Leurs églises sont ouvertes toute la semaine et tout le jour.

Toute la semaine et tout le jour, n'y a-t-il pas des fidèles qui désirent visiter le sanctuaire de Dieu, s'agenouiller dans le repentir d'une faute, remercier la Providence d'un de ses bienfaits, ou invoquer sa grâce par une fervente prière?

Çà et là aussi, dans les pays catholiques, le long des chemins solitaires, sur les rocs sauvages, au bord des précipices, s'élèvent des oratoires, des statuettes, des images qui attirent les regards du voyageur, et réconfortent les hommes de bonne volonté. C'est le Christ qui du haut de sa croix penche sa tête vers le passant, comme pour le bénir. C'est la Vierge des Sept-Douleurs qui écoute les gémissements de la pauvre mère en deuil. C'est le saint patronal du canton, dont la vie est un enseignement de douceur et de charité.

Vaines superstitions! s'écrient les philosophes. Eh! sages philosophes, êtes-vous donc si orgueilleux que tout ce qui n'est point admis par votre logique doive être condamné comme une erreur? Êtes-vous si sûrs de votre raison qu'elle ne puisse faillir? Êtes-vous si forts de votre force humaine que vous n'ayez jamais besoin d'un secours surnaturel? Êtes-vous si habiles et si perspicaces que vous puissiez par votre intelligence donner de vraies consolations aux affligés?

Un jour, un savant docteur, ne pouvant avec toute sa science rallumer son feu, est obligé de demander l'assistance d'une bonne vieille voisine.

— Tenez, lui dit-elle, prenez ce charbon qui est si bien embrasé.

— Volontiers. Mais comment l'emporter ?

— Attendez.

Elle lui met une couche de cendre dans le creux de la main, pose sur cette cendre le charbon, de telle sorte qu'il ne pouvait ni s'éteindre, ni le brûler.

— C'est singulier, dit le savant ; je n'aurais jamais imaginé un tel expédient.

Il y a bien d'autres choses, ô illustres docteurs, que vous ne pouvez imaginer dans vos idées de réforme et dans vos négations. Pour moi, je m'incline avec respect devant vous, si par vos philanthropiques conceptions, vous parvenez seulement à produire dans le cœur d'une pauvre femme le bien-être moral qu'elle éprouve, quand elle a dans sa foi candide récité dévotement son chapelet. Et si vous ne pouvez par vos belles doctrines, lui donner un pareil contentement, n'est-ce pas un crime de vouloir lui enlever celui qu'elle a par sa croyance ?

Ainsi que la petite république dont elle est le chef-lieu, la ville de Schwitz est catholique et toute petite. En un quart d'heure on en fait le tour. A quelques pas de son église, on est en pleine campagne. Toute petite et très-modeste, elle n'a point d'hôtels fastueux, ni de magasins splendides. Elle n'est point sur une des grandes routes de la Suisse, et l'on n'y voit point, comme à Genève ou à Berne, des légions de touristes ; seulement quelques voyageurs qui descendent du Rigi et une partie des pèlerins de Notre-Dame des Ermites.

Ces bonnes gens de Schwytz ! ils ne se sont pas laissé jusqu'à présent séduire par la spéculation industrielle des temps modernes. Nulle machine à vapeur ne répand sa noire fumée sur leurs frais enclos ; nulle manufacture n'enferme dans une salle méphitique leurs innocents enfants.

Pâtres et laboureurs étaient les ancêtres. Pâtres et laboureurs sont les descendants. Dès le matin, dans cette capitale, on entend, non pas le clairon de la caserne, ni le sifflement de la locomotive, mais la trompe du berger assemblant les bestiaux qu'il doit conduire au pâturage, et tout le jour on assiste au mouvement de la vie agricole. Les bœufs et les chevaux attelés de bonne heure à la charrue ou à la voiture du bûcheron ; le travail vigoureux dans les champs ou dans les bois, à midi, au son de l'*Angelus*, le frugal dîner en plein air, au bord du sillon, ou sous les verts sapins ; le soir, en été, le souper devant la porte du logis ; maîtres et domestiques assis sur le même banc, et mangeant le même pain ; puis une joyeuse, honnête causerie, puis la prière autour du foyer, puis un calme, solide sommeil.

Le dimanche, les beaux habits tirés de l'armoire ; les enfants tout fiers de leur veste neuve ; les jeunes filles avec leurs longs cheveux nattés ; les vieillards avec leur large et épaisse redingote se rendant à l'église. Ensuite le festin préparé pour les jours de fête avec un soin tout particulier par la mère de famille ; une pièce de bœuf, du fromage, des bouteilles de vin. Dans l'après-midi, les jeux de quilles des libres garçons, les promenades des fiancés dans la prairie, les entretiens des vieux sur la place de l'hôtel de ville.

Heureuses, naïves coutumes, touchante simplicité des anciens temps ! Pas un nouveau luxe de table ni un nouveau luxe de toilette. Peu de fortunes notables et à côté de ces fortunes, pas une misère réelle, nul rentier désœuvré et nul fonctionnaire paradant insolemment en habit brodé.

Le président du grand-conseil, en sortant de la séance où il a réglé les affaires de l'État, retourne comme un Cin-

cinnatus à sa charrue ; le landammann est aussi très-occupé de son labourage et de ses troupeaux ; le juge a si peu de causes à juger qu'il peut bien, sans manquer à ses devoirs officiels, planter ses pommes de terre et récolter ses foins.

Si je rencontrais l'huissier avec lequel j'ai voyagé sur la route de Chamouny, et s'il me manifestait l'intention de quitter son domicile de Genève, je l'engagerais à ne pas fixer sa résidence dans le canton de Schwitz. Que peut faire un huissier dans un pays où il y a des histoires de procès comme celle que je te vais raconter ?

Deux frères étaient en contestation pour une prairie inscrite à leur nom, dans le testament d'un de leurs oncles, mais avec des clauses si confuses que chacun d'eux croyait pouvoir légalement s'attribuer la possession exclusive de cette bande de terre. Un matin, l'aîné dit :

— Cher Frantz, il faudrait pourtant mettre fin à notre indécision. Veux-tu venir avec moi chez le juge ? Nous lui montrerons le testament qui nous embarrasse : il le comprendra mieux que nous.

— Non, répond Frantz. J'ai de la besogne qui me retient ici. Mais, toi-même, vois le juge. Explique-lui tes raisons et les miennes, et je m'en rapporte à sa sentence.

— Soit ! dit l'aîné.

Et il part.

Le soir, il revient, et du plus loin qu'il aperçoit son frère, il lui crie : « Frantz, c'est fini. Je me trompais. La prairie est à toi. »

Schwitz.

Quel bonheur de vivre au milieu d'une si honnête population! toutes ces physionomies si ouvertes et si gaies! toutes ces maisons si calmes et si riantes! On dirait des nids d'oiseaux où, dès l'aube, résonne un pieux concert, où la journée est activement employée, où le soir, sous le dôme du ciel, tout repose doucement.

Ce petit monde de Schwytz m'est apparu comme l'idéal d'un religieux et heureux pays.

Et mon idéal, chère Stina, est encore cette fois bouleversé.

— Comment ?

— Par la violence et l'iniquité.

Tu sais que la Suisse se divise en vingt-deux cantons. Sept de ces cantons sont entièrement catholiques; dans les autres la majorité est protestante. En vertu même du pacte fédéral, chacun d'eux conserve sa souveraineté dans l'étendue de sa circonscription; chacun d'eux doit avoir sa constitution particulière et le libre exercice de son culte et de son administration.

Mais il y a de bons apôtres qui s'annoncent comme les propagateurs des plus généreuses idées, qui s'en vont, criant : Liberté! liberté! mort à la tyrannie! Liberté de la parole! de l'écrit! de la pensée! liberté universelle! Seulement, ils veulent passer à leur tamis toutes ces libertés, et rejeter et écraser comme de mauvais grains toutes celles qui ne s'accordent point avec leurs magnanimes principes. C'est un autre régime de tyrannie moins franc, souvent plus âpre, et souvent plus cruel que celui des plus absolus despotes.

L'histoire nous dit ce qu'il a fait, à diverses époques, en différentes contrées.

A présent, voici ce qu'il fait en Suisse.

Les catholiques de l'Argovie ont des couvents d'hommes et de femmes pour lesquels ils professent un respect héréditaire. Les protestants demandent impérieusement l'abolition de ces communautés.

A Fribourg, il existe un collège de jésuites dont l'origine remonte jusqu'au seizième siècle. Le premier recteur de cet établissement fut le père Casinius, un homme d'un grand savoir et d'un grand cœur, qui courait assister les pauvres gens atteints d'une maladie contagieuse, et qui mourut victime de sa charité. Beaucoup de Fribourgeois le vénèrent comme un saint. Mais il était jésuite. Le nom de jésuite fait frémir les libres penseurs. Il faut que l'institution dirigée par ces êtres dangereux soit complétement transformée ou fermée. Son renom s'étend au loin et sans cesse ; de toutes parts, on lui amène de nouveaux élèves.

Raison de plus pour arrêter promptement ses pernicieux progrès.

Tandis que réformateurs et réformes formulent entre eux cette sentence, Lucerne manifeste l'intention d'avoir comme Fribourg des jésuites pour prêcher dans ses églises et professer dans ses écoles. A cette nouvelle, les cantons protestants s'agitent, se révoltent, se tourmentent comme s'ils étaient outragés dans leur honneur ou menacés d'un désastre dans leur fortune. Des comités s'organisent pour aviser au moyen de prévenir un si terrible événement. Après de longues délibérations, où plus d'une fois éclatent des cris de fureur, on prend le parti d'engager la téméraire cité à se désister de ses projets.

En s'abandonnant à une de ses sympathies catholiques, la téméraire cité ne croyait pas sortir de la légalité, et n'avait pas la moindre intention d'affliger ses voisins.

Elle refuse d'obtempérer à leur injonction. Elle était dans son droit.

Alors les colères s'accroissent. Des rassemblements se forment. Le drapeau des corps francs se déroule aux acclamations d'une foule fanatique ou stupide, et, qui le croirait? une armée de huit mille hommes s'avance vers Lucerne. Pourquoi? Pour en expulser une douzaine de pacifiques religieux.

L'intendant de cette armée était un avocat, ardent démocrate; le général en chef, un autre avocat. M. Ochsenbein (*jambe de bœuf*), qui, quelques mois auparavant, avait parcouru le pays pour en étudier la topographie, disant aux gens de la campagne qu'il était boucher et cherchait à acheter des bestiaux.

Lucerne cependant est sur ses gardes. La lutte s'engage. Les corps francs sont battus, mis en déroute. Leur général s'enfuit honteux.

Mais la diète est appelée à poursuivre l'œuvre dans laquelle les soldats d'Ochsenbein ont échoué. La guerre est résolue. Les sept cantons catholiques se lient par un pacte fraternel pour se défendre contre leurs persécuteurs, et la diète réunit le contingent fédéral pour les réduire à l'obéissance.

Trois de ces cantons : Schwytz, Uri, Unterwalden ont été les fondateurs de la Confédération, à laquelle les autres se sont successivement adjoints. Ils devraient être particulièrement respectés.

Mais ils sont restés, d'âge en âge, fidèles à la croyance de leurs pères. C'est une faiblesse. Ils n'ont point vendu les vitraux, les peintures, les vases sacrés de leurs églises pour construire une halle, ou quelque autre édifice productif. C'est une faute. Ils ont des couvents qu'ils aiment et dont ils veulent maintenir les dotations. C'est une sottise. Ils professent un sentiment particulier de confiance et d'attachement pour une corporation odieuse aux protestants. C'est un crime. Enfin, ils sont en minorité dans les assemblées de la république. A cette dernière raison, nulle réplique. Ils doivent, les braves, religieux, vénérables cantons, se soumettre aux ordres de la majorité. C'est la loi de la libérale démocratie.

Au milieu de ces douloureuses agitations, en voyant les bons placides habitants de Schwytz, obligés de prendre les armes pour défendre leur religion, je lis le récit de voyage d'un écrivain anglais distingué, et j'y note ce passage : « L'injustice et la cruauté semblent devoir être les signes distinctifs du gouvernement démocratique. L'histoire d'Athènes, cette métropole des arts et des sciences, cette glorieuse cité des historiens, des poëtes et des philosophes, nous prouve par le bannissement d'Aristide, par la sentence de Socrate et la mort de Phocion, que les qualités intellectuelles et morales d'un peuple ne suffisent pas pour les préserver des abus du pouvoir démocratique. Les annales de la révolution française nous montrent le sauvage esprit démocratique agissant sous l'impulsion du vice et de l'ignorance. On peut se faire aussi une idée de ce même sauvage esprit par les axiomes des modernes démagogues. Le vrai républicain, disent-ils, ne doit admettre aucune aristocratie, pas même l'aristocratie de la vertu. »

Dans le voyage que je viens de faire, chère Stina, en étudiant l'histoire des pays par lesquels je passais, quelle différence j'ai dû constater entre leur ancien état et leur état actuel !

La Prusse, qui a commencé par son petit margraviat de Brandebourg, qui sans cesse s'est agrandie et maintenant prétend régenter l'Allemagne ; l'Autriche, jadis si puissante, et maintenant affaiblie et inquiète ; les libres fières villes du Danube, dont on admirait autrefois l'activité, la richesse, le mouvement industriel et le génie artistique, maintenant humbles, dociles villes de province ; la Suisse patriarcale, la vaillante, la vertueuse Suisse absorbée dans les calculs matériels, égarée par des révolutionnaires dont l'un d'eux s'écrie impunément : « Oh ! puissé-je voir de grands vices, des crimes sanglants, terribles, pourvu que je ne voie plus cette vertu qui m'ennuie, ni cette morale de tous les jours ! »

Et la Savoie, ce pauvre montagneux berceau d'une ambitieuse monarchie, si soumise autrefois aux grandes puissances, si cauteleuse souvent dans ses rapports avec l'Autriche, avec la France, qui maintenant aspire à déposséder l'Autriche d'une partie de ses domaines, et peut-être à braver la France.

Au quinzième siècle, elle était encore si petite que, lorsqu'elle entreprenait de faire la guerre à quelques cantons suisses, les Fribourgeois décrivaient ses armements dans cette amusante chanson, que je traduis pour toi du naïf dialecte dans lequel elle fut composée :

Notre prince de Savoie
Est morbleu ! bien bon enfant ;
Il a levé une armée
De quatre-vingts paysans.
Oh ! vertuchou, oh ! gare, gare !
Oh ! rataplan, gare au-devant !

Il a levé une armée
De quatre-vingts paysans,
Et pour général d'armée,
Christophe de Carignan.
Oh ! vertuchou, oh ! gare, gare !

Pour toute cavalerie,
Quatre petits cochons blancs,
Et, pour toute artillerie,
Quatre canons de fer-blanc.
Oh ! vertuchou, oh ! gare, gare !

Un âne chargé de raves
Pour nourrir le régiment.
Quand il fut sur la montagne :
Dieu ! dit-il, que le monde est grand !
Oh ! vertuchou, oh ! gare, gare !

Faisons vite une décharge,
Et vite quittons le camp.
Allons conter à nos femmes
Les exploits des guerroyants.
Oh ! vertuchou, oh ! gare, gare !
Oh ! rataplan, gare au-devant !

Depuis cette guerre de la Savoie avec la Suisse, quel changement ! Et je vais en Hollande, où, depuis le temps des Bataves, il y a bien eu d'autres changements.

FIN DE LA PREMIÈRE PARTIE.

DEUXIÈME PARTIE

Te rappelles-tu, chère sœur, le jour où notre bonne voisine, madame Hierta, vint présenter à nos parents son nouveau-né, un garçon de six semaines, qu'elle portait triomphalement dans ses bras? Elle l'admirait et voulait qu'on l'admirât. Il lui semblait si beau! il me semblait bien laid.

Je revenais d'Upsal, où j'avais lu plusieurs dissertations philosophiques, physiologiques, psychologiques sur la nature humaine, et je n'avais pas encore vu un enfant au maillot. En regardant celui-ci, je me disais : Eh! quoi, est-ce là le commencement de l'homme? Est-ce là ce qu'on appelle le roi de la création?

Le lion naît avec ses griffes; l'oiseau avec ses ailes; l'ours avec l'épaisse fourrure qui le garantira du froid. Grands et petits, tous les animaux ont, en quelques instants, leur vêtement, leur liberté d'action, leurs moyens de défense. Et cet enfant qui deviendra homme, si Dieu lui prête vie, comme il est frêle ! Il ne peut ni marcher, ni se tenir debout. Une alouette le renverserait d'un coup d'aile. Une mouche le harcèlerait sans qu'il pût se défendre. Sur ses traits informes il n'y a qu'une expression de malaise, d'inquiétude ou de douleur. Ses yeux débiles ne supportent point la lumière, et ses lèvres ne s'entr'ouvrent que pour exhaler un gémissement. N'est-ce pas une âme invisible qui gémit dans sa misérable prison, peut-être par le souvenir des régions lumineuses d'où elle descend ; peut-être par l'intuition des souffrances qu'elle doit éprouver en ce monde ?

Cependant, l'homme est le roi de la création, roi subtil et courageux, roi puissant et rapace, puissant par les inventions de son esprit, par son labeur et son habileté. Les monts et les vallées sont ses domaines. Les airs et les eaux sont ses tributaires. Il récolte les plantes et les fruits qui croissent à la surface de la terre ; il lui enlève, en la déchirant, les trésors qu'elle renferme dans ses entrailles. Il jette ses filets dans les profondeurs aquatiques. Il lance ses dards meurtriers dans les espaces aériens. Il parcourt comme un conquérant les fleuves et les mers. Il égorge ou subjugue les animaux pour son plaisir ou pour ses besoins.

De tous les êtres animés et inanimés répandus par la main de Dieu à travers le globe, il est le seul qui puisse subsister partout, dans les plaines marécageuses et sur les cimes des rocs, dans la ceinture de glace des contrées polaires et sous les feux de la zone torride. Le seul ! Non, la Providence a accordé la même faculté au meilleur des animaux, au chien. Il vit partout où vit l'homme et l'on sait les services qu'il lui rend au sommet du Saint-Bernard, dans les neiges du Groenland, dans les plaines arides de la Sibérie. A l'ouest lointain de l'Amérique, des troupes de chiens sans maîtres campent sur la route du nouveau Mexique, comme si elles attendaient l'homme dans ces prairies désertes.

Les traditions populaires associent constamment le chien aux aventures de l'homme. Il a un chien avec lui, le pauvre bûcheron condamné à porter jusqu'à la fin des siècles son fagot dans la lune, pour avoir coupé du bois le dimanche. Ils avaient aussi un chien avec eux, les sept chrétiens d'Ephèse qui dormirent dans leur grotte pendant trois cent soixante-douze ans.

Mais le chien est le débonnaire ami de l'homme, et l'homme est le roi de la création.

— Pourquoi, me diras-tu, cette longue digression?

— Parce que je suis dans une contrée où à chaque pas se manifeste d'une façon prodigieuse cette royauté de l'homme.

Étonnante Hollande! étonnante surtout lorsqu'en voyant ce qu'elle est devenue, on songe à ce qu'elle a été. Je voudrais, chère Stina, essayer de te donner une idée de son état primitif, tel qu'il m'apparaît dans les anciens documents historiques.

Figure-toi donc autour de la région des Pays-Bas une sauvage forêt qui se rejoignait à la fameuse forêt hercynienne, si grande qu'on cheminait soixante jours dans ses profondeurs sans en voir la fin.

A l'extrémité occidentale de cette immense ceinture de bois, entre les embouchures de l'Escaut, de la Meuse et du Rhin, et les longs circuits de la mer du Nord, des bancs de sable arides, des dunes formées par les dépôts des vagues et déformées par les vents; plus bas, un sol marécageux, limoneux, vacillant et fréquemment submergé par les hautes marées.

Une telle zone semblait à jamais inhabitable. Cependant des princes d'Orient viennent s'y établir, de vrais princes, comme on peut le voir par la chronique de Frise. J'espère qu'il n'y a point de gens assez malavisés pour mettre en doute la véracité de ces bons livres.

Trois siècles et demi avant l'ère chrétienne, dit la vénérable chronique, il y avait dans l'Inde un roi qui, au milieu de ses richesses, se glorifiait surtout de voir grandir près de lui trois valeureux garçons, ses trois fils : Friso, Bruno, Saxo. Il périt victime d'un infâme complot. Ses fils, pour le venger, s'adjoignirent à l'armée d'Alexandre, qui alors marchait triomphalement vers la sainte rive du Gange. Le meurtrier de leur père, l'usurpateur de leurs domaines s'avança contre eux avec 200,000 fantassins, 2,000 chariots de guerre, 20,000 chevaux, 5,000 éléphants. Avec tout ce grand appareil, il n'était pas en état de lutter contre les phalanges macédoniennes. Il vit ses troupes s'enfuir en désordre. Il voulait fuir aussi. Mais il fut pris et condamné au supplice qu'il méritait.

Après la mort d'Alexandre, les trois jeunes princes voyant leur pays divisé, tourmenté, et ne pouvant remédier à ses infortunes, résolurent de s'expatrier. Ils partirent non point comme nos pauvres émigrants de Suède, qui emportent sur leurs épaules tout leur petit bagage. Non, les fils du roi indien, en abandonnant le palais de leurs aïeux, ne voulaient point renoncer à leur faste habituel. Ils équipèrent une flotte de trois cents navires, et y mirent leurs trésors. Mais il n'arrivèrent pas aisément au lieu où ils devaient poser leurs pénates. Ils errèrent pendant huit ans à travers le monde. Qui sait par quelles contrées ils passèrent? qui sait s'ils n'entrevirent pas longtemps avant Christophe Colomb les vierges plages de l'Amérique?

C'est grand dommage que nous n'ayons pas le récit de leurs navigations. Ils ont eu peut-être des aventures plus extraordinaires que celles d'Ulysse, de Sinbad le Marin, de Gulliver, de Niels-Klimm, ces fameux voyageurs. Ce qu'il y a de sûr, c'est que dans leurs aventureux voyages, ils subirent tant d'ouragans qu'ils y perdirent la plus grande partie de leurs richesses, et les deux tiers de leurs bâtiments.

Enfin, deux de ces nobles princes entrèrent en Allemagne. Bruno fonda la ville de Brunswick, et Saxo constitua la principauté de Saxe. En même temps, leur frère aîné, Friso, abordait au Texel et pénétrait dans la plaine septentrionale à laquelle il donna son nom. C'est maintenant la prospère province de Frise.

Dans les divers districts dont se compose le royaume actuel de Hollande, d'autres émigrants arrivaient : des Celtes, des Gaulois, des Germains, qui de ci, qui de là, se cherchaient un gîte. Comment vivaient-ils sur ce sol infructueux, informe, inachevé? Ainsi que les castors, ils se construisaient leur demeure en partie sur terre, en partie sur l'eau. Ainsi que les Indiens de l'Amérique du Nord, ils n'avaient pour toute ressource que la chasse et la pêche. Par les inondations qui de temps à autre ravageaient, emportaient les forêts, ils perdaient une partie de leurs moyens de subsistance; ils ne vivaient plus que de poisson.

Mais le travail et l'intelligence de l'homme; ce sont là souvent les deux meilleurs signes de sa royauté.

Tu sais, ma chère Stina, quels défrichements opèrent les pauvres gens de nos pays, nos Torpares, nos Nybyggares, en des lieux déserts, sous notre rude climat. A voir le plateau où ils vont construire avec quelques rameaux de sapin leur cabane solitaire, on ne peut croire qu'ils réussissent dans leur entreprise. Si rocailleux est le champ qu'ils ont tenté de cultiver! si mince la couche de terre végétale qui le revêt. Cependant ils ne se découragent point. Ils creusent, ils bêchent, et finissent par fertiliser un sol qui semblait devoir rester à jamais stérile.

Tu t'intéresses aussi à l'Islande, peuplée par une colonie de Norvégiens, et tu sais comme les habitants de cette île phénoménale s'efforcent de conserver au milieu de leurs rocs et de leurs débordements de lave, quelques bandes de prairie où au printemps l'herbe reverdit, où ils peuvent faire paitre leurs moutons.

Mais tout cela n'est rien, comparé à l'œuvre accomplie par les Hollandais. Là, il n'y avait qu'une terre si mouvante et si humide qu'on ne savait, dit Tacite, s'il fallait l'appeler de la terre ou de l'eau.

Cette matière spongieuse, cette terre étrange, semblable à celle qui, aux premiers jours de la formation du globe, commençait à surgir à la surface des flots, les Hollandais l'ont desséchée, affermie, assainie. Ils ont façonné et, pour ainsi dire, créé leur sol.

Cette terre ainsi faite, on s'imagine qu'elle va être le paisible domaine de ceux qui lui ont consacré leur patient et intelligent labeur. Mais il n'est si humble possession qui n'excite quelques convoitises, et il est plus facile d'opposer une digue à la fureur des flots qu'aux emportements de l'ambition humaine.

D'abord envahie par différentes tribus de race germanique, la Hollande est ensuite subjuguée par les Romains, asservie par les Francs, soumise à Charlemagne. Sous le règne des successeurs de ce grand souverain, elle ne sort de son asservissement que pour se diviser et se mutiler elle-même. Elle est gouvernée par des princes, par des comtes, par des évêques jaloux l'un de l'autre, avides d'argent et de pouvoir. Des discussions s'élèvent parmi le peuple, discussions violentes et opiniâtres qui arment le frère contre le frère et se prolongent pendant des siècles.

Cependant la puissance des comtes de Flandre grandit, puis leurs vastes domaines sont réunis à la maison de Bourgogne, et tantôt par la force, et tantôt par des alliances, les ducs de Bourgogne finissent par se rendre à peu près maîtres des Pays-Bas. Marie de Bourgogne, en épousant Maximilien, les apporte en dot à l'Autriche. Charles-Quint les réunit à la monarchie espagnole. Trente ans après, la Hollande se révoltait contre cette puissante souveraineté.

O la guerre, chère Stina, quelle barbarie ! quelle impiété ! La guerre de vanité où, pour les caprices d'un prince, des milliers de familles sont plongées dans le deuil ! la guerre d'ambition où, pour conquérir un lambeau de terre, on dévaste des royaumes ! la guerre de religion où des chrétiens s'égorgent en invoquant l'appui de Dieu, le Dieu de paix et de miséricorde !

Sauf une trêve inefficace et quelques intervalles de repos, produits par l'épuisement, cette guerre entre la Hollande et l'Espagne dura quatre-vingts ans. Qui pourrait dire ce qu'elle a fait verser de larmes et de sang !

Le 6 octobre, les habitants de Leyde célèbrent encore chaque année l'anniversaire du jour où cessa le siége de leur ville. Ce siége si dramatique ! d'âge en âge on ne peut l'oublier.

C'était en 1574, au mois de mai, où les prés de Hollande reverdissent comme nos vallées suédoises, où la nature assoupie sous le linceul de son hiver se réveille comme Juliette appelant son Roméo, où l'alouette dans les airs,

l'abeille sur les fleurs naissantes, le ruisseau par ses susurrements autour des nénuphars et des myosotis, l'arbre
par le balancement de ses feuilles virginales, chantent
l'hymne de joie et de résurrection.

En cette saison bénie, les régiments espagnols qui venaient de s'emparer de Harlem s'avancèrent vers les murs
de Leyde. Ils avaient déjà tenté d'envahir cette commerciale cité. Ils auraient pu, cette fois, la subjuguer par un
impétueux assaut, car elle ne s'attendait point à leur si
prompt retour, et, malgré les conseils de Guillaume
d'Orange, elle n'avait point fait de préparatifs pour leur
résister. Mais on dit que le général Valdès aimait une jeune
fille, qui le supplia de ménager la ville où elle avait ses
parents. Partout ainsi apparait le suave pouvoir de la
femme. En tout temps, de doux épisodes d'amour surpren-
nent le cœur dans de tragiques histoires.

Pour obliger sans effusion de sang les gens de Leyde à
se rendre, Valdès les bloqua. Bientôt leurs provisions furent épuisées, et, cernés comme ils l'étaient, ils ne pouvaient rien recevoir du dehors. Plus rien dans les boulan-
geries, plus rien dans les boucheries. Ni blé, ni farine, ni
bœuf, ni mouton ; le cheval aussi avait disparu, et l'on
considérait comme un aliment précieux les chiens, les
chats, les rats, même les insectes. On gardait encore des
vaches pour avoir leur lait, mais de jour en jour, il fallait
en sacrifier quelques-unes, et on en distribuait les chairs
par minimes portions à la population affamée. A l'heure
de l'holocauste, une foule de malheureux courait à l'abat-
toir pour s'y disputer un chétif morceau de viande, ou
pour recueillir avec avidité le sang qui coulait sur le pavé,
et les peaux des animaux, coupées par tranches et bouillies, étaient aussitôt dévorées.

Les femmes et les enfants s'en allaient fouiller dans les

égouts, dans les fumiers pour chercher quelques débris de nourrriture. On mangeait les feuilles des arbres et l'herbe qui croissait sur les murs, et l'on n'échappait point aux tortures de la famine. La mortalité était effroyable. Les enfants mouraient sur le sein desséché de leurs nourrices ; les mères tombaient sans secours dans les rues. Les gardiens de nuit trouvaient dans leurs tournées des familles anéanties : père, mère, enfants gisant inanimés l'un à côté de l'autre.

De cette horrible misère naquit un autre fléau, la peste, qui tout à coup éclata comme pour abréger l'agonie de ces malheureux. En quelques jours elle enleva de six à huit mille individus. La patience et le courage des habitants de Leyde étaient épuisés. Une troupe tumultueuse se rendit près de Pierre Van der Werff, le bourgmestre, demandant qu'on acceptât les propositions de l'ennemi.

— Mes chers concitoyens, leur dit l'inébranlable magistrat, je sais que je dois mourir... Si ma mort peut vous soulager, prenez mon corps ; je vous le livre. Mais jusqu'à ma dernière heure, je resterai fidèle au serment que j'ai fait à mon pays.

Ces héroïques paroles suffirent pour apaiser la révolte. Les bourgeois coururent sur les remparts, en s'écriant que, s'il le fallait, ils dévoreraient leur bras gauche pour défendre encore leur liberté avec leur bras droit.

Pendant ce temps, le prince d'Orange, le commandant en chef de l'insurrection hollandaise, était à Rotterdam, malade de la fièvre, combinant pourtant avec les États-Généraux les moyens de secourir la malheureuse ville. Après plusieurs projets on en vint à une mesure désespérée. C'était de rompre les digues de la mer, d'inonder ainsi la vaste plaine de Leyde et d'y amener des bateaux hollandais. Par ce débordement, on ruinait un des districts les plus féconds de la contrée ; mais mieux vaut, disait-on, terre dévastée que terre perdue.

Et les digues furent ouvertes, et le 2 octobre, une flotte de deux cents barques, favorisée par les vents d'équinoxe qui produisirent une marée extraordinaire, s'approcha de Lammen. Là était une forteresse occupée par les Espagnols et garnie de canons. Elle avait un aspect si formidable que l'amiral Boizot, qui dirigeait ces deux cents bateaux, n'osait immédiatement l'attaquer.

Cependant les habitants de Leyde étaient dans une fiévreuse attente. Par une dépêche placée sous l'aile d'un pigeon, Boizot leur indiquait sa situation. Le soir, une quantité d'entre eux se rendirent avec le bourgmestre sur les remparts. « Mes amis, leur dit l'intrépide Van der Werff, au delà de ces bastions, il y a du pain et des vivres ; au-delà de ce campement de Lammen, sont nos auxiliaires, nos frères. Laisserons-nous périr ceux qui viennent nous défendre ? — Non, non ! s'écrièrent à la fois tous les soldats de cette vaillante milice, plutôt que de perdre le moyen de salut si longtemps attendu, nous démolirons les remparts de l'ennemi avec nos dents et nos ongles. »

Il fut décidé alors que le lendemain on ferait une sortie pour seconder les opérations de Boizot. La nuit vint, une nuit pleine d'anxiété pour les Espagnols, pour la flotte, pour la ville assiégée.

Pendant cette longue nuit, des images singulières, des bruits étranges surprenaient à tout instant les sentinelles de la cité. Une quantité de lumières sortaient successivement du fort, et se reflétaient dans les eaux obscures. Un des murs de la ville s'écroula avec un horrible fracas. Les gens de Leyde pensaient que les Espagnols préparaient leur assaut ; les Espagnols croyaient que les assiégés commençaient leur sortie. Tout était vague et mystérieux.

Enfin, le jour parut, et l'amiral se décida à attaquer la forteresse. Mais là régnait un silence qui l'inquiétait. La ville avait-elle été prise dans la nuit? Les massacres étaient-ils déjà commencés? Tant d'efforts audacieux étaient-ils perdus?

Tout à coup les marins de la flotte distinguèrent un homme qui des bastions de Lammen se dirigeait vers eux à la nage, puis un enfant qui, au sommet de la forteresse, agitait son bonnet. Plus de doute. Le mystère était éclairci. Les Espagnols, saisis d'une frayeur panique, avaient pris la fuite.

Ces lumières incompréhensibles qu'on avait vues briller dans la nuit étaient celles des lanternes qui éclairaient leur retraite. L'enfant qui agitait son bonnet au-dessus des retranchements avait observé le départ. Les magistrats de Leyde n'osaient d'abord croire à ce prodigieux événement. Mais bientôt le fait fut évident. Les Espagnols s'étaient déterminés à la retraite au moment même où, par un accident extraordinaire, l'ébranlement d'un pan de muraille leur ouvrait un côté de la ville. Le bruit de cet ébranlement leur avait causé un nouvel effroi; il leur avait fait croire que les assiégés sortaient pour attaquer la citadelle de concert avec la flotte.

Tous les obstacles ayant ainsi disparu, le 3 octobre, Boizot entra avec ses marins dans la ville. Elle était sauvée.

Sur les quais, le long des canaux se pressait une population famélique. Quiconque pouvait encore se mouvoir, voulait saluer ses libérateurs. De chaque embarcation, les matelots portaient du pain à la foule. Les pauvres gens qui, depuis plusieurs mois, n'avaient pas eu un aliment salutaire, saisissaient avec avidité ce précieux présent qu'il eût fallu leur donner avec plus de ménagement. Plusieurs d'entre eux furent suffoqués par l'impétuosité avec laquelle ils dévoraient cette nourriture si longtemps désirée ; d'autres tombèrent malades par suite de l'abondance qui succédait si vite à un complet dénûment. Mais on se hâta de prendre des précautions pour prévenir de tels accidents.

L'amiral, descendant de son bateau, fut reçu par les magistrats, et aussitôt une procession solennelle fut organisée. Vieillards et jeunes gens, soldats et matelots, femmes et enfants, tout le monde se rendit à la grande église. L'héroïque cité qui venait de résister avec tant de fermeté à la puissance d'un des rois de la terre, s'inclinait avec une humble gratitude devant le roi du ciel. Après la prière, toute la congrégation entonna un hymne religieux. Mais toutes les voix ne purent continuer ce chant jusqu'à la fin. Elles étaient paralysées par une trop vive émotion, et les femmes pleuraient avec les enfants.

Par leur prodigieuse énergie, les Hollandais obligèrent l'Espagne à faire la paix. Mais les vagues soulevées par les vents ne se calment point dès que la tempête est finie. Les sociétés humaines ne s'apaisent point immédiatement après l'ouragan d'une révolution. Nul homme et nul peuple ne brise impunément les liens d'une ancienne autorité, d'une vénérable tradition, et il y a dans l'histoire des nations les plus sérieuses, de singulières fluctuations, d'étranges anomalies.

Les Hollandais rejetaient le pouvoir monarchique, et à peine avaient-ils institué leur gouvernement républicain, que le prince à qui ils confiaient le commandement de leurs troupes, aspirait à devenir leur royal souverain.

Les Hollandais accusaient Philippe II de torturer leur conscience ; ils avaient pris les armes pour conquérir leur liberté religieuse, et quand ils l'eurent obtenue, pleine et entière, ils démentirent cruellement par leurs actes les discours où ils invoquaient avec tant d'ardeur la loi de tolérance, la doctrine du libre examen. Dans leur calvinisme surgirent des sectes qui enfantèrent des haines violentes et des persécutions.

Deux professeurs célèbres : Gomar et Arminius enseignaient en même temps la théologie à l'université de Leyde.

Gomar, imitant Calvin, soutenait que par un arrêt suprême, immuable, les hommes étaient de tout temps prédestinés : les uns à la béatitude céleste, les autres à l'éternelle damnation.

Arminius, au contraire, défendait les principes de libre arbitre. La justice providentielle ne pouvait, disait-il, condamner les pervers endurcis dans le mal. Elle se plaisait à glorifier les justes et à pardonner aux pécheurs repentants.

Je pense, ma chère Stina, qu'un Gomar essayerait en vain de te convertir à ses maximes. Tu repousserais loin de toi ce dogme impie, cette idée de prédestination plus formidable que le *fatum* des anciens, plus dégradante que le fatalisme oriental.

Des légions d'hommes préservés de l'abîme par une grâce infaillible! très-bien! Je voudrais que tous les hommes eussent en ce monde une bonne vie, et ensuite un éternel paradis. Mais d'autres légions d'hommes dévoués, avant de naître, à la perdition, et Dieu lui-même, le Dieu de justice, de bonté, de miséricorde, frappant d'un arrêt sans rémission ces pauvres victimes! comment croire à une si horrible conception?

Cependant le dogme de Gomar se propageait dans les cités et les villages, principalement parmi le peuple. Celui d'Arminius était préféré par l'aristocratie. Les gomaristes vou-

laient écraser la doctrine des arminiens. Leurs prédicateurs
s'écriaient qu'elle était liée aux erreurs du paganisme, et
attaquait les fondements de la Réforme. Ils suscitaient
contre elle une plèbe grossière et fanatique, de telle sorte
que les villes armées naguère pour défendre leur protestantisme contre les troupes catholiques de Philippe II,
devaient s'armer de nouveau contre ces tourbes de protestants.

Afin de subjuguer plus promptement la secte qui leur
était odieuse, les gomaristes, sachant qu'ils étaient numé-
riquement les plus forts, demandaient la convocation d'un
concile pour régler les affaires de religion, et formuler un
dogme définitif. La Hollande ne voulait plus admettre l'autorité des grands conciles catholiques, où l'on voyait réunis les plus illustres, les plus savants, les plus saints personnages du monde, et elle attendait les décisions d'une
petite assemblée de prédicateurs de ses paroisses, auxquels
s'adjoignit une vingtaine d'étrangers. La Hollande avait
renoncé au *Credo* de l'Eglise romaine. Il lui en fallait un
autre, et cet autre devait être imposé à la plus noble partie
de la nation par la violence.

Dans l'assemblée de Dordrecht, décorée du nom de
synode national, les gomaristes, ainsi qu'ils l'avaient
espéré, furent condamnés, outragés, privés de leurs emplois, bannis. Déjà les deux premiers d'entre eux, Grotius
et Barneveldt, étaient en prison. Par un sentiment de haine
personnelle, Maurice de Nassau les avait fait arrêter. Par
le résultat du congrès de Dordrecht, il lui était plus facile
de leur faire leur procès.

Tu sais, Stina, comment Grotius fut délivré de sa captivité, et avec quelle distinction il fut accueilli dans notre
pays de Suède par notre savante reine Christine. Mais Barneveldt, cet illustre compagnon de Grotius! cet homme

d'Etat dont Henri IV et Elisabeth admiraient l'habileté, ce grand citoyen de Hollande! plusieurs de ses amis, pressentant les dangers qui le menaçaient, l'engageaient à s'éloigner. Il ne voulait point croire à leurs prévisions. Il leur disait : « Pourquoi serais-je persécuté? Je n'ai fait aucun mal. »

Il n'avait fait en vérité aucun mal, et il avait rendu les plus éminents services à son pays. Mais par son austère vertu, par son généreux patriotisme, par sa foi républicaine, il gênait le général en chef des troupes de terre et de mer, le vaillant, l'impétueux Maurice de Nassau, l'ambitieux fils de Guillaume le Taciturne.

Un matin, au mois d'août 1618, il fut appelé chez le prince. Il obéit tranquillement à cet ordre selon sa coutume, et à son entrée dans le palais, un officier l'arrêta et le conduisit en prison.

Il avait alors soixante et dix ans et il était un des fondateurs de cette république dont l'Espagne ne pouvait plus vaincre la résistance.

Ses fils ayant vainement sollicité son élargissement demandaient en grâce, qu'au lieu d'être enfermé comme un malfaiteur dans une prison, il fût consigné dans sa propre demeure. Le ministre de France lui témoignait, au nom de son souverain Louis XIII, un intérêt particulier. Inutile intervention! Maurice ne voulait pas lâcher sa proie. Le vénérable Barneveldt resta en prison tout l'automne, tout l'hiver.

Au mois d'avril 1619, il fut traduit devant un tribunal composé de vingt-quatre juges. Il était accusé d'avoir fomenté des discussions religieuses et les discordes civiles, en s'opposant à la réunion du synode de Dordrecht, d'avoir déterminé les habitants de plusieurs villes à prendre les armes contre les gomaristes, enfin d'avoir reçu de l'argent de l'Espagne pour trahir les intérêts de la république.

C'était pour lui chose facile de répondre victorieusement à ces imputations. Mais il devait être condamné, et il le fut. Maurice, en sa qualité de stathouder, pouvait lui faire grâce. Il s'y refusa, malgré les vœux de sa belle-mère, la veuve de Guillaume, la veuve de l'amiral de Coligny, malgré la nouvelle intercession du ministre de France.

Il aurait voulu que Barneveldt sollicitât lui-même cette grâce, ou tout au moins la fît solliciter par sa femme, et le fier républicain ne voulait point lui accorder une telle marque de condescendance.

Le 12 mai, deux procureurs se rendirent près de l'illustre vieillard pour lui signifier son arrêt.

— Mon arrêt de mort ! s'écria-t-il, je ne comptais guère être ainsi récompensé de mes services.

Puis, se tournant vers un de ces magistrats :

— Ah ! Sylla, ajouta-t-il, que dirait votre père, qui m'aimait, s'il voyait ce que vous faites aujourd'hui ?

Sylla baissa la tête et répondit tristement :

— Ne soyez point irrité contre moi. Mon emploi m'oblige à remplir cette tâche douloureuse.

— C'est vrai, répondit Barneveldt, vous obéissez à l'ordre qui vous est imposé. D'autres auront à rendre compte de cet ordre devant Dieu. Moi, je vais mourir dans le sentiment de mon honnête conscience. Ma femme et mes enfants n'obtiendront peut-être pas l'autorisation de venir me voir avant ma dernière heure. Je voudrais au moins leur adresser par écrit mes adieux.

Une si simple permission ne pouvait lui être refusée. On lui apporta de l'encre et du papier. Il s'assit devant une table, et d'une main ferme écrivit cette lettre :

« Ma chère femme, mes enfants, je vous salue affectueusement et cordialement. Je viens d'apprendre que mon **sort** est décidé. Demain on me fera mourir. J'ai cependant été

toute ma vie dévoué aux intérêts de mon pays. J'ai aussi
de mon mieux servi le prince, selon que mon devoir m'y
obligeait. J'ai fait du bien à beaucoup de gens et n'ai volontairement offensé personne. Je suis vieux et l'on me
condamne à mort. Mais je mets ma confiance en Dieu qui
connaît le cœur des hommes, qui un jour nous jugera
tous, et je vous prie d'avoir la même pensée. Aimez-vous
l'un l'autre ; vivez ensemble en bon accord, et priez Dieu
pour qu'il nous donne à tous sa grâce. »

Trois prédicateurs vinrent lui offrir leur assistance religieuse. Comme ils étaient de la secte des gomaristes, il les
reçut d'abord froidement, puis fit un effort, et en vint à
s'entretenir avec eux d'un ton amical.

Comme ils lui parlaient de sa fin prochaine :

— J'y suis bien résigné, dit-il. Je voudrais seulement
savoir pourquoi je suis condamné.

L'un d'eux répliqua :

— Ceux-là le savent qui ont instruit votre procès.

— Mon procès, reprit-il, n'a point été fait selon les lois
de l'équité, et je n'ai point eu mes vrais juges. Ceux qui
ont prononcé ma sentence étaient en grande partie choisis
parmi mes antagonistes.

Plusieurs fois dans la journée, il exprima la même pensée. Il avait le sentiment de son innocence. Il se rappelait
ce qu'il avait fait pendant plus de quarante années en ses
diverses missions, et l'iniquité de son jugement étonnait
sa droiture de caractère, consternait son patriotisme.
Une autre idée le préoccupait encore ; il désirait savoir ce
qu'on ferait de Grotius et de deux honorables magistrats
arrêtés en même temps que lui : « J'espère, disait-il, qu'ils
ne seront pas condamnés comme moi. Je suis vieux. Mes
forces sont épuisées ; ils sont encore vaillants, et la patrie
a besoin d'eux. »

Le soir, les prédicateurs le quittèrent, disant qu'ils reviendraient près de lui le lendemain matin de bonne heure.

Il resta seul dans sa cellule avec son fidèle domestique qui, pour le servir jusqu'au dernier jour, avait obtenu l'autorisation de partager sa captivité.

Il se mit au lit ; mais il ne pouvait dormir. A minuit, il témoigna le désir d'entendre une lecture pieuse. Les prêtres étaient restés dans la prison. L'un d'eux revint près de lui et se mit à lui lire un livre de prières. De temps à autre, il adjoignait à cette lecture ses réflexions. Barneveldt y adjoignait aussi les siennes, et les soldats placés en sentinelles à la porte de sa cellule, disaient qu'il parlait bien mieux que les prédicateurs.

Ainsi se passa une partie de la nuit, la dernière nuit de ce Socrate chrétien. Pour accomplir leur œuvre infâme, ses juges n'attendaient pas, comme ceux d'Athènes, le retour du navire de Délos. Sa sentence devait être exécutée le lendemain même du jour où elle était prononcée et, en ce jour suprême, il n'avait point à ses côtés Phédon, mais il dissertait aussi sur l'immortalité de l'âme. Son prédicateur gomariste soutenait le dogme fatal de la prédestination, et le noble Barneveldt proclamait sa croyance à la grâce et à la miséricorde célestes.

Après son colloque nocturne, il se recoucha et s'endormit. Pendant ce temps, des ouvriers achevaient de clouer les planches de son échafaud.

Le matin avant l'aube, il se leva, s'habilla tranquillement, puis de nouveau écrivit à sa femme et à ses enfants pour leur dire encore adieu et leur recommander son fidèle valet.

Barneveldt fut conduit dans une salle où il devait subir encore une douloureuse formalité. Mais quand il fut là, on lui dit qu'il arrivait trop tôt. Il retourna dans sa prison et reprit en silence son livre de psaumes. Quelques instants après, il reçut l'ordre de se remettre en marche. Il passa au milieu d'une haie de soldats et entra dans la salle où il allait revoir ses juges rangés solennellement en face de lui. Sur l'ordre du président, il s'assit, et un des secrétaires lui lut le long exposé de son procès. Plusieurs fois, l'innocent Barneveldt protesta encore contre les faits qui lui étaient imputés. Il protesta aussi avec un accent de douleur quand il apprit l'arrêt de confiscation qui frappait sa famille.

— Eh quoi! s'écria-t-il, n'est-ce pas assez que je meure? faut-il encore que ma femme et mes enfants soient réduits à la misère?

— C'est fini, dit le président. Allez.

Et du doigt il indiquait le lieu du supplice.

Barneveldt se leva, et d'une main s'appuyant sur sa canne, de l'autre sur le bras de son domestique, il s'avança vers la fenêtre par laquelle il devait passer.

Contre le mur de sa prison, à la hauteur de cette fenêtre, s'élevait l'échafaud. Sur cet échafaud on voyait un cercueil noir, préparé quelques semaines auparavant pour un malfaiteur à qui Maurice avait fait grâce, et réservé pour le noble Barneveldt. Deux soldats assis sur cette caisse funèbre jouaient aux dés.

Cependant on craignait une manifestation populaire, et des bataillons armés gardaient les avenues de la place où devait se faire l'exécution. Mais ils ne purent empêcher la foule d'y pénétrer. Près de là demeurait Maurice. D'un signe, il pouvait encore sauver sa victime. Il aima mieux la voir mourir.

En posant le pied sur l'échafaud, Barneveldt se tourna vers les spectateurs, et d'une voix vibrante s'écria : « Ne croyez pas que je sois un traître. Non. J'ai fidèlement servi mon pays. »

Puis il ôta son pourpoint, s'agenouilla, tira son bonnet sur ses yeux et dit : « Mon Dieu, mon père céleste, sauvez mon âme. »

Quelques minutes après, il avait cessé de vivre. Quand sa tête tomba sous le glaive du bourreau, des soldats essayèrent vainement d'arrêter une quantité de gens qui voulaient recueillir des gouttes de son sang. Pour les vrais patriotes et pour les arminiens, c'était le sang du juste, le sang d'un martyr.

Un demi-siècle plus tard, dans cette même république de Hollande, deux autres éminents républicains périssaient d'une façon horrible. C'étaient les deux frères : Corneliss et Jean de Witt, tous deux ayant, comme Barneveldt, dévoué leur existence et leurs nobles facultés à leur pays.

Corneliss, accusé d'un crime imaginaire par un exécrable scélérat, fut arrêté par l'ordre d'un tribunal servile, subit la torture en affirmant son innocence et en récitant une ode d'Horace. Les juges ne pouvaient croire à l'accusation portée contre lui. Cependant ils le condamnèrent à l'exil. Son frère Jean, appelé près de lui par un faux message, se hâta de le rejoindre dans sa prison. Dès qu'on sut qu'ils étaient ainsi sous le même toit, un de leurs ennemis ameuta contre eux la populace qui se précipita vers les murs où ils étaient enfermés, hurlant, beuglant et criant qu'il fallait les conduire à l'échafaud. Un brave officier qui commandait une petite escouade, essaya de s'opposer à l'élan de cette tourbe furieuse. Mais il reçut l'ordre de se retirer, et il se retira en disant : « Les de Witt sont perdus ! »

Bientôt, en effet, les portes de la prison furent brisées ; les deux malheureux frères terrassés, garrottés, traînés dans la rue, et à coups de massues, à coups de piques et de hallebardes assommés, égorgés, puis leurs cadavres pendus à des poteaux, lacérés, déchiquetés, et leurs cœurs arrachés. Dans une rage de cannibales, quelques-uns de ces effroyables meurtriers déchirèrent même entre leurs dents ces chairs sanglantes.

En aucun temps, en aucun pays, on n'avait encore vu une scène pareille. La révolution française n'avait pas encore montré dans sa phase de terreur jusqu'où peut aller la férocité de l'homme.

En étudiant l'histoire de Hollande, je me suis arrêté avec une impression pénible à ces deux taches de sang, à ces deux pages sinistres : la sentence de Barneveldt, l'assassinat des de Witt. Mais avant et après, c'est une histoire d'un caractère imposant, surprenant, d'un caractère unique.

Quand on examine la situation et la constitution du delta de Hollande, on dirait que la nature a mis la race humaine au défi de jamais séjourner sur un sol affaissé au-dessous de l'Océan et dépourvu de tous les éléments de construction terrestre et maritime. Ni bois, ni fer, ni pierre, ni plantes textiles ; en certains endroits, sur cette terre aquatique, pas même de l'eau potable. A Amsterdam, on la fait arriver d'Utrecht par des bateaux.

Mais les Hollandais, ces descendants des fiers Bataves, ne redoutent aucune difficulté. Petit est leur domaine, infructueux leur terrain. Mais l'espace immense est devant eux, et la mer leur chante, comme au Viking de notre poëte Geiier son chant de voyage, son chant de sirène : « *Till sioe ! till sioe !* A la mer ! à la mer ! »

Ils arment des navires et s'en vont de tous côtés, explorant les contrées lointaines, depuis le Spitzberg jusqu'aux sables de la zone torride. Ils découvrent des régions encore inexplorées. Ils conquièrent des royaumes. De cha-

cune de leurs expéditions, ils rapportent de nouvelles no-
tions et de nouveaux éléments de fortune.

Enrichis par leur commerce, exaltés par leur patriotisme,
après avoir vaincu l'Espagne dans leur pays, ils la pour-
suivent jusque dans ses royaumes du nouveau monde et
lui enlèvent ses galions et ses colonies. Ils osent aussi
résister à Louis XIV, ils en viennent même à disputer aux
Anglais l'empire des mers. Leurs résolutions belliqueuses
n'altèrent point la mesure de leur tempérament.

L'éclat d'une victoire ne les détourne pas de l'idée pratique. Ils saluent joyeusement leurs valeureuses frégates
qui ont mis en déroute la flotte anglaise, et ils saluent
également celles qui ont protégé leurs baleiniers dans les
parages du Spitzberg. Ils élèvent un monument à Ruyter,
leur glorieux amiral ; mais, depuis longtemps, ils ont de
même honoré la mémoire de Guillaume Beukelin, l'habile
pêcheur qui a découvert le moyen d'encaquer les harengs.

Ils ont à un haut degré l'amour de leur pays. S'ils le
quittent, c'est avec le désir d'y revenir. Ceux qui, dans le
cours d'une navigation, ont vu la beauté des plages tropi-
cales, ceux qui ont vécu sous le ciel lumineux, dans les
jardins embaumés de Java, se souviennent, comme Ulysse
en son *Odyssée*, de la fumée de leur toit en leur petite
Ithaque, et se complaisent dans les coutumes de leur foyer
natal.

On conte qu'un pauvre tavernier établi à Batavia s'avisa
de faire inscrire sur son enseigne : *Au feu patriotique.* Sur
une table à l'entrée de sa demeure, on voyait comme dans
les tabagies d'Amsterdam ou dans les treckshuit, le morceau de tourbe allumé dans le vase en grès. Les Néerlan-
dais de l'asiatique capitale s'intéressèrent à celui qui leur
offrait cette reproduction d'un de leurs usages nationaux.
Négociants et fonctionnaires prirent l'habitude d'aller dans

son cabaret allumer leurs cigares, et le brave homme fit
fortune.

Dans leur cher pays les Hollandais sont pourtant comme
dans un campement assiégé par des puissances formidables. A l'ouest et au nord, la mer ; au sud et au centre,
les fleuves et les lacs. Des vents impétueux soulèvent ces
masses d'eau et les font déborder. Alors c'est le désastre
et la désolation. Une de ces inondations déchire, creuse le
sol. sépare la Frise des provinces auxquelles elle était
jointe, et à la place de la terre qu'elle emporte produit le
Zuiderzée.

Une autre, plus récente, renverse soixante-douze villages ;
une autre engloutit plus de cent mille hommes. Dans
l'hiver de 1825, la Hollande, malgré ses précautions, fut
dans le plus grand danger. Les habitants d'Amsterdam
voyaient leur haute et forte digue envahie par les flots.

Le 1ᵉʳ février fut un jour d'angoisse que l'on n'a pas
encore oublié. L'eau montait, montait de toute part, et
tout le monde était là, tremblant, incertain, ne sachant où
se réfugier, où fuir. Si la progression des vagues eût continué pendant encore un quart d'heure, personne n'échappait au déluge. Mais au dernier moment l'onde s'abaissa
graduellement, et la ville fut sauvée.

Sur la côte occidentale de la région des Pays-Bas s'élèvent
les collines de sable qu'on appelle les Dunes, qui, de loin,
dans leurs ondulations, apparaissent comme de blanches
vagues immobiles et forment une barrière naturelle contre
les vagues turbulentes d'où peu à peu elles sont sorties.
Mais le vent mine les flancs de ces remparts, démolit leurs
crêtes vacillantes, et répand leurs monceaux de sables sur
les champs et les pâturages.

Pour combattre cet autre fléau, on plante de distance en
distance, dans ces dunes, des roseaux qui, en s'y enra-

cinant et s'y développant, leur donnent une plus grande consistance.

Phénomènes des divers agents dans les œuvres de la nature ! image palpable des phénomènes qu'on peut observer dans les agitations de la vie humaine ! — L'orage éclate ; le chêne se brise, le roseau plie et ne rompt pas.

Les Hollandais ne s'arrètent point à ces semis de roseaux. Là où les dunes ont une certaine largeur, ils y portent de l'engrais ; ils y plantent des pommes de terre, puis des arbustes, et par leur industrieux et patient labeur, ils en viennent à fertiliser ainsi le terrain le plus aride.

Là où manquent les dunes, ils constituent leurs fameuses digues. Les ingénieurs les plus habiles en prescrivent les dimensions ; les meilleurs matériaux y sont employés et l'entretien en est confié à une vigilante administration. Dès qu'on aperçoit une fissure dans ces colossales constructions, on se hâte de la réparer, et si les flots dont elles doivent arrêter l'impétuosité les ébranlent, si en une heure sinistre, ils y font une brèche, aussitôt le tocsin sonne, le cri d'alarme retentit dans tous les villages, et les hommes et les femmes accourent avec des pelles et des pioches au rempart brisé pour en réparer le dégât.

Dieu dit à la mer : Tu n'iras pas plus loin ! et selon sa volonté, les hautes vagues de la mer tombent humblement sur quelques grains de sable.

Un jour, chère Stina, notre ancien roi scandinave, notre glorieux Canut, qui fut roi de la puissante Angleterre, était assis sur la plage de Southampton, et il avait autour de lui des courtisans qui lui disaient : « Vous êtes le souverain maître de la terre et de l'Océan. »

Canut, dont ils ne pouvaient tromper la religieuse pensée par ces basses flatteries, étendit son manteau sur la grève. En ce moment la marée montait. Bientôt il fut obligé de la fuir, et il dit à ceux qui lui avaient fait de si serviles compliments : « Vous voyez combien est petit le pouvoir des rois de la terre ; Dieu seul est grand. »

Dieu a pourtant donné à l'homme le pouvoir de lutter contre les éléments, et les Hollandais sont les héros de cette lutte audacieuse.

L'onde terrible qui, de toutes parts les menace, ils en compriment les fureurs par leurs bastions, par leurs murailles et leurs palissades; ils en rétrécissent l'étendue par des opérations de desséchement prodigieuses. C'est ainsi qu'ils ont desséché le Beemster et le lac de Harlem, pour en faire des prairies. Enfin ils asservissent l'eau à leurs besoins et à leurs fantaisies. Ils la font couler dans des canaux qui arrosent leurs champs, entourent leurs maisons, délimitent leurs domaines, rejoignent l'un à l'autre, comme de grands chemins, les villages et les villes, des chemins par lesquels les bateliers transportent dans tous les quartiers des grandes et petites cités les produits des plus lointaines contrées, des chemins où l'été vogue sans cesse le treckhuit, où l'hiver glissent les bateaux et les patineurs.

Ces industrieux Hollandais ne subjuguent pas seulement les flots. Ils subjuguent aussi le vent. D'une des extrémités à l'autre du pays, de tout côté s'élèvent des moulins de toute sorte : moulins à blé, moulins à huile, moulins qui scient le bois, qui pompent l'eau.

Un poëte français a dit du meunier de Sans-Souci :

> Et de quelque côté que lui soufflât le vent,
> Il y tournait son aile et s'endormait content.

Les Hollandais doivent être contents aussi, quand ils voient comme ils obligent l'élément le plus capricieux, le plus indomptable, le vent mobile, le vent fantasque à travailler pour eux, et ils doivent avoir un noble sentiment de fierté, quand ils regardent les œuvres qu'ils ont accomplies par leur labeur et leur intelligence.

Là où l'on ne voyait autrefois qu'un hideux marécage, là mûrissent à présent les épis de blé; là où l'on n'entendait jadis que le mugissement des flots et le cri sauvage de la mouette sur la plage déserte, là résonne maintenant le joyeux carillon d'une église. Des pompes ont enlevé l'eau dans laquelle étaient noyées ces grandes bandes de terre qu'on appelle des Polder, et là paissent aujourd'hui de belles vaches, comme celles qui, dans les rêves de Pharaon, annonçaient des années de prospérité.

Les wagons courent sur le sol affermi par des amas de fascines; des villages s'élèvent au fond du bassin de l'ancien lac de Harlem, et les splendides édifices d'Amsterdam sont bâtis sur le limon et le sable de l'Amstel et du Zuiderzée. « Je connais, disait Érasme, une ville dont les habitants vivent sur la cime des arbres, comme des corbeaux. »

Cette ville, c'est la métropole commerciale de la Hollande; c'est Amsterdam. Elle s'étend en un vaste demi-cercle, en face d'une des embouchures du Zuiderzée, et par ses canaux se divise en quatre-vingt-dix îles. Sur des milliers de pilotis, des milliers et des milliers de poutres de sapin, s'élèvent ses palais, ses riches maisons, ses immenses magasins. Quand je me promène dans ses rues dont quelques-unes n'ont pas moins d'une lieue de longueur, j'accomplis un singulier trajet. Je chemine, chère Stina, sur une forêt de Norwége.

Les livres, dit un ancien adage, ont leurs destins.

Et les arbres !

Toutes les choses de ce monde ont leurs destins. Cela fait pourtant de la peine de penser que nos verts sapins n'ont si bien grandi sur la montagne que pour être enfouis ici dans la vase, à trente ou quarante pieds de profondeur, et, un jour, toutes ces belles combinaisons des architectes ont failli être anéanties. Comment? Par un misérable ver rapporté des Indes sur les navires de commerce qui se mit à ronger ces fortes poutres sur lesquelles reposent tant de superbes édifices. Il semblait que la Providence eût choisi tout exprès l'instrument le plus obscur pour humilier dans son orgueil une des reines de l'industrie. On ne peut se faire une idée des ravages produits par cet insecte. J'ai vu des blocs de bois de deux pieds de circonférence qui ressemblaient à des éponges, tant ils étaient troués de toutes parts. Un cri d'épouvante retentit dans la capitale, quand on découvrit l'effroyable occupation du vermisseau des Indes. L'air, l'eau, le climat d'Amsterdam firent enfin périr cette race funeste. Les bons bourgeois se remirent de leur frayeur, et les banquiers escomptèrent en paix leurs capitaux.

Pour entretenir leurs digues et continuer leurs travaux de desséchement et de défrichement, pour se procurer les denrées essentielles que leur pays ne peut produire, pour conserver en Europe l'importance de leur État monarchique et maintenir leur autorité sur plusieurs des races sauvages des îles de la Sonde, il faut que les Hollandais payent de gros impôts. Il faut qu'ils soient riches. Et ils le sont par les revenus de leurs colonies, par leur caractère maritime et leur esprit commercial.

Les uns s'en vont partout comme des fourmis, butinant tout, rapportant tout à leur fourmilière. Les autres restent au logis, supputant, réfléchissant, achetant et vendant, l'œil éveillé, l'oreille ouverte, toujours à l'œuvre. Ils s'enrichissent honnêtement par leur habileté pratique, par de prudents calculs, et la fortune dont ils héritent, ou celle qu'ils acquièrent ne troublent point leur esprit. Ils en usent sagement, et la conservent par des principes traditionnels d'économie.

Ils ont des maisons de ville et des maisons de campagne qui leur coûtent cher, mais où tout est nettoyé régulièrement et rangé avec un soin méticuleux. Ils aiment les œuvres de leurs grands peintres, les beaux livres et les chinoiseries. Mais ils savent très-bien que les Chinois rachètent eux-mêmes, à un haut prix, leurs vieilles porcelaines, que les classiques éditions des Plantin et des Elzevir sont fort recherchées des amateurs, et qu'un tableau de Rembrandt ou de Gérard Dow représente un bon capital. Ils sont hospitaliers, mais avec une grave courtoisie, non point avec l'affectueuse expansion des Allemands, ni le cordial et poétique élan de nos gens du Nord. En toute occasion ils veulent faire leur devoir, mais avec calme et prudence. Le sentiment du devoir est dans leurs cœurs, la prudence dans leurs habitudes, le calme dans leur tempérament. En leurs plus heureuses réunions, ils ne s'émancipent guère. Ils s'amusent certainement, mais non point avec de vives démonstrations comme les joyeux Viennois. Ils s'amusent intérieurement.

Le climat de leur pays ne produit point l'effervescence. L'aspect de leurs tourbières, de leurs pâturages, de leurs fromageries, n'exalte point l'imagination; l'obligation de chercher en d'autres contrées tant de choses essentielles qui manquent à la leur, les astreint à de rigoureux calculs; la nécessité d'entretenir à grands frais leurs digues, et les dangers auxquels ils sont exposés en des jours d'ouragan, leur impose une sévère idée de prévoyance.

Ils sont nés dans ces conditions, ils y ont pris leur enseignement, et ils transmettent à leurs enfants le résultat de leur expérience. Les petits Hollandais ont un air sérieux et magistral qu'on ne voit guère ailleurs, dans la légion des écoliers. Dès leur bas âge, on leur montre que la vie n'est pas une plaisanterie. On leur enseigne la loi du travail.

Dans ce pays de Hollande qui est comme un grand comptoir, la plupart d'entre eux se destinent au commerce, à la marine, ou à quelque profession industrielle, et tout jeunes, ils savent qu'on ne doit pas dédaigner le florin, encore moins le ducat. Dans beaucoup de familles, on ne leur donne point comme aux heureux enfants de Suède et de Norwége les délicieux *julklappare*, les chevaux et les tambours, les poupées et les soldats suspendus avec des bougies flamboyantes aux branches du vert sapin. On leur constitue une rente qui d'année en année s'accroît par l'accumulation des intérêts. On les habitue ainsi à posséder et à calculer. Si, par hasard, l'un d'eux gardait dans sa bourse une cinquantaine de louis, bien certainement nul aïeul ne les lui prendrait pour les jeter par la fenêtre, en lui disant, comme le duc de Richelieu à son petit-fils, qu'un jeune homme bien-né ne doit point faire d'économies.

Mais ces mêmes hommes qui aiment l'argent, qui s'efforcent d'en amasser, le sacrifient libéralement pour une œuvre de charité particulière ou d'utilité publique.

Les jeunes Hollandaises sont élevées sous les yeux maternels modestement et sagement. Elles sont en général assez belles, blondes et blanches, et d'une taille élevée, surtout dans la province de Frise.

Un écrivain français a dit que ces beautés néerlandaises semblent du beurre organisé. C'est une sotte plaisanterie. A mes yeux, ces grandes, majestueuses femmes avec leurs bandeaux d'argent ou de vermeil sur le front apparaissent comme les Walkyries de notre mythologie scandinave, et

comme des Walkyries, elles ont combattu en plus d'une
occasion. Pendant les guerres d'indépendance , pendant
les siéges de Leyde et de Harlem, ces vaillantes femmes
étaient les dignes auxiliaires de leurs frères et de leurs
maris.

Qui n'a vu en Hollande les filles du peuple que dans leurs
jours de saturnales rustiques, dans les jovialités et les sen-
sualités des Kermess, ne peut se figurer ce qu'elles font pendant les autres jours de l'année ; comme elles lavent et
nettoient une maison du haut en bas, comme elles ma-
nœuvrent une barque et gouvernent une laiterie, comme
elles portent au marché de lourds fardeaux, et comme au
premier coup de tocsin elles courent, en même temps que
les hommes, à la digue en danger.

Les femmes de l'aristocratie se sont distinguées en
diverses circonstances par leur courage et leurs vertus.

Grotius était condamné, par la volonté de l'ambitieux
Maurice, à une détention perpétuelle, et devait s'attendre
à subir cette peine jusqu'à son dernier jour. Sa femme
imagina un habile stratagème pour le sauver, et se mit à
sa place en prison, sans craindre la fureur de Maurice.

Quelque temps après le meurtre juridique de Barneveldt,
ses deux fils organisèrent un complot pour le venger. Leur
projet fut découvert. L'un d'eux réussit à échapper aux
sbires qui le poursuivaient, l'autre fut arrêté et condamné
à mort. Sa mère implora pour lui la clémence du prince.

— Pourquoi, lui dit l'orgueilleux Maurice, venez-vous
solliciter la grâce de votre fils, vous qui n'avez pas voulu
demander celle de votre mari?

— Pourquoi? répliqua-t-elle comme une fière Spartiate.
Parce que mon mari était innocent et que mon fils est cou-
pable.

Ici, ma chère Stina, je n'ai pas eu l'agrément de recevoir les confidences d'une autre Alie. Mais les Hollandaises ont leurs témoignages de fidélité comme la jolie fille du graveur de Vienne.

A la Haye, on m'a raconté l'histoire de la belle Klaartje de Scheveningue. C'était une jeune orpheline à laquelle ses parents n'avaient laissé pour tout bien qu'un pauvre vieux chétif moulin. Un riche seigneur devint amoureux d'elle et prestement le lui dit. Mais elle aimait Hendrik le matelot, Hendrik qui était bien loin sur un des vaisseaux de Ruyter, en guerre avec les pirates d'Alger.

Pour gagner les bonnes grâces de Klaartje, le riche seigneur fit construire un magnifique moulin, une large tour comme celle d'un château à laquelle des maîtres charpentiers attachèrent des ailes gigantesques qui tournaient au moindre vent. Du haut de cette tour on voyait d'un côté, le charmant village de Scheveningue, les dunes et la mer; de l'autre, le boosch, le beau bois de la Haye, et les élégants édifices de cette royale capitale et les clochers avec leurs nids de cigogne.

Chaque année, au printemps, une quantité de ces oiseaux arrivent en Hollande et y passent tout l'été. Les enfants saluent par des cris de joie leur retour; le peuple les respecte. On leur attribue des facultés merveilleuses. Une tradition populaire rapporte qu'une cigogne ayant eu la patte cassée fut recueillie par une pauvre vieille femme qui la pansa et la guérit. En automne, elle partit avec ses compagnes pour les régions méridionales, et l'année suivante elle revint à la maison où elle avait été si charitablement secourue. Elle revint de sa migration lointaine tenant à son bec un objet singulier : c'était une escarboucle qu'elle laissa tomber aux pieds de sa bienfaitrice, et que la brave femme vendit pour une somme considérable à l'abbaye d'Egmont.

Mais retournons au moulin. Quand cette construction fut achevée, le riche seigneur décida Klaartje à la visiter, et comme l'humble orpheline admirait naïvement tout ce qu'elle y voyait, il lui dit :

— Tout cela est à vous, si vous consentez à m'aimer.

— Ah ! répliqua-t-elle, je ne puis aimer que Hendrik, et nulle part, il ne m'est possible de l'oublier. Dans ce brillant appartement, je me rappellerais la petite maison de mes parents, où je me suis fiancée avec Hendrik. En regardant par ces fenêtres les flots de la mer, je songerais qu'il est bien loin sur cette grande mer, désireux de revenir, assuré de mes promesses. En écoutant le vent siffler dans les ailes de ce moulin, je croirais entendre les gémissements de Hendrik et la voix courroucée de Dieu, si je manquais à mes serments.

Ainsi disait l'honnête fille. Et voilà qu'un matin, des cris de joie retentissent sur la plage de Scheveningue, et de là se propagent dans toutes les villes et villages de la Hollande. L'escadre de Ruyter apparaît à l'horizon ; l'escadre victorieuse et le vaillant amiral sont reçus en triomphe par les États-Généraux, et les officiers et les matelots fêtés avec bonheur par leurs familles ; et Hendrik est là qui s'est bravement conduit, Hendrik, en s'élançant avec un grappin d'abordage sur un bâtiment de corsaire, a reçu un coup de mousquet qui ne lui permet plus de continuer son état de marin. Mais il est recommandé spécialement à l'amirauté. Il aura une pension, et près de lui est sa fidèle Klaartje, et désormais il ne sera plus obligé de la quitter.

Le riche seigneur fut généreux. Il voulut assister au mariage de l'orpheline, et lui donna paternellement en dot le moulin qu'il avait bâti pour la séduire.

Dans la célèbre ville de Saardam, ou plutôt de Zaandam, on m'a conté cette autre histoire. Il y avait là au siècle dernier, une vieille femme, privée depuis longtemps de ses facultés. On la voyait sur le seuil de sa porte, ou au fond de sa chambre, assise de longues heures sur un banc, toute seule, immobile, silencieuse, le front penché sur sa poitrine, les paupières closes, insensible à tout ce qui se passait autour d'elle. On eût dit qu'elle était morte. Que si alors, quelqu'un prononçait près d'elle le nom de Pierre, on voyait ses mains s'agiter, ses lèvres se mouvoir. Elle relevait la tête, regardait autour d'elle d'un air étrange, puis de nouveau fermait les yeux, et retombait dans son assoupissement.

C'était la fille d'un pêcheur. Les gens de son âge se souvenaient du temps où elle était si belle, que chacun l'appelait la belle Naadje, et si modeste et si douce, qu'elle se faisait aimer des femmes qui enviaient le plus sa beauté.

En ce temps-là arriva en Hollande le fameux tzar Pierre Ier, si désireux de s'instruire et d'instruire son peuple. Il alla d'abord s'établir dans l'industrieuse cité de Zaandam, où l'on ne compte pas moins de quatre cents fabriques mises en mouvement par quatre cents moulins. Comme il désirait surtout connaître la structure des navires, il se fit inscrire sous le nom de Pierre Mikaïloff dans la corporation des charpentiers, s'habilla comme eux et travailla comme eux.

La beauté de Naadje le frappa. La colombe attendrit le lion; la douce fille du pêcheur subjugua le fougueux souverain qui s'écriait après un de ses actes de violence : « Malheureux ! je veux réformer ma nation, et je ne puis me réformer moi-même. »

Il était alors jeune et beau. Il aima et il fut aimé. Puis il retourna dans la capitale de son empire. Naadje resta à son humble foyer.

Vingt ans après, il revenait à Zaandam, non plus seul.

non plus comme un simple ouvrier, mais avec un fastueux appareil, et avec Catherine, l'aventureuse paysanne de Livonie, dont il faisait une impératrice. Pierre avait oublié la candide Naadje, et Naadje en silence se souvenait. Quand elle fut vieille et décrépite, en son souvenir était le dernier rayon de sa vie. Quand elle tombait dans son sommeil léthargique, le nom de Pierre la réveillait.

Il y a dans l'ancienne poésie populaire de Hollande plusieurs autres touchantes histoires. Ce que j'ai lu de cette poésie : légendes, ballades, romans de chevalerie, m'a particulièrement intéressé. Je n'en puis dire autant de ce qui s'est fait depuis. Nulle part, pourtant, on n'a tant composé d'hémistiches et de bouts rimés que dans ce pays.

Tous les membres de ces sociétés qu'on appelle les chambres de rhétorique devaient avoir le goût des vers, et ces sociétés étaient répandues dans chaque district des Pays-Bas. Dans chaque ville et chaque bourgade elles avaient leurs séances périodiques, leurs réunions solennelles, et de temps à autre leurs grandes fêtes, leurs assemblées provinciales où elles arrivaient de côté et d'autre avec leurs blasons et leurs bannières pour accomplir leurs tournois.

Innocents, pacifiques tournois où nulle arme meurtrière ne luisait au soleil, où nulle clameur hostile ne retentissait dans les airs, où nulle goutte de sang n'était versée, où, après le combat, vainqueurs et vaincus s'asseyaient ensemble à un banquet fraternel, fumant de longues pipes, buvant de la bière, s'entretenant amicalement de la valeur d'un rhythme difficile, des ingénieuses combinaisons d'un acrostiche, d'une charade ou d'un anagramme.

C'était là ce qu'ils admiraient ces honnêtes confrères des chambres de rhétorique. Il ne m'est pas facile de m'associer à une telle admiration. Je dois parler avec respect

des tragédies de Vondel, des fables de Cats, des chants
patriotiques de Bellamy, de Feith, de Helmers, des œuvres
de Bilderdyk, cet homme étonnant qui voulait tout étudier et tout apprendre, qui fut à la fois poëte, juriscon-
sulte, médecin, historien, astronome, antiquaire, chi-
miste, dessinateur, philologue, ingénieur et critique.

J'ai lu avec une sympathie particulière les livres
de quelques écrivains modernes, notamment ceux de
Bogaers, l'éloquent poëte, et ceux de Van Lennep, le
spirituel et docte romancier, le Walter Scott de la Hollande.

En résumé, cependant, la poésie hollandaise ne me
plaît guère. Elle est correcte, mais froide ; majestueuse
parfois, mais peu émouvante. Il y manque l'accent qui pénètre dans le cœur et le fait vibrer. L'inspiration y éclate
bien de temps à autre en strophes vigoureuses ; mais le
plus souvent on n'y voit qu'une œuvre entreprise avec une
calme pensée, continuée avec une grave réflexion et patiemment achevée.

La patience est le génie des Hollandais. Leur célèbre
école de peinture est la plus charmante expression de ce
génie de la patience ; la continuité de leurs entreprises
maritimes et terrestres en est la grandiose manifestation.

Comme je t'ai dit à cœur ouvert, ma chère Stina, toutes
mes impressions depuis mon départ de Sollroe, je te dirai
de même celles que j'emporte de ce pays.

J'ai visité ces villes de Hollande célèbres dans le monde
entier. Leur fondation sur le sable ou le limon est un
étonnant exemple de la puissance de l'homme. Elles sont
grandes et propres, mais uniformes et monotones : partout
les mêmes canaux et les mêmes navires, les figures
mornes, les gens affairés, et à l'extrémité de chaque rue

un plat horizon. Si l'on n'a point dans ces villes quelques
sérieuses occupations, on n'est point tenté d'y rester.

J'ai parcouru en divers sens ces vastes plaines qui se
rejoignent comme des océans de verdure au liquide Océan.
On y voit des villages qui sont des modèles d'ordre et de
propreté, des maisons de campagne dont nulle haie et
nulle barrière ne dérobent aux passants le riant aspect ;
de vertes pelouses à travers lesquelles flottent à pleines
voiles, sur de larges canaux, les navires de commerce, des
pâturages où paissent de gras troupeaux. Mais au milieu
de ces longues plaines, j'ai regretté la cascade, la montagne, la forêt.

Enfin, ma chère Stina, j'ai pour la nation hollandaise
un profond respect. Dans la plupart des pages de son histoire, dans ses hardis travaux, dans ses relations commer-
ciales, dans les règlements de sa vie domestique, elle
m'apparaît comme l'idéal d'une nation résolue, intelligente, laborieuse et parfaitement honnête, mais un peu
trop grave et un peu trop dogmatique.

Dans cet austère empire de la raison, je voudrais voir
scintiller quelquefois le rayon de cette aimable folle du logis qu'on appelle l'imagination. Dans ce sage pays de Hollande, j'éprouve le besoin de retrouver la poésie de la nature et la poésie de la vie.

Je vais aller la chercher en Irlande.

En Irlande.

L'antique colonie des Milésiens, la vaillante Hibernia,
l'île d'émeraude, l'île des saints, la verte Erin, l'Irlande,
telles sont, chère Stina, les dénominations de ce pays où

je suis venu chercher l'idéal poétique qui me manquait dans la grave et flegmatique Hollande. Il est ici cet idéal bien certainement tel que je puis le rêver dans mes juvéniles aspirations. Ici, toutes les poésies sont réunies : poésie de la nature, poésie de la vie, poésie de la pensée religieuse et du sentiment national, poésie de guerre et d'amour, traditions héroïques, naïves ballades, douces et chastes idylles.

Des régions de l'Orient, par la Syrie, par l'Espagne, les Celtes sont venus s'établir dans cette île occidentale et y ont laissé les monuments de leur culte solennel, leurs *dolmen*, leur *menhir* et le plus pur dialecte de leur langue énergique répandue à travers l'Europe.

Les Romains, ces conquérants du monde, n'ont point touché à l'Irlande. Nos hommes du Nord, nos terribles Vikings, l'ont envahie, et, après de longues luttes, ils y ont été vaincus.

Les Anglais l'ont conquise, et en l'asservissant à leur empire, plus cruel que celui de nos plus cruels pirates du moyen âge, ils n'ont pu, comme ils le voulaient, transformer son caractère religieux et poétique.

Les armoiries de l'Angleterre représentent trois léopards armés : trois animaux furieux, cherchant de côté et d'autre leur proie comme le lion insatiable : *Quærens quem devoret.* L'Irlande, dans son blason, garde son doux symbole, une harpe d'or sur un fond d'azur.

Ses premiers historiens sont les bardes, et ses premiers instituteurs sont ses prêtres et ses moines catholiques.

Les bardes chantent comme nos anciens scaldes scandinaves les combats héroïques, les aventures étonnantes des temps fabuleux.

Les religieux construisent des églises, organisent des écoles. Par la parole et par l'action, dans toutes les classes de la société, de toutes façons, ils veulent faire le bien. Aux riches ils prêchent l'humilité et la charité, aux pauvres la douceur et la résignation. Dans les ambitieuses tentatives des princes, dans les guerres civiles, ils ne se rangent point du côté du plus fort ; ils ne cherchent que la justice et la défendent intrépidement. Pour protéger l'opprimé, ils établissent autour de leurs abbayes les *termons*, les lieux de refuge. Pour interrompre les combats sanglants, ils instituent la trêve de Dieu.

Ils ne se contentent pas d'accomplir dans leur propre pays leurs œuvres salutaires. Le zèle apostolique les entraîne en d'autres contrées. Ils traversent les forêts sauvages, pénètrent au milieu des peuplades barbares, et, par l'onction de leur éloquence, par l'exemple de leur piété, attirent au christianisme les plus rebelles.

Dès le cinquième siècle, tandis qu'une grande partie de l'Europe est encore livrée à de grossières idolâtries, l'Irlande est comme une pépinière de fervents missionnaires dont on raconte au loin les miracles. Les nations qui reçoivent ses religieux enseignements tournent vers elle leurs regards avec un sentiment de vénération et la nomment l'île des saints. Ses zélés instituteurs ne concentrent point toute leur pensée et tous leurs efforts dans la prédication du dogme évangélique. Ils étudient les sciences ; ils ont le goût des lettres. Ils aiment et honorent la poésie.

Un roi d'Irlande voulait abolir dans ses États la corporation des bardes. Saint Colomban la défend et obtient qu'elle soit maintenue.

En une autre principauté de l'Irlande, sept bardes avaient été tués par leurs ennemis et jetés dans un lac profond. Saint Kiéran va prier et jeûner au bord de ce lac. A mesure qu'il prie et qu'il jeûne, les eaux s'abaissent, et l'on voit apparaître les corps des bardes regrettés. Le saint continue son acte de piété. Les bardes se lèvent, prennent leurs harpes et entonnent un chant de joie.

Ainsi, dans la catholique Irlande, la poésie s'allie à la religion. Les poëtes aimés célèbrent le triomphe de l'Évangile et les vertus de ses prêtres. Le peuple se range autour de ses prêtres, qui l'éclairent dans son ignorance, qui lui donnent leur appui dans son oppression, qui le consolent et le soulagent dans sa misère. Il les écoute avec respect, il les contemple avec amour. Du fond du cœur, dans l'ardeur de son admiration et de sa gratitude, il les béatifie et les idéalise.

Chaque nation a eu, en son juvénile essor, ce sentiment de l'idéal religieux et poétique. En chaque pays il se manifeste par une œuvre caractéristique ; en Grèce par l'*Iliade*, en Italie, par l'*Énéide ;* en notre Scandinavie, par les chants symboliques de l'*Edda* et les belliqueuses Sagas, en l'ancienne Teutonie par le colossal et lugubre drame des Nibelungen ; en France par l'héroïque histoire de Charlemagne et des douze pairs ; en Angleterre, par le roman de la cour du roi Arthur ; en Espagne par le Romancero ; dans l'Europe du moyen âge par les poëmes du Saint-Graal et les récits des croisades ; en Irlande, dès le cinquième siècle de l'ère chrétienne, par des légendes monarchiques où le merveilleux se joint d'une façon naïve et souvent charmante au fait positif.

D'abord l'histoire de saint Patrice, le fameux apôtre. Enfant du peuple, élevé dans la pauvreté, condamné deux fois à la servitude, c'est en gardant sur les coteaux déserts les troupeaux de son maître qu'il se prépare à sa vocation. Fils d'une famille chrétienne de la Gaule armorique, jeté par un sort cruel sur une terre païenne, seul au milieu des champs silencieux, il se souvient de la piété de sa mère, il prie et il médite. Il se console de sa misère par son esprit religieux. Il s'exalte en son isolement dans l'ardeur de sa foi, et aspire à propager cette foi bienfaisante.

A la fin de son esclavage, il s'assoit dans une de ces nacelles de cuir qui furent les premières embarcations de ces golfes d'Irlande où flottent aujourd'hui les splendides bateaux à vapeur. Il aborde ainsi sur les côtes de France, et de village en village s'en va vers un monastère dirigé par un de ses parents, un glorieux parent : saint Martin de Tours. Là, il étudia pendant quatre ans, puis pendant neuf ans dans un autre cloître.

En ce temps-là, on n'étudiait point aisément, comme à présent. On n'achetait point pour quelques deniers la science toute faite; on n'avait point les livres encyclopédiques qui si vite instruisent l'ignorant, ni les journaux qui parlent de tout et si doctoralement tranchent toutes les questions. En ce temps-là, les trésors littéraires et scientifiques de l'antiquité étaient noyés dans le déluge de la barbarie ; mais, sur les vagues de ce déluge, flottait l'arche du christianisme. En ce temps-là, le monde païen était tombé dans une sorte de chaos; mais, au milieu de ses désordres et de ses ténèbres, brillait la lueur de Bethléem, la lueur de la divine crèche, par laquelle il devait être éclairé et régénéré. En ce temps-là, pas un aventureux chercheur, pas un Faust, pas un Gutenberg ne pressentait les prodiges de l'électricité, ni la découverte de l'imprimerie; mais d'humbles clercs, enfermés dans l'enceinte d'un cloître, passaient leurs jours à copier et à enluminer un livre de prières, un psautier, un évangile. C'était l'œuvre de leur vie ; c'était le trésor de leur communauté. C'étaient les livres qui répandaient la douce semence parmi les hommes de bonne volonté.

En continuant ses études dans une demeure fraternelle, Patrice se souvenait du pays où il avait subi les souffrances de la pauvreté, les rigueurs de l'esclavage. Il voulait y retourner. Il voulait y enseigner le dogme de la charité, la loi de la rédemption.

Il y retourna et n'y fut point entravé dans sa généreuse entreprise. Il alla de district en district, partout prêchant et baptisant, détruisant le culte des idoles, et organisant la communauté chrétienne. Pendant trente ans, avec un zèle infatigable, il poursuivit son œuvre. Quand il mourut, elle était accomplie.

Telle est, en abrégé, l'histoire de saint Patrice. Mais le peuple ne se contente point de ces simples faits. Il les développe par sa piété. Il les embellit par sa gratitude, et, dans ses légendes, représente son saint patron entouré de miracles dès sa naissance.

La pierre du foyer sur laquelle il reposait sa tête dans son enfance était sacrée. Elle pleurait en entendant un parjure. Des anges veillaient à ses côtés, lorsqu'il était esclave. Des anges l'assistaient dans ses prédications. Sa voix alors produisait un effet merveilleux. Il prêchait le jour et la nuit. Mais pendant toute la durée de son sermon, la nuit ne s'étendait point sur la terre ; le flambeau du soleil restait à l'horizon, et ses auditeurs oubliaient le cours du temps. Des journées entières s'écoulaient pour eux comme des minutes.

Infatigable dans ses sermons, il l'était également dans ses autres actions. En trente ans, dit la légende, il avait fondé trois cent soixante-cinq églises, sacré trois cent soixante-cinq évêques, ordonné trois mille prêtres. En un seul jour il avait baptisé, dans la province de Connaught, sept rois et douze mille autres néophytes.

Alors, par une faveur divine, il eut la joie de monter sur la cime du Cruachan-Eli, pour y contempler son œuvre et la bénir. Quand il fut là, de tous côtés s'assemblèrent des

légions de colombes qui, s'élevant dans les airs, planèrent
sur sa tête comme une blanche nuée irradiée par la lumière du ciel. C'étaient les âmes qui lui devaient leur salut. Il les bénit avec tendresse. Il bénit cette terre d'Irlande qui lui était si chère et demanda pour elle à Dieu
plusieurs grâces religieuses qui lui furent accordées.

Quand il mourut, les anges eux-mêmes l'ensevelirent. Les
anges chantèrent sur son cercueil les hymnes des trépassés,
et le soleil éclairait cette solennité. Pendant douze jours
et douze nuits, son disque flamboyant ne cessa de luire à
l'horizon.

Les légendes retracent poétiquement aussi la vie des
disciples et des serviteurs de saint Patrice, les effusions
de cœur et de charité de sainte Brigitte, la douce sainte,
les hardies entreprises de Colomban qui, dans l'ardeur de
son zèle, allait fonder des cloîtres jusqu'aux extrémités
de la France, dans les forêts de la Franche-Comté, qui, dans
le sentiment impérieux de son devoir, ne craignait pas de
braver les fureurs de Brunehaut, la cruelle reine.

Ces mêmes légendes racontent des miracles qu'on n'est
pas obligé de croire, mais qui sont charmants.

De pauvres gens ont donné à un pèlerin altéré leur dernière goutte de lait. A l'instant même, la jatte qu'ils ont
charitablement vidée s'emplit d'un lait onctueux qui jamais
ne tarira.

D'autres sont récompensés d'une même œuvre de commisération par un croc merveilleux, où le gibier vient de
lui-même se prendre pour les enrichir.

Une pieuse femme aveugle de naissance dit à sainte Brigitte : « Ouvre mes yeux à la lumière. Je voudrais voir le
monde que je ne connais pas. » Sa prière est exaucée.
Le spectacle des scènes de la vie se dévoile à ses regards.

Et elle s'écrie : « Assez, assez! Ferme mes paupières. Plus séparée du monde, je suis plus près de Dieu. »

Un jeune religieux irlandais, étudiant dans un cloître de Bretagne, fut chargé de prendre soin des abeilles qui faisaient la richesse de sa communauté. Quand vint le jour où il devait retourner dans son pays, les gentilles petites bêtes ne voulaient plus le quitter. Trois fois, il les ramena à leurs cellules ; trois fois, elles le suivirent sur la plage où il allait s'embarquer. A la fin, l'abbé lui permit de les conserver. L'Irlande alors n'avait point d'abeilles. Celles de Bretagne y arrivèrent par ce miracle et s'y propagèrent.

Un autre saint glorifié par une naïve tradition, saint Kiewin, se retirait quelquefois dans la solitude, et y restait de longs jours, immobile, silencieux, les bras levés vers le ciel, l'âme plongée dans une profonde extase. Les oiseaux voltigeaient tranquillement autour de lui, et quelquefois venaient se reposer sur ses épaules. On dit qu'en une matinée de printemps, une fauvette vint lui mettre dans la main les brins d'herbe qu'elle préparait pour son nid. Le saint ne voulut point la troubler dans son œuvre maternelle. Il resta immobile jusqu'à ce que le nid fut fait, et les œufs pondus, et la petite couvée ouvrant ses ailes, prenant son essor et gazouillant dans l'air.

L'histoire dit que l'Irlande fut convertie au christianisme vers le milieu du cinquième siècle. Mais la légende populaire remonte bien au delà de cette date.

Sous le règne de Connari, dont la tradition a, d'âge en âge, célébré les vertus, il y avait un athlète irlandais nommé Kearnach, qui, de contrée, en contrée, allait à l'aventure pour faire voir sa force et gagner le prix de la lutte en différentes arènes. Il se trouvait à Jérusalem au temps où le Christ y fut arrêté. Il assista à toutes les scènes de la passion, et raconta au bon roi Connari de quelle

façon les Juifs avaient torturé l'innocente victime douce
commé un agneau.

— Ah! les monstres! s'écria le roi en tirant son épée et
en la brandissant avec fureur, que n'étais-je là pour défendre le juste et châtier ses bourreaux!

La légende ajoute que la naissance du Messie fut pré-
dite à l'Irlande par un druide, et que saint Pierre et
saint Paul vinrent eux-mêmes dans cette île annoncer la
nouvelle loi.

Il ne se contente point, le pieux peuple irlandais, de fixer
sa conversion à un aussi lointain et si haut enseignement,
il songe aux hommes d'une autre race qui, à une époque
fabuleuse, occupaient les champs de la verte Erin, et il
veut leur donner la grâce du christianisme.

Une légende rapporte qu'un jour, saint Patrice se promenant dans la campagne avec ses disciples, découvrit une
pierre tumulaire de plusieurs pieds de largeur et de trente
pieds de longueur. Il la frappa du bout de son bâton en
faisant le signe de la croix. Le sépulcre s'ouvrit. Le géant
qui y était enfermé se leva de toute sa hauteur, et, s'inclinant devant saint Patrice:

— Je te rends grâces, lui dit-il, tu me délivres de mes
douleurs. M'est-il permis de te suivre?

— Non, répondit le saint. Ton temps est fini. Mais
crois au Dieu du ciel, reçois le baptême et repose en paix.

Le saint, alors, prononça le *Pater* et le *Credo*. Mot à mot
le géant répétait cette prière et cette profession de foi.
Puis, au nom de la Trinité, il fut plongé trois fois dans
l'eau. Il rentra ensuite dans sa tombe et s'y endormit
tranquillement.

Depuis le jour où la tradition populaire nous représente
ce miracle symbolique, ce géant païen apaisé par le baptême, quatorze siècles se sont écoulés, et l'Irlande n'a

cessé de vénérer cet enfant du peuple, cet esclave, ce fervent Patrice, qui fut son premier missionnaire pontifical, son premier évêque, son premier saint.

Dans le désordre des temps, dans la turbulence des différents schismes, dans l'ardeur des guerres de religion qui ont bouleversé les autres régions de l'Europe, l'Irlande, la vraie Irlande est restée catholique. Près d'elle s'est élevé l'austère presbytéranisme d'Écosse, l'ambitieux et impérieux protestantisme d'Angleterre, et les Irlandais n'ont pas été ébranlés dans leur foi par les progrès de ces protestantismes, ni séduits par ses promesses, ni effrayés par ses menaces, ni subjugués par ses cruautés. Leur christianisme, au contraire, leur est devenu plus cher et plus sacré par tout ce qu'ils ont souffert pour lui, par la confiscation de leurs biens, par le sang de leurs martyrs. Le christianisme est enraciné dans leur cœur avec le sentiment de leur nationalité. Le protestantisme ne représente à leurs yeux que le dogme de l'étranger, le sacrilège de l'iconoclaste, la cupidité du *sassenagh*, c'est-à-dire de l'Anglais, la loi de l'oppression.

Hélas! une longue cruelle oppression!

Je ne prétends pas, ma chère Stina, savoir l'histoire, quoique je l'aie étudiée sous la direction de notre illustre professeur Geiier. Mais sans crainte de me tromper, j'ose affirmer qu'en aucun temps, qu'en aucune région, on ne trouverait un peuple outragé, persécuté, ruiné, comme le peuple irlandais l'a été par les Anglais. Non, les Juifs n'ont pas été condamnés à une telle servitude par les Pharaons, ni les Ilotes à un tel abaissement par les Spartiates. Les chrétiens n'ont point été si décimés par les empereurs païens, ni les Indiens du nouveau-monde si longtemps torturés par les Espagnols.

A une autre extrémité de l'Europe, il y a une autre

contrée qui est restée comme l'Irlande fidèle à son culte
catholique, qui a été, comme l'Irlande, dilapidée et lacérée
par ses conquérants. Mais une partie des provinces de la
noble Pologne appartiennent à la Prusse, qui par la prudence de son administration, s'efforce de se les assimiler ;
d'autres à l'Autriche, qui n'est point cruelle ; le reste à la
Russie, dont le pouvoir autocratique n'a point été, quoi
qu'on en dise, si âpre, si avide, et si désastreux dans les
plaines de la Vistule que le règne constitutionnel de la
libérale Angleterre sur le sol de l'Irlande.

Pitié pour le vaillant royaume de Sobieski, si fatalement
assujetti depuis le siècle dernier à trois gouvernements
étrangers ! mais pitié encore plus pour l'Irlande envahie
depuis sept siècles par un maître impitoyable !

Je n'essayerai point, chère sœur, de te raconter dans
de longs détails cette lamentable chronique. Tu seras assez
émue si je t'en fais connaître les principales phases, et je
n'exagère aucun des faits que je me propose de te citer.
Je les prends dans des récits dont les Anglais eux-mêmes
ne peuvent nier l'exactitude.

En l'année 1170, au beau mois de mai qui réjouit les
contrées du Nord, l'invasion de la verte Erin s'accomplit
par la perfidie et la violence. Quelques centaines d'aventuriers rassemblés en Angleterre, stimulés et guidés par un
traître, traversent le canal Saint-Georges et débarquent
sur la côte de Wexford. Ces hommes, que l'infâme Dermot
conduisait dans son propre pays par un désir de vengeance et d'ambition, étaient de la race de ces vigoureux
Normands qui, environ un siècle auparavant, subjuguaient
l'Angleterre.

Avec leur nature belliqueuse, leurs armes d'acier, leurs
longues lances, leurs forts chevaux bardés de fer, ils ne
pouvaient se laisser intimider par les Irlandais qui s'avan-

çaient à leur rencontre, avec de petits boucliers en bois, et de petits javelots, galopant, les cheveux au vent sur de petits poneys.

La lutte s'engage. Les Irlandais sont battus, les Anglais prennent Wexford et y font leur premier butin. L'année suivante, une autre cohorte, commandée par Strongbow, un homme sans honneur et sans foi, mais intrépide, conquiert et saccage Dublin. Puis vient le roi d'Angleterre, Henri II, qui assujettit plusieurs petits princes et s'empare d'une longue étendue de terrain sur la côte méridionale de l'Irlande.

Là s'élève le fameux Pale, c'est-à-dire la palissade protégeant les districts soumis au pouvoir des envahisseurs. Là est la cité anglaise avec sa constitution nationale, et autour d'elle les villes, les villages, qu'elle ne veut point associer à ses institutions, qu'elle condamne comme des gîtes d'*outlaws*. Là est le mobile campement du soldat enivré d'un premier succès, et rêvant un nouveau pillage; là, le foyer du capitaine enrichi par la conquête d'un domaine et aspirant à l'agrandir. Là est le repaire du léopard, et autour de ce repaire la victime, la proie, l'Irlande.

Cependant, l'innocente victime n'est pas encore vaincue.

Sous le règne des successeurs de Henri II, à travers les diverses péripéties de l'Angleterre, la lutte continue.

Ah! la longue lutte, si ambitieuse et implacable d'un côté, si noble et si désastreuse de l'autre!

Quelquefois, les Irlandais, par un de leurs vigoureux élans, culbutent la milice anglaise en rase campagne et l'obligent à se resserrer dans ses retranchements.

Le plus souvent, par l'habileté de sa tactique, par la supériorité de ses armes, par les renforts qu'elle reçoit de la terre britannique, cette milice remporte la victoire, élargit son terrain. Alors le sang, les flammes, les rapines, les saccages attestent l'étendue de son triomphe, et les seigneuries dont elle s'empare sont à jamais enlevées à leurs légitimes possesseurs. Elles sont dévolues à ses chefs par les décrets des rois d'Angleterre.

Puis, voici venir une révolution qui creuse un nouvel, un irremédiable abîme entre les deux races ennemies, entre la noble race indigène qui ne songe qu'à défendre son culte et son foyer, et la cruelle race étrangère qui veut tout lui enlever.

Voici venir le règne de Henri VIII, cet homme infâme, ce tyran monstrueux, qui pendant trente-sept ans asservit à ses caprices, à ses désordres, à ses crimes, l'Angleterre tremblante.

L'orgueil et la débauche avaient éteint en lui tout sentiment d'humanité. Comme l'a dit un historien, il n'épargna pas une femme dans sa brutale passion, et pas un homme dans sa colère.

Le pape, dont il avait ardemment défendu la cause, à la première hostile manifestation de Luther, le pape n'ayant point voulu accéder à une de ses indignes requêtes, il devint aussitôt l'ennemi acharné de la papauté. Il s'était proclamé le champion du dogme catholique. Il se fit protestant et ses sujets furent obligés sous peine de mort d'adopter son protestantisme. Malheur à ceux qui ne se déclaraient pas immédiatement convertis ! malheur à ceux qui, tout en se soumettant à ses décrets avec une louable promptitude, se permettaient de discuter quelques points de sa liturgie !

Le geôlier et le bourreau étaient les missionnaires de ce royal chef d'une nouvelle Église. La même charrette funèbre conduisait en même temps à l'échafaud les catholiques trop opiniâtres et les réformés trop raisonneurs. Les uns étaient brûlés ; les autres pendus et écartelés.

En propageant ainsi sa doctrine, il croyait devoir naturellement se récompenser de ses efforts. Il pillait les sanctuaires et confisquait à son profit les propriétés des monastères.

Dans l'ardeur de son prosélytisme, dans la plénitude de son autocratie, il voulut aussi convertir l'Irlande, et l'Irlande fut cruellement punie de sa résistance. Une armée l'envahit ; ses champs furent dévastés, ses temples détruits ; ses communautés religieuses dépouillées de leurs biens, ses plus vénérables prêtres, ses plus nobles défenseurs persécutés et torturés.

A la fin du douzième siècle, on disait à un prélat irlandais :

— Vous avez dans votre pays un clergé exemplaire. Vous avez un grand nombre de saints et pas un martyr.

— C'est vrai, répondit le prélat. Notre peuple a toujours respecté ses religieux et ses prédicateurs. Mais les Anglais sont entrés dans notre île. Par eux nous aurons nos armées de martyrs.

Cette douloureuse prophétie a été terriblement justifiée.

Après le règne d'Édouard VI, le débile héritier de Henri VIII, et le règne éphémère de Marie la Catholique, voici le long règne d'Élisabeth, cette grande reine, disent les Anglais, cette reine virginale, cette bonne Bess.

Cette grande reine, qui avait de telles faiblesses de vanité que, dans sa vieillesse, il fallait, pour lui plaire, chanter en vers emphatiques, la grâce de sa démarche pénible, l'incarnat de ses joues affaissées, la fraîcheur de ses lèvres flétries, l'éclat de ses yeux éteints ; cette reine virginale, qui étonna le monde par les priviléges qu'elle accorda à ses favoris ; cette bonne Bess, qui ne put pardonner à son cher d'Essex et fit tomber sur l'échafaud la tête de Marie Stuart!

L'Irlande se souvient de ce règne qui dura près d'un demi-siècle.

L'Irlande, armée pour défendre son sol et sa religion, fut maîtrisée comme elle ne l'avait jamais été, et ceux contre qui elle combattait pour une sainte cause, bravement, loyalement, commirent des atrocités dont on ne pourrait trouver d'exemple que dans les temps les plus barbares.

Les soldats anglais s'en allaient comme des bêtes fauves à travers les villages sans défense, laissant partout sur leur passage une longue traînée de sang. Ni la douceur et l'innocence, ni l'âge, ni le sexe ne pouvaient les attendrir. Ils égorgeaient les femmes et les vieillards, les enfants sur le sein de leur mère, les prêtres à l'autel. Quelquefois, pour abréger leur tâche de bourreau, ils enfermaient plusieurs familles dans un château, puis mettaient le feu à l'édifice et riaient d'entendre les gémissements de leurs victimes. Pour les dignitaires du clergé catholique, ils avaient des raffinements particuliers de cruauté.

Lorsqu'ils s'emparaient d'un prélat ou d'un prédicateur distingué, ils commençaient par lui plonger les jambes dans deux tubes remplis de chaux vive. Pendant que le malheureux subissait cette première torture, les zélés protestants l'invitaient à indiquer le refuge de ses complices et à reconnaître l'évangélique vérité du protestantisme. L'exhortation devait durer jusqu'à ce qu'il eût les jambes brûlées. Le fidèle catholique ne voulait point trahir ses frères ni renier sa croyance. Alors, il ne méritait plus aucune grâce, et il était condamné au dernier supplice. Quelquefois on le lapidait. Quelquefois on le pendai d'une façon si ingénieuse, que la corde qui lui serrait le col ne lui enlevait point la vie.

Pour expier son opiniâtreté et ses erreurs, il ne devait point mourir si vite. On lui lacérait les membres; on lui arrachait les entrailles et on les faisait brûler sous ses yeux. Puis, enfin, on l'achevait.

Tel était le procédé des envoyés de la bonne Bess pour convertir les Irlandais au protestantisme.

Pendant les quarante-quatre années de règne de cette bonne fille de Henri VIII, quarante fois, de côté et d'autre, le peuple d'Irlande se souleva. Quarante fois il fut vaincu par la puissance démesurée de ses ennemis et réduit au dernier degré de la misère humaine par leur fureur.

Les Anglais, après la bataille, ravageaient les champs de blé et les pâturages, enlevaient les bestiaux et incendiaient ce qu'ils ne pouvaient emporter. La moisson ne devait plus jaunir, ni l'herbe reverdir, là où, comme le cheval d'Attila, ils avaient passé.

En ces temps effroyables, il y avait à Dublin, parmi les fonctionnaires britanniques, un écrivain qui s'est fait un nom illustre, un poëte : Edmond Spenser. Hélas! cet homme qui, dans ses vers, a souvent exprimé de tendres sentiments et dépeint de gracieuses scènes, cet homme qui composa les galantes strophes du *Calendrier du berger* et de la *Reine des Fées*, indiquait à Élisabeth le moyen d'en finir avec l'obstination des Irlandais. « Qu'on les prive, disait-il, de toute culture, qu'on leur enlève tout aliment. Ils en viendront à se dévorer l'un l'autre. »

Élisabeth avait une autre idée moins féroce, il faut le dire. Elle songeait tout simplement à expulser du sol de l'Irlande les inflexibles catholiques et à les remplacer par des légions de protestants.

Mais un jour vint où, dans les districts de l'île rebelle, on n'entendait plus aucun cri de guerre, on ne voyait plus aucun signe de soulèvement. La victoire de l'Angleterre était complète ; la pauvre Erin était totalement domptée.

Un des acteurs de ce long drame, sir G. Carew, décrivit pompeusement le triomphe de la Grande-Bretagne, dans un livre qu'il intitula : *Hibernia pacata*.

Élisabeth fit frapper une médaille qui d'un côté représentait sa glorieuse figure, et de l'autre ces deux mots solennels : *Hibernia pacata* (l'Irlande pacifiée).

L'Irlande pacifiée !

En moins d'un an et demi, dit le poëte Spenser qui voulait si bien tout exterminer, les habitants de la province de Munster, l'une des plus fertiles de l'Irlande, sont tombés dans un état de désolation qui attendrirait des cœurs de pierre. On les voit sortir de l'ombre des bois, du fond des vallées, se traînant sur leurs mains, ne pouvant se soutenir sur leurs jambes. Leur figure est cadavéreuse et leur voix sépulcrale. Ils s'en vont cherchant des carcasses d'animaux, bien contents quand ils en trouvent ; car, quelquefois, ils ont été réduits à déterrer, pour s'en repaître, les cadavres humains. Ils se réjouissent aussi, les malheureux, quand ils découvrent un peu de cresson ou quelque bande de trèfle.

L'Irlande était pacifiée.

« Cette riche terre, dit un écrivain du temps, cette terre bénite si féconde et si peuplée est maintenant déserte et dévastée. On n'y voit plus de bestiaux dans les pâturages, ni de blé dans les sillons, ni d'oiseaux dans les nids. D'une des extrémités à l'autre de la province de Munster, et de Waterford à Limerick, sur un espace de cent vingt milles, on ne rencontre pas un homme, pas une femme, pas un enfant, et il n'y a plus dans ce pays d'autres animaux que les loups, les renards et les moutons.

L'Irlande était pacifiée.

« De tout côté, disait son gouverneur, lord Grey, on n'y voit que des cendres et des cadavres. »

A la fin de sa vie, la célèbre Élisabeth songeait-elle à cette pacification, quand elle effrayait ses courtisans par les désordres de son esprit, quand elle n'osait se mettre au lit, à cause des fantômes qui la poursuivaient, quand il lui semblait dans ses angoisses morales qu'elle succombait à la pression d'un collier de fer?

Par la puissance de leur vitalité, les provinces irlandaises pourtant se relevèrent, et à l'avénement au trône de Jacques Ier, elles avaient un espoir. Elles pensaient que le fils de Marie Stuart, immolée dans sa foi catholique, aurait au moins par un sentiment filial, quelques ménagements pour les catholiques, et dans cette idée de cœur, de nouveau, elles se trompaient.

Cet impérieux souverain, parfois si emporté et souvent si craintif, ce docte théologien qui discutait si gravement les questions religieuses, et voyait d'un œil si indulgent les vices et les extravagances de ses favoris, ce vaniteux pédant que ces courtisans appelaient le Salomon de l'Angleterre, et que Sully appelait le plus sage des fols, ce fantasque, ce vacillant Jacques Ier n'avait ni assez d'âme pour être attendri par la mémoire de sa mère, ni assez de rectitude et d'élévation d'esprit pour comprendre ses vrais devoirs envers la pauvre Irlande.

Dès les premiers jours de son règne, il déclara qu'il était, comme Élisabeth, tout dévoué au dogme du protestantisme. Comme elle il persécuta les catholiques, et comme elle aussi, mais non point par les mêmes moyens, il voulut avoir le bénéfice des spoliations. Il n'envahit point par la force des armes les propriétés qu'il convoitait. Il suscita à ceux qui les possédaient des chicanes de procureur, il les prit par les plus honteuses trahisons. La mort l'arrêta au moment où il combinait d'autres projets de confiscation.

La religieuse, la patiente Erin voulait espérer encore. Le successeur de Jacques Ier épousait une princesse de France catholique et s'engageait, en contractant ce mariage, à protéger le catholicisme. Un comité nommé par les principales familles de la malheureuse île, si cruellement opprimée et dilapidée, lui adressa une pétition dans laquelle il le suppliait humblement de vouloir bien soutenir les catholiques irlandais contre les violences de l'autorité protestante, contre les arrêts arbitraires des tribunaux, contre les exactions militaires. En même temps, le comité lui offrait une somme de 120,000 livres sterling, la guinée du riche, le denier du pauvre, l'obole de la veuve.

Charles reçut avec une royale bonne grâce ces trois millions de francs, fit les plus belles promesses, et les viola impudemment.

A la généreuse population qui invoquait avec une si touchante confiance son appui, il imposa successivement trois gouverneurs hostiles, rapaces, impitoyables : Strafford, qui continua sans miséricorde le système de procédure et de confiscation mis en pratique sous le règne précédent; Borlase, un fanatique puritain, et Parson, qui s'écriait d'un ton superbe que si on le laissait faire, en moins d'un an, on ne verrait plus un catholique sur le sol irlandais.

A la fin, l'*Hibernia pacata* se révolta contre ces régimes d'iniquité. Ses gentilshommes et ses paysans se réunirent pour reprendre ce qui leur avait été ignominieusement enlevé, ou tout au moins pour garder ce qui leur restait encore sur le sol de leurs aïeux. La plupart de ces justes insurgés ne semblaient guère, par la nature de leur équipement, en état de résister aux troupes régulières de l'Angleterre. Mais ils avaient un énergique sentiment de patriotisme et de religion, et ils étaient conduits par des chefs vaillants.

Dès leur première rencontre avec leurs adversaires, ils remportèrent la victoire : deux fois de suite, ils eurent le même succès, et de batailles en batailles, ils en vinrent à reconquérir la plupart des domaines qui leur avaient été enlevés, et les principales villes occupées par les Anglais. Ils ne purent s'emparer de Dublin, mais ils étaient maîtres de la plus grande partie du pays.

Ce rapide triomphe ne dénatura point leurs prétentions. Sur leurs bannières était écrite cette devise : *Pro Deo, Rege et Patria.*

Ils demandaient à garder librement leur culte, à être régis par des lois équitables, et ils voulaient rester fidèles au roi.

Ils avaient un tel sentiment de fidélité que lorsque Charles Ier, qui s'était montré si cruel envers eux, invoqua leur secours dans sa lutte contre le parlement britannique, et contre l'Écosse, ils étaient prêts à le servir. Ils l'auraient peut-être sauvé, si ce malheureux roi avait été de prime abord plus franc dans ses négociations avec eux, et plus résolu dans ses projets.

Les généreux Irlandais n'ayant pu le délivrer de ses ennemis voulaient le venger. Mais sur l'échafaud de la débile victime, s'élevait le sinistre pouvoir de Cromwell, l'homme de fer, le rude soldat, le fin diplomate qui, entre deux royautés, établit un gouvernement républicain plus absolu que celui des royautés ; Cromwell le démocrate, Cromwell l'ambitieux, la tête et le bras de cette horde effroyable et grotesque de puritains qui éblouissaient par leurs momeries,

agitaient par leurs prédications et terrifiaient par leurs menaces une foule imbécile, qui, dans la folie de leurs rêves,
prétendaient régénérer la terre et y instituer le règne des
saints.

Lugubre, hideuse apparition! une des plus étranges
scènes de l'histoire! Dans cette horde qui, pendant plus
de dix années, régit souverainement la Grande-Bretagne,
il y avait des êtres immondes, des idiots, des visionnaires,
et quelques fanatiques qui ne doutaient pas de leur mission.

On ne sait si Cromwell croyait réellement à la sienne,
mais il eut l'air d'y faire croire.

L'Irlande catholique excitait la fureur des nouveaux
saints. Pour les apaiser, il fallait à tout prix anéantir ce
qu'ils appelaient le repaire de l'erreur, l'horrible Babylone, l'antre du papisme.

Cromwell fut chargé d'accomplir cette tâche. Cromwell
partit après avoir, selon son expression mystique, cherché
le Seigneur.

Il partit, le rigide démocrate, avec un faste royal, dans
une voiture à six chevaux, escortée de ses gardes, et pré-
cédée par des trompettes et des timbaliers. Il s'embarqua
avec 4,000 hommes de cavalerie et 8,000 fantassins choisis
parmi les meilleures troupes de vétérans.

Pour subvenir aux dépenses de ces expéditions, le parlement britannique livrait les terres des catholiques à des
spéculateurs qui lui donnaient de l'argent, en sorte que
l'Irlande payait elle-même les frais de la guerre qui lui
était faite, par les biens qui lui étaient enlevés.

Quelques jours après son débarquement à Dublin,
Cromwell assiége la ville de Drogheda, défendue par une
vaillante légion. Il s'en empare après trois impétueux
assauts, et pour inaugurer d'une façon mémorable son en-

trée en campagne, il ordonne que la garnison soit égorgée, officiers et soldats sans exception. Une des compagnies de cette garnison, voyant au dernier combat son colonel frappé d'une balle, avait rendu les armes, en demandant grâce. Elle ne fut pas épargnée plus que les autres, malgré la promesse que Cromwell lui avait faite. Quelques centaines de soldats et de familles de la cité s'étaient réfugiés dans le clocher d'une église. Cromwell y fit mettre le feu. Ses ordres effroyables furent exécutés par ses vétérans avec une ardeur forcenée. Deux mille hommes périrent en quelques jours dans cette boucherie. Pendant une semaine on vit ruisseler des flots de sang le long des rues de Drogheda.

Cromwell raconta lui-même ces carnages dans une longue lettre qu'il adressait au parlement. À la fin de son récit, il disait, l'horrible blasphémateur : « Je désire que tous les cœurs honnêtes remercient Dieu de cet événement. A Dieu seul en appartient la gloire. »

Il s'empara ensuite de Wexford et y ordonna les mêmes massacres. Là trois cents femmes éperdues, tremblantes, s'étaient réunies sur la place publique, autour d'une croix, dans l'espoir qu'un signe de rédemption fléchirait leurs bourreaux. Elles furent sans merci assommées ou égorgées.

Et, de nouveau, le pieux général écrivit au parlement ; et, de nouveau, il disait qu'en se réjouissant du succès des armées républicaines, il fallait en rendre grâces à Dieu.

Cette guerre, commencée en 1641, se prolongea jusqu'en 1652. Pendant ces onze années, combien de champs ravagés, combien de moissons détruites ! L'Irlande était épuisée non-seulement par les combats, mais par la famine et la peste.

« En 1652, dit un écrivain de cette époque, on pouvait

voyager tout un jour en diverses provinces sans rencontrer une créature vivante, pas un homme, pas un animal domestique, pas un oiseau. Quand nos soldats apercevaient dans le jour un petit tourbillon de fumée ou dans la soirée la lueur d'une lampe, ils en parlaient comme d'une chose extraordinaire. Quand ils entraient dans une cabane, ils n'y trouvaient que des femmes, des enfants, des valétudinaires. J'ai vu quelques-uns de ces malheureux arracher d'un étang une carcasse et en dévorer la chair corrompue avec avidité. »

La victorieuse Angleterre ne perdait point son temps à s'apitoyer sur les calamités du peuple vaincu. Elle avait une autre occupation meilleure. Elle avait un compte à régler avec cette vaillante île qu'elle appelait l'île rebelle, avec cette Irlande catholique qui s'obstinait à rejeter la doctrine du protestantisme, cette Irlande royaliste qui ne voulait pas applaudir à la constitution de la république, cette Irlande où le duc d'Ormond, le dévoué confident de Charles Ier, où les O'Neil, ces chevaleresques et admirables soldats, armaient les cités et les campagnes contre la plèbe des têtes-rondes, des puritains, des indépendants, contre les arrêts dogmatiques et démocratiques du parlement de la Grande-Bretagne.

Pour les Anglais, l'Irlande devait être non pas un royaume conquis, mais confisqué.

Dans leurs diverses spoliations, Henri VIII, Élisabeth, Jacques Ier n'avaient pas tout pris. De vastes domaines appartenaient encore à des familles marquées d'un signe particulier de réprobation pour s'être associées aux derniers soulèvements.

Une partie de ces domaines fut assignée par le parlement britannique aux corporations de Londres qui lui avaient prêté de l'argent ; une autre aux soldats de Cromwell et de ses deux gendres, Ireton et Fleetwood, qui après lui avaient continué cette longue lutte de onze ans.

Les vertueux puritains prétendaient faire un acte de justice religieuse en s'emparant de ces propriétés. « La terre, disaient-ils, est au Seigneur. Nous sommes les élus du Seigneur, donc la terre doit nous être livrée. »

A la fin de la guerre, vingt-sept mille Irlandais, dépossédés de leur patrimoine, voyant leur pays vaincu et n'osant conserver l'espoir de relever son étendard, s'en allèrent chercher un refuge en d'autres contrées. C'est le commencement de cette émigration qui a donné à l'Europe et à l'Amérique tant de vaillants soldats et de robustes ouvriers.

Un grand nombre d'autres déshérités ne pouvaient se résoudre à quitter leur chère Érin. L'Angleterre les relégua au milieu des sauvages montagnes de la province de Connaught.

Ainsi, au moyen âge, les juifs étaient confinés dans leur Ghetto ; ainsi de nos jours, les Indiens sont refoulés jusqu'aux extrémités du nord par la république des États-Unis.

Mais les juifs pouvaient sortir de leurs quartiers, et l'Indien peut errer bien loin du campement de sa peuplade. L'Angleterre ne laissait pas aux anciens possesseurs du sol de l'Irlande une telle liberté. Le Connaught, où elle les déportait, est bordé d'un côté par la mer, de l'autre par le Shannon. Une colonie militaire, établie près de la plage, leur interdisait les communications avec la mer ; une autre rangée, le long de la rivière, les séparait du reste de l'Irlande.

Ils devaient donc être là enfermés, surveillés comme des lépreux ou des pestiférés. Avant de quitter la maison où ils étaient nés, les champs où ils récoltaient leurs blés,

les prairies où paissaient leurs bestiaux, ils devaient
déclarer qu'ils renonçaient pour eux et leurs héritiers à ces
biens de leurs pères. Il y en avait qui abandonnaient
ainsi une riche propriété pour l'aride coin de terre qui
leur était assigné dans la région de leur exil. J'en ai connu
plusieurs, dit un de leurs chroniqueurs, qui dans les districts d'Ulster et de Munster jouissaient d'un revenu de
mille livres sterling, et qui allaient dans le Connaught
cultiver un terrain qui pouvait à peine suffire à leurs
besoins. D'autres n'avaient pas même cette misérable
compensation.

Bon gré mal gré, tous devaient pourtant obéir à l'arrêt
du parlement et par un acte formel abandonner leur héritage. Les justiciers de l'Angleterre voulaient régler nette-
ment cette belle affaire et ne pas laisser un prétexte à
d'importunes réclamations. Quand les proscrits avaient
accompli cette formalité, ils devaient partir, et être à jour
fixe, sous peine de mort, rendus au lieu de leur destina-
nation. Le 1er mars 1654! ô jour lamentable! ô noble
Erin! Passé ce délai, quiconque rencontrait en dehors
du Connaught un des exilés, homme, femme, enfant, avait
le droit de le tuer.

Terribles étaient les cruautés d'Élisabeth, plus terribles
encore furent celles de Cromwell.

Dans toutes les provinces de la pauvre île subjuguée après
sa longue guerre, le nom de Cromwell s'est transmis d'une
génération à l'autre avec un sentiment d'horreur. « Que
la colère de Cromwell tombe sur toi! » C'est pour l'Irlandais la plus affreuse malédiction.

Dans les derniers temps de sa vie, Cromwell fut, comme
Élisabeth, tourmenté par de sinistres visions. Lui, qui
avait tant tué, il craignait d'être tué. Sous ses habits,
constamment il portait une armure et dans ses poches des

pistolets. Le matin, personne ne savait ce qu'il ferait dans
la journée. S'il accordait une audience, il surveillait avec
attention les regards et les mouvements de la personne
qui la lui avait demandée. S'il sortait, ses chevaux devaient
être lancés au galop ; une nombreuse escorte l'accompa-
gnait. Quelquefois, dans le cours de son trajet, il changeait
brusquement de direction, et jamais ne revenait par le
même chemin. A la fin de ses longues heures de travail,
de combinaisons politiques, ou de commandement, il ne
trouvait point le repos de l'humble bourgeois à son foyer.
Ce puissant dictateur, qui gouvernait trois royaumes, ne
pouvait gouverner sa maison. Souvent sa femme le fatiguait
par l'étroitesse de ses idées et ses gendres par leurs exigences.

Son fils aîné hantait les cabarets, les maisons de jeu,
avec les cavaliers, au grand scandale des têtes-rondes.
Une de ses filles s'amouracha d'un histrion. Une autre, pour
laquelle il avait une prédilection particulière, déplorait
l'infortune des Stuarts et maudissait leurs ennemis.

Ce chef d'un nouveau peuple, ce prophète d'un autre
Israël, qui si dévotement cherchait le Seigneur, avait près
de lui quatre bouffons pour le distraire dans ses sombres
réflexions. Ce soldat, résolu et hardi sur le champ de bataille, avait peur dans la plénitude de son pouvoir. Le
soir, surtout, il avait peur. Il inspectait lui-même les sentinelles. Quelquefois il allait sous un déguisement rôder
autour des corps de garde, écouter ce que disaient les
soldats. Rarement il couchait deux nuits de suite dans le
même lit, dans les palais dont il était le maître. Le vaste
édifice de Saint-James! il y trouvait à chaque pas les
traces de plusieurs souverainetés légitimes. Le château de
Hampton-Court ! il y avait vu mourir sa fille aimée. Les
grandes salles de White-Hall ! devant la fenêtre d'une de

css salles, il avait fait dresser l'échafaud de Charles Ier.

Le souvenir des gouvernements légitimes troublait l'usurpateur; l'ombre des rois épouvantait le régicide. Les martyrs de l'Irlande, les spectres sanglants de Drogheda et de Wexford n'apparaissaient-ils pas aussi à ses regards?

La nuit, il ne pouvait dormir. Ses douloureuses insomnies, ses fiévreuses anxiétés abrégèrent sa vie. Il aspirait à poser sur sa tête la couronne royale. Des fonctionnaires serviles la lui offrirent, et il n'osa la prendre. Elle fut mise sur la figure en cire qui le représentait à ses funérailles. Sa destinée était finie. Sa fortune ne fut pas de longue durée. Sur une des médailles frappées en l'honneur de ce fameux Olivier Cromwell, on voyait deux petits oliviers, image de ses deux fils, protégé par un grand olivier. Le grand olivier étant mort, les deux petits ont bientôt disparu. Toute cette famille si redoutée et si courtisée s'est éteinte obscurément. On dit qu'il existe à Londres deux de ses descendants réduits à l'état d'artisan.

Quand on apprit la rentrée triomphale de Charles II en Angleterre, les Irlandais en eurent une grande joie. Ils avaient si vaillamment défendu la royauté contre la république, et cette république les avait si horriblement traités! Pour eux, enfin, le jour de la justice était venu. Le jeune roi connaissait leur loyauté, s'affligeait de leur deuil et allait leur tendre une main secourable.

Hélas! la pauvre Irlande était destinée à subir en tout temps, sous tous les régimes, la félonie et la cruauté de l'Angleterre, sous le règne des Plantagenets et des Lancastre, des Tudors et des Stuarts, sous le règne de la maison de Brunswick, sous le gouvernement démocratique et l'autorité monarchique, sous l'administration des wighs et des tories.

Par le plus simple sentiment d'équité, les Irlandais devaient naturellement croire que le descendant rejeté par les diverses sectes du protestantisme aurait une bienveillante pensée pour les catholiques, que le fils de Charles Ier se souviendrait des soldats fidèles qui, jusqu'à la dernière extrémité, avaient combattu pour soutenir le trône de son père. Ils devaient croire que le galant cavalier vaincu à Worcester et chassé par Cromwell s'empresserait de témoigner sa sympathie aux nobles et chevaleresques familles vaincues aussi et écrasées par la main de fer du même Cromwell. Ils devaient croire que le prince désolé, ruiné, proscrit par la république et ramené sur son trône par l'armée de Monk, serait heureux de consoler les autres victimes de la république.

Mais s'il est des âmes qui s'épurent et s'élèvent dans le malheur, il en est d'autres qui passent par cette école de l'adversité, sans en retirer aucun salutaire enseignement. Charles II, jeté tout jeune par la mort de son père, par les bouleversements de son royaume, dans cette grande école, ne s'y instruisit point.

Il n'y développa point les facultés intellectuelles dont il était doué, et il en sortit avec une légèreté de caractère que l'âge ne réforma point, avec des goûts de dissipation et de sensualité qu'il ne put réprimer. Sa sensualité le rendit égoïste. Son égoïsme le rendit ingrat.

A son arrivée en Angleterre, il fut accueilli avec des transports de joie par une population qui n'avait plus aucune confiance dans le régime républicain, et ne voulait plus croire qu'aux bienfaits de la royauté.

Les opiniâtres indépendants, les vieux parlementaires se retiraient en silence à l'écart, n'osant essayer de lutter contre ce mouvement national ; les saints cherchaient en vain le Seigneur, et les régicides tremblaient au souvenir de la sentence qu'ils avaient signée.

— Où sont donc mes ennemis? s'écriait l'heureux Charles II en débarquant à Douvres, au milieu d'une foule enthousiaste.

Il ne voyait autour de lui pas un visage hostile. Pas un cri ne s'éleva contre le retour du proscrit. Pas une voix ne protesta contre sa souveraineté. Toutes les prérogatives de la monarchie furent reconstituées pour lui, et, sans discussion aucune, il fut investi d'un grand pouvoir.

De ce pouvoir presque absolu, il ne sut pas sagement user.

Avec une physionomie un peu dure, il avait des qualités séduisantes, une gaieté naturelle, beaucoup d'esprit et de grâce, et dans son cercle intime une aimable familiarité. Mais toute occupation sérieuse lui était difficile Les affaires l'ennuyaient. Un bal ou un concert lui faisaient aisément oublier une grave négociation, et plus d'une fois ses ministres, appelés près de lui à résoudre quelques questions urgentes, l'attendirent des heures entières, tandis qu'il se délectait à écouter les doux propos de lady Castlemain, à admirer les beaux yeux de la duchesse de Portsmouth, la vivacité de Moll Davies, la gentillesse de Nell Gwynne. Le fait est qu'il désirait jouir gaiement, pleinement, de sa royale existence et s'affranchir autant que possible de tout ce qui pouvait la troubler.

Les réclamations des Irlandais devaient naturellement l'émouvoir. Mais elles étaient si nombreuses et si compliquées ! Elles effrayaient son indolence. Puis il y avait autour de lui des gens qui plaidaient ardemment contre l'Irlande, les uns par un intérêt pécuniaire, d'autres par une haine invétérée. Charles II céda sans grande résistance à leurs perfides insinuations, à leurs subtils raisonnements, à leurs fanatiques remontrances.

Les confiscations décidées par le gouvernement révolutionnaire furent confirmées par un décret de la monarchie. Les soldats de la république entrèrent en possession des terres qu'ils avaient enlevées aux légions royalistes. L'Irlande fut encore une fois sacrifiée au protestantisme. Charles II faisait traîner au gibet de Tyburn les ossements de Cromwell et maintenait en Irlande la pesanteur du glaive de ce Cromwell, le *væ victis* de ce Brennus, les monstrueux décrets qui dévastaient les plus innocents foyers et ruinaient les plus nobles familles.

Plus tard, il se sentit honteux du mal qu'il avait fait et ne sut pas le réprimer. Pour apaiser les reproches de sa conscience, pour le corroborer dans ses rigueurs envers l'Irlande, les zélés protestants attribuaient à cette malheureuse île de sinistres projets. Ils disaient qu'elle allait se révolter, qu'elle voulait s'affranchir de la domination de l'Angleterre et s'allier à la cour de Rome. Enfin, un effronté coquin, chassé de divers établissements où il avait cherché un refuge, et cherchant un nouveau moyen d'existence, l'infâme Oates annonça qu'il avait découvert un complot organisé par les Irlandais pour égorger les protestants et les principaux dignitaires de l'État et le roi.

A cette nouvelle un cri de terreur s'éleva dans toute la bénigne Angleterre. Des poursuites furent aussitôt ordonnées, et une quantité d'innocents arrêtés, jetés en prison, quelques-uns condamnés, par une sorte de frénésie, au dernier supplice. Ainsi mourut le vénérable archevêque d'Armagh. Ses juges ne voulurent point écouter sa justification. Ils ne lui permirent pas même de faire comparaître de braves gens dont il désirait invoquer le témoignage.

Oates avait révélé l'horrible conspiration papiste. Oates ne pouvait se tromper, et il s'applaudissait de sa fructueuse invention. Un beau logement lui fut assigné à White-Hall, avec une pension annuelle de mille livres sterl. (25,000 fr.). Sa fortune et sa gloire ne furent pourtant pas de longue durée. Déjà plusieurs fois dans sa vie, il avait été convaincu de parjure. Un sévère examen, malheureusement trop tardif, fit découvrir sa nouvelle fourberie. Il fut attaché au pilori, fouetté sur la place publique par le bourreau, et condamné à un emprisonnement perpétuel.

La pauvre Irlande, victime de tant d'inimitiés, ne songeait pas à se venger. Elle espérait encore, non plus, il est vrai, en Charles II, qui l'avait si cruellement trompée, mais en son frère. Celui-ci enfin était résolûment, ouvertement catholique. Dès son avénement au trône, il annonçait l'intention formelle de relever les autels renversés par les protestants et de défendre ses coreligionnaires. En effet, il commença par faire célébrer en grande pompe la messe dans sa chapelle de Saint-James, et il confia le gouvernement de l'Irlande au comte de Tyrconnel, un zélé catholique, qui, dans son enfance, se trouvait à Drogheda quand cette ville fut inondée de sang par les soldats de Cromwell, et qui, dès cette époque, avait pris en horreur tout ce qui tenait au protestantisme.

Alors les Irlandais crurent voir poindre l'aurore d'une nouvelle ère. Ils n'étaient plus internés dans le Connaught comme des coupables, rejetés à l'écart comme des parias. Ils pouvaient voyager sans crainte d'être arrêtés ou injuriés. Les fonctions publiques ne leur étaient plus interdites. Tyrconnel leur donnait des emplois dans l'armée, dans l'administration et la magistrature. Les lois iniques auxquelles ils étaient depuis si longtemps assujettis allaient être successivement abolies, et ils pensaient aussi que leurs biens leur seraient rendus.

Vain espoir! courte illusion! Protestants ou catholiques,

les Stuarts devaient leur être également funestes. Jacques II, en proclamant la liberté de conscience, souleva contre lui les épiscopaux, les presbytériens, les anabaptistes, qui exigeaient impérieusement pour eux cette liberté, mais ne pouvaient, à aucun prix, l'accorder aux exécrables papistes.

Tous ces sectaires se réunirent pour éloigner d'eux au plus vite un prince qui osait permettre aux prêtres catholiques d'ouvrir des églises, de prêcher et de confesser. Son gendre, Guillaume d'Orange, le voyant livré à de telles erreurs, ne se fit nul scrupule de lui enlever son trône.

En 1685, Jacques II succédait à son frère, et en 1688 il était banni de son royaume ; il s'en allait sur la terre étrangère, chassé par son gendre, abandonné par ses filles, n'ayant pas même dans sa famille une Cordelia comme le roi Lear.

La généreuse Irlande fut cette Cordelia. Quand l'Angleterre le bannissait, l'Irlande s'armait pour le défendre. Quand une escadre française l'amena dans la petite baie de Kinsale, les habitants des environs coururent joyeusement au-devant de lui. A Cork, et dans les autres villes, il reçut les mêmes témoignages de respect et de dévouement. A Dublin, les magistrats et les prélats s'avancèrent solennellement à sa rencontre. Des dignitaires de la capitale se rangèrent à ses côtés, tenant un dais sur sa tête. De belles jeunes filles vêtues de robes blanches le précédaient, jetant des fleurs sur son chemin Il fut conduit ainsi dans le château, au milieu des vivats d'une population qui le nommait son roi.

Avec l'armée que la France lui avait confiée, avec celle que Tyrconnel assemblait, il aurait pu rester roi, s'il avait eu moins de présomption et plus de courage.

A la bataille de la Boyne, il voulut diriger lui-même ses généraux et leur donna des ordres funestes.

En même temps qu'il engageait cette lutte décisive malgré l'avis de plusieurs braves officiers, il faisait préparer à Waterford un navire pour le reconduire sur la terre de de France, en cas de besoin ; et tandis que ses légions irlandaises s'avançaient intrépidement contre les troupes anglaises, commandées par Schomberg et Guillaume, il observait la sanglante mêlée du haut d'une colline où nulle balle ne pouvait l'atteindre, au milieu de plusieurs régiments français dont il se faisait un solide rempart.

Un moment vint où la fortune lui tendait ouvertement la main, il n'avait qu'à lancer sur les rives de la Boyne ces soldats français, si désireux de prendre part à un grand combat, et sa victoire était assurée. Il n'osa prendre cette décision.

Téméraire la veille du conflit, il fut lâche à la dernière heure. Quand il vit fléchir les étendards irlandais si vaillamment défendus, il s'enfuit à Dublin, puis à Waterford, où l'attendait le bâtiment qui devait le conduire à son final exil.

Il s'en allait comme Rodrigue loin de la plaine teinte de sang, comme Rodrigue, qui s'écriait :

> Ayer era rey de España
> Hoy no lo soy de una villa.
> Ayer villas y castillos,
> Hoy ninguna poseia.

Il en coûta cher aux Irlandais pour s'être dévoués à ce roi débile. Au commencement de leur campagne, Guillaume, qui ne se sentait point encore très-affermi sur son trône et désirait les apaiser, leur fit d'avantageuses propositions. Ils les refusèrent ; après la misérable conduite de

Jacques II, ses demandes d'argent à Dublin et sa fuite sur
le continent, ils ne se crurent pas encore déliés de ses serments envers lui, et ils voulaient, jusqu'à la dernière extrémité, combattre contre l'Angleterre.

Hors d'état de résister sur tous les points à l'armée qui
venait de gagner la bataille de la Boyne, et qui chaque
jour s'accroissait de nouveaux renforts, les valeureux soldats irlandais concentrèrent leurs forces dans l'enceinte
d'Athlone et de Limerick, deux villes fortifiées, par lesquelles ils dominaient le cours du Shannon et les grandes
plaines arrosées par cette magnifique rivière.

Là, ils firent des prodiges de courage. Les Anglais désiraient ardemment s'emparer de ces forteresses ; le général Douglas s'avança avec plusieurs brigades d'infanterie
et d'artillerie vers les remparts d'Athlone, où il n'y avait
que trois régiments commandés par un vieux, mais rude
capitaine qui, du temps de Cromwell, faisait déjà une mor-
telle guerre aux protestants.

Douglas fit tonner ses canons, ouvrit à diverses reprises
une brèche, tenta plusieurs assauts et fut forcé de se retirer. Guillaume entreprit, avec une armée de 2,000 hommes, le siége de Limerick, et y échoua aussi complète-
ment. Ses soldats se vengèrent de leur défaite en saccageant
et incendiant les villages par où ils passaient.

L'année suivante (1691), les Anglais, commandés par
Ginckle, un habile général, et par Marlborough, le fameux
Marlborough, eurent une autre vengeance. Ils remportèrent plusieurs victoires éclatantes. La redoutable citadelle
d'Athlone fut prise, et tout le district qu'elle protégeait fut
reconquis. Restait l'inébranlable cité de Limerick, le dernier soutien de l'audacieuse insurrection, le dernier refuge
des royales légions.

Ginckle recommença au mois d'avril le siége de cette

ville avec une armée nombreuse. Deux mois après, malgré ses ingénieuses manœuvres et ses formidables batteries, il désespérait de la vaincre. Pour en finir, il lui offrit une glorieuse capitulation.

Cette capitulation accordait aux troupes de la garnison tous les honneurs de la guerre, à leur sortie de la ville, avec la faculté de se rendre où ils voudraient aux frais du gouvernement britannique. Elle rendait aux catholiques le libre exercice de leur culte, l'entière jouissance de leurs biens, et leur promettait qu'un parlement serait prochainement convoqué à Dublin pour leur donner, par des lois formelles, de nouvelles garanties.

Il y avait alors dans les murs de Limerick environ quinze mille hommes qui pouvaient continuer longtemps encore la guerre. Ils y renoncèrent par un sentiment de religion et de patriotisme, pour assurer à la communauté catholique la faveur inespérée qui lui était offerte.

Ginckle, qui admirait leur courage, désirait les faire entrer au service de l'Angleterre. Mais ils ne pouvaient pas se résoudre à s'allier à ce pays, et Saarsfield, leur héroïque général, partait pour la France. Là s'élevait, près de Jacques II, sous la protection de Louis XIV, un étendard d'Irlandais. Là, ils pouvaient encore défendre leur cause nationale.

Malgré les offres et les instances de Ginckle, ils s'embarquèrent pour la France, et, en diverses occasions, se signalèrent par leur valeur. Deux ans après, leur noble, leur cher Saarsfield tombait frappé d'une balle à la bataille de Lauden. « Ah! dit-il en voyant le sang jaillir de sa poitrine, si tout mon sang coulait au moins pour l'Irlande! »

L'Irlande, à laquelle il pensait ainsi à sa dernière heure, était dans le deuil et la désolation ; ses villes et ses villages ruinés par la guerre ; les promesses du traité de Limerick abolies par un parlement composé exclusivement de protestants, et le roi obligé par ces mêmes protestants d'ordonner de nouvelles confiscations.

Divisées entre elles par leurs dogmes particuliers, et souvent très-hostiles l'une à l'autre, les diverses sectes d'Angleterre et d'Écosse s'unissaient avec ardeur pour persécuter le catholicisme et s'enrichir de ses dépouilles. A la fin du dix-septième siècle, elles devaient être contentes de leurs exploits. La surface de l'Irlande représente environ douze millions d'acres. Par les arrêts les plus cyniques, onze millions six cent mille acres avaient été successivement enlevés à leurs légitimes possesseurs, à la race indigène, à la population catholique, et livrés à la rapacité du protestantisme.

Tu t'imagines peut-être, ma chère Stina, que les larrons, après cette capture, n'ayant plus rien à craindre de leurs victimes et plus rien à leur prendre, vont au moins les laisser vivre en paix?

Non pas, non pas. A leurs yeux, l'Irlande est toujours la sauvage, la rebelle Irlande. Ils ne lui donnent pas d'autre dénomination. L'Irlande s'obstine à conserver le culte pour lequel elle a déjà répandu tant de larmes et tant de sang; l'Irlande refuse d'admettre le dogme de ses bourreaux. Quelle ingratitude !

Bon gré mal gré, pourtant, il faut qu'elle rende hommage à la suprême vertu de l'Église anglicane, qu'elle connaisse la vraie lumière, qu'elle se convertisse ou qu'elle meure. Elle ne peut plus se révolter. On armera contre elle les féroces légions. On lui fera un réseau de lois où elle sera étroitement serrée, où de plus en plus elle s'affaiblira et où périra son catholicisme.

Tel est le doux espoir de la religieuse Angleterre. Je vais, chère sœur, te citer quelques-unes de ces lois si étranges qu'on ne comprend pas comment elles ont pu être promulguées et exécutées. En premier lieu, les lois sur la propriété :

Si le fils aîné d'une famille catholique se déclare protestant, aussitôt tout ce qui appartient à ses parents lui est juridiquement dévolu. Ils ne peuvent plus sans son consentement distraire une parcelle de leurs biens. Ils n'en sont que les usufruitiers.

Si une femme catholique devient protestante, son mari doit lui faire une pension, et lui abandonner complétement la direction de ses enfants.

Nul catholique ne peut posséder une propriété immobilière, et il ne peut être fermier qu'à la condition que son bail n'excédera pas une durée de vingt et un ans, et que le prix de son fermage représentera au moins les deux tiers du produit de son terrain.

Si, par un mariage ou une disposition testamentaire, ou quelque marché, un catholique devient propriétaire d'une maison ou d'un champ, le protestant a le droit de lui enlever le domaine sans lui donner la moindre indemnité.

Si un fermier catholique a, par son labeur et son industrie, augmenté d'un tiers le revenu de la terre qu'il cultive, le protestant a le droit de le déposséder de cette terre et de s'y installer.

Le protestant peut aussi enlever à un catholique, en lui donnant seulement cinq guinées, le plus bel étalon, la plus magnifique jument, attendu qu'il n'est pas permis au catholique d'avoir un cheval estimé plus de cinq guinées; et, s'il essaye de dérober un de ces animaux à l'investigation des protestants, il est passible d'un emprisonnement de trois mois et d'une amende.

Qu'en dis-tu, ma chère Stina? Tout cela n'est-il pas bien imaginé pour effrayer et fatiguer le catholique, pour le ruiner ou le jeter dans le protestantisme? Tout cela ne suffit pas cependant pour rassurer le gouvernement britannique. Voici les arrêts qu'il applique à l'éducation :

Sentence de bannissement pour tout catholique qui établit une école, même une innocente école de sciences ou de littérature. Condamnation à mort de ce banni s'il rentre en Irlande.

Confiscation des biens de tout enfant qui reçoit l'instruction d'un catholique publiquement ou en particulier.

Pareille confiscation pour le jeune catholique qui va faire ses études en pays étranger, et pour l'Irlandais catholique qui contribuerait aux frais de ce voyage et de cet enseignement.

Peine de mort pour les prêtres qui marient un catholique avec une protestante.

Exil perpétuel des évêques ou des supérieurs ecclésiastiques qui peuvent conférer les ordres religieux. S'ils reparaissent sur la côte d'Irlande, ils seront pendus et écartelés.

Je m'arrête dans l'analyse de ce code sans pareil. Pendant un siècle, il fut maintenu. « Pendant un siècle, dit Th. Moore, l'Irlande n'a point d'histoire. On ne peut que constater son affaissement et pleurer sur elle en silence. »

Telle était pourtant la miraculeuse vitalité du religieux peuple irlandais qu'il devait se relever dans sa profonde misère, dans sa cruelle compression, dans les chaines qui lui étaient imposées par ces faiseurs de lois, qu'un célèbre orateur, Ed. Burke, a lui-même signalés comme le plus atroce instrument qui ait jamais été inventé pour opprimer, ruiner et dégrader une nation.

L'Angleterre était forcée de reconnaître cette étonnante ténacité, et l'on voit la peur qu'elle en avait aux concessions qu'elle fait, à chaque événement inattendu qui peut

seconder les vœux et raviver les espérances de l'indomptable race irlandaise.

En 1745, Charles-Édouard débarque sur la côte d'Écosse,
et à la tète d'une troupe de highlanders oblige les troupes
britanniques à se retirer devant lui à Pestom. L'Angleterre
craint qu'il ne soulève l'Irlande. Aussitôt elle s'adoucit
envers les catholiques. Ils obtiennent la permission d'ouvrir leurs chapelles le jour de Saint-Patrice, et leurs prêtres détenus en prison reçoivent leur liberté. Mais après la
bataille de Culloden, qui anéantit les espérances du jeune
prétendant et celles de son parti, lord Chesterfield qui,
dans ses fonctions de vice-roi, se montrait plus humain
que ses prédécesseurs envers les catholiques, fut immédiatement rappelé.

Pendant la guerre de Sept ans, les Anglais craignaient
une invasion de la France. Alors ils n'insultent plus la
population de l'Irlande comme autrefois. Ils ne l'appellent
plus l'odieuse race, mais la respectable nation. C'est ainsi
que l'orateur de la chambre des communes la désigne
dans un discours solennel.

En 1776, les États-Unis proclament leur indépendance.
Par une justice providentielle, là, comme à Lauden et à
Fontenoy, l'Angleterre voit se lever contre elle les Irlandais qu'elle a bannis de leurs foyers. Ces exilés sont des
soldats. Ces soldats la châtient sur la terre étrangère, des
cruautés qu'elle a commises dans leur pays.

Cette fois encore l'Angleterre a peur et elle se remet à
corriger quelques articles de son code féroce. Elle accorde
aux catholiques d'Irlande le droit d'avoir des baux illimi-
tés et le droit d'acquérir des propriétés immobilières.

Puis, soudain éclate la révolution française. Les Irlandais s'émeuvent à ces cris de liberté qui si loin résonnent,
et ils se réunissent pour demander leur affranchissement.

L'Angleterre voit le péril, et, dans sa crainte, se résigne à supprimer encore quelques-uns de ses arrêts. Le barreau est ouvert aux catholiques ; les catholiques peuvent aussi être admis dans les jurys et participer aux élections. Les mariages mixtes sont autorisés, et les pères de famille peuvent faire élever leurs enfants où ils voudront, comme ils voudront.

Mais les Irlandais ne se contentent plus de ces allégements tardifs et incomplets. Ils réclament l'indépendance de leur nationalité. Fatigués des cauteleuses tergiversations de l'Angleterre, ils se décident à conquérir par la force ce qu'ils ne peuvent obtenir par des requêtes pacifiques. Ils prennent les armes. Ils invoquent l'appui de la France, et la France leur envoye quinze mille hommes commandés par le général Hoche. C'était une autre invincible Armada, qui, comme celle d'Espagne sous le règne de Philippe II, effrayait l'Angleterre, et qui fut de même dispersée par les ouragans.

Deux ans après, la France équipait encore deux escadres pour soutenir l'Irlande. La première fut arrêtée et détruite après un combat acharné par une flotte anglaise. L'autre atteignit la baie de Killala, et y débarqua 1,500 hommes sous les ordres du général Humbert. En arrivant sur le sol irlandais, cette petite troupe comptait y trouver de nombreux auxiliaires. Mais déjà l'Angleterre, par la rapidité de son action, par la puissance de ses armes, avait brisé le redoutable faisceau de l'union. Le général Humbert s'avança pourtant dans l'intérieur du pays, culbuta une légion britannique qui s'opposait à son passage, et entra triomphalement dans la ville de Castlebar. De là, il continua sa marche par les landes du Connaught. Il allait, l'intrépide général, tout droit vers Dublin. Sur sa route, il fut arrêté par une barrière. Quelle barrière ! une armée de

trente mille hommes, commandée par le vice-roi, lord
Cornwallis.

Humbert n'avait plus que onze cents soldats. Malgré
cette effrayante infériorité de nombre, un contre trente ,
il n'hésita pas à engager le combat, et le soutint si vaillamment que son formidable adversaire s'estima heureux de
lui accorder une honorable capitulation.

Les Irlandais étaient encore une fois vaincus, et l'Angleterre allait se venger des craintes qu'elle avait éprou-
vées et des efforts qu'elle avait faits pour réprimer l'insurrection. On dit qu'elle y employa des millions de livres
sterling et plus de cent mille hommes. Par cet argent et
par cette armée, elle voulait avoir une pleine et entière
satisfaction. L'île entière fut mise en état de siége ; la loi
martiale proclamée ; la juridiction ordinaire remplacée
par des tribunaux où quelques officiers imberbes rendaient
leurs arrêts et les faisaient exécuter en un instant. Trois
des principaux chefs de l'union furent arrêtés presque en
même temps : lord Édouard Fitzgerald et les deux frères
Sheareses, deux hommes également distingués par le talent
et le caractère. Lord Fitzgerald mourut de ses blessures
en prison. Les deux Sheareses furent ignominieusement
pendus.

Partout les gibets et les commissions militaires en permanence. Dans les villes, on était terrifié comme en France
au temps de Robespierre. Le gouvernement britannique
encourageait la délation par des récompenses pécuniaires,
et la moindre dénonciation suffisait pour faire emprisonner les plus innocents citoyens.

Dans la campagne erraient des bandes de soldats, fanatiques, rapaces, sanguinaires, dont rien ne réprimait ni
les brutales habitudes, ni les honteux désirs, ni les cruautés. Sous le prétexte de chercher des coupables, ils en-

traient dans les maisons, les pillaient, et gaiement après leur dilapidation, les incendiaient.

Pour avoir l'honneur de découvrir vraiment des coupables, ils prenaient à tout hasard un paysan, le pendaient de façon à lui laisser encore la liberté de respirer, ou l'attachaient à un arbre, ou le flagellaient jusqu'à ce que le malheureux, vaincu par la souffrance, balbutiât toutes les déclarations exigées par ses bourreaux. Dans leur stupide rage de protestantisme, ces soldats regardaient l'Irlandais comme une sorte d'animal qui ne méritait aucun ménagement. Si, chemin faisant, ils en rencontraient un à la portée de leurs fusils, ils tiraient sur lui comme sur un renard ou un corbeau, et s'applaudissaient de leur adresse en le voyant tomber. Un de leurs amusements favoris était de garrotter le pauvre Irlandais sans défense, de lui couper les cheveux, de lui appliquer sur la tête une coiffe de poix bouillante et d'entendre ses cris de douleur quand ils retiraient cette calotte qui lui lacérait le crâne.

Les sauvages Indiens de l'Amérique du Nord ne sont pas si cruels. Ils scalpent leurs prisonniers sans les faire languir.

En lisant ce récit, tu pourrais t'imaginer, ma chère Stina, que dans l'effervescence d'un sentiment hostile, je compose un plaidoyer contre l'Angleterre. Non. Ces faits horribles que je te cite sont attestés par l'histoire, et, au lieu de les développer, je les abrége.

Enfin, après tous ses désastres, l'Irlande avait encore, comme l'Angleterre, une chambre des lords et une chambre des communes, très-faibles, il est vrai, très-soumises aux ordres du vice-roi. Si faibles qu'elles fussent pourtant, elles tenaient à l'Irlande, elles représentaient ses diverses provinces, et on pensait qu'un jour peut-être, elles pourraient se montrer plus hardies et faire de meilleures lois.

L'Angleterre résolut de les supprimer. Lord Castlereagh le renégat, lord Castlereagh l'Irlandais, qui avait commencé sa carrière politique par siéger dans un parlement irlandais, entreprit d'enlever à ses compatriotes ce dernier signe d'indépendance nationale. La tâche n'était pourtant pas si facile qu'on aurait pu se le figurer, en songeant à l'affaissement du pays et à la soumission habituelle de ses représentants.

L'Irlande voulait garder cette ancienne institution. Les catholiques, par un sentiment de patriotisme, défendaient ces deux chambres, exclusivement composées de protestants, et les membres de ces deux chambres ne paraissaient nullement disposés à signer leur abdication. Lord Castlereagh les vit en particulier, interrogea leurs secrets désirs, scruta leur vanité ou leur ambition, et par des titres ou des emplois, par des dons pécuniaires, par la plus honteuse corruption, obtint ce qu'il souhaitait. A la majorité de quarante-trois voix, la loi proposée par l'Angleterre fut acceptée.

Ainsi s'accomplit l'acte d'iniquité commencé dès le douzième siècle.

L'Irlande, envahie sous le règne de Henri II par une bande d'aventuriers, lacérée par d'autres hordes rapaces sous les règnes suivants, dévastée, torturée, ensanglantée par tous les souverains anglais dès le commencement du protestantisme, l'Irlande, victime perpétuelle de la violence et de la cupidité, devait être encore, dans ce siècle, la victime de la fourberie.

L'acte d'union proposé par un infâme trafic lui enlève son dernier vestige de gouvernement national. Sa législation a cessé d'exister; Dublin n'est plus une capitale, et l'île entière, l'île des géants, l'île des saints, la fertile

Erin, qui jadis formait cinq royaumes, est annexée comme une province à l'Angleterre.

Vingt ans après la promulgation de l'acte d'adhésion, lord Castlereagh, comblé de biens et de distinctions honorifiques, prêt à partir pour représenter de nouveau la puissance britannique à un important congrès, et poursuivi dans l'éclat de sa fortune par de sinistres fantômes, se coupait la gorge en un accès de désespoir. Des cris de joie retentirent dans les rues de Londres quand on apprit ce suicide; les cloches d'une église carillonnèrent ce jour-là comme pour un jour de fête, et le jury acquitta ceux qui avaient pris part à cette outrageante manifestation.

Tandis qu'il était ainsi flétri sur sa terre d'adoption, le traître Irlandais, le rusé promoteur du traité d'union, le glorieux diplomate si riche et si décoré, le religieux peuple d'Irlande saluait avec enthousiasme un jeune avocat de Dublin, Daniel O'Connell, ce Daniel qui se jeta volontairement dans la fosse aux lions du protestantisme, ce nouveau Machabée qui, par la parole, combattit pour son peuple opprimé, comme les Machabées de la Bible par l'épée.

Impétueux à la fois et mesuré, il présidait, dit-on, à l'orage et suivait son chemin dans le tourbillon. A son début dans la vie publique, il avait été l'ardent adversaire du bill qui unissait par la ruse et la vénalité l'Irlande à l'Angleterre. Il devint le chef d'une autre union, d'une union catholique qui effraya le gouvernement britannique. Point de levées d'armes, point de mouvements belliqueux, pas le moindre prétexte à des mesures de répression violentes, mais des meetings prodigieux, des assemblées de cent mille hommes que Daniel haranguait, et dont il suscitait, apaisait et dirigeait à son gré les manifestations.

Véritable représentant du type irlandais, par ses formes

extérieures comme par ses qualités d'esprit, par sa haute taille musculaire et sa verve intarissable, par sa mâle physionomie et sa vive causticité, O'Connell représentait encore par la décadence de sa famille, le malheur des catholiques d'Irlande. Ses ancêtres étaient des princes; son père était fermier d'un des domaines de l'Université de Dublin, et il avait dix enfants.

Un de ces vaillants prêtres qui, en dépit de leur proscription, persistaient à accomplir leur religieux apostolat, s'intéressa au jeune Daniel et fut son premier instituteur. Puis, Daniel alla continuer ses études en France, dans les collèges de Douai et de Saint-Omer. L'Irlande de saint Patrice et de saint Colomban avait donné de religieux prédicateurs à la France déchirée par les factions. La France, à son tour, donnait de religieux professeurs à l'Irlande opprimée par le protestantisme.

A son retour dans son pays, Daniel entra au barreau de Dublin, et étonna les vieux jurisconsultes par l'éclat de ses débuts. S'il eût voulu seulement devenir riche, il le serait aisément devenu par le succès de ses plaidoiries. Mais il avait une autre ambition, et au risque d'y périr, il entreprit une tâche audacieuse. Il se fit le défenseur de son pays vaincu, le champion de son Église outragée, l'avocat de sa nation devant la puissance de ses persécuteurs et devant les tribunaux du monde.

De là sa gloire impérissable.

Ses biographes disent que ses aïeux exerçaient, jadis, un grand pouvoir, et possédaient de vastes domaines. Les guerres et les confiscations les avaient ruinés. De la rustique maison de son père, dernier débris d'une énorme fortune, O'Connell s'éleva bien plus haut que ses ancêtres. Son pouvoir était dans son intelligence, son domaine dans le dévouement de ceux qu'il fascinait par sa parole, et entraînait dans ses combats. Jamais homme ne toucha si profondément que lui le cœur d'un peuple, et jamais homme ne fut comme lui aimé et vénéré, obéi et idolâtré par tout un peuple.

Merveilleuse magie d'un vrai sentiment de religion et de patriotisme ! par l'éloquente expression de ces sentiments, le fils du fermier de l'Université de Dublin devint le maître de l'Irlande, et nul maître ne compta comme lui soudainement un si grand nombre de prosélytes, et nul roi n'aurait pu, d'un mot, comme lui, armer des milliers d'hommes, et nul conquérant, après une éclatante victoire, n'eût comme lui, après une de ses populaires harangues, tant d'ovations triomphales.

Ah ! comme les bons Irlandais se précipitaient autour de lui dans ses voyages, à travers les provinces !

Les garçons descendaient des montagnes avec des amas de *brasneens* pour fêter son apparition par des feux de joie. Les jeunes filles cueillaient les fleurs des champs pour les jeter sur son passage ! les femmes le montraient à leurs enfants ; les hommes l'écoutaient tantôt avec un religieux recueillement, tantôt avec des cris d'enthousiasme, car, il savait tour à tour les attendrir et les exalter. Il était leur parole vivante, leur consolateur, leur soutien.

Malgré l'énergie et la persistance de ses efforts, il ne put reconstituer l'indépendance de l'Irlande par la rupture du bill de l'union, mais il obtint cette fameuse loi qu'on appela la loi d'émancipation des catholiques.

Ce fut Wellington, président du ministère, qui la fit voter par le parlement, et sanctionner, non sans peine, par Georges IV. En prenant cette détermination, il n'agissait point, je le dis à regret, par un sentiment de justice, et bien qu'il appartînt à l'Irlande par sa famille et sa naissance, il ne se réjouissait point de rompre une des chaînes de l'Irlande. Il cédait à l'empire des circonstances. L'association catholique formée par O'Connell était devenue si nombreuse, si ferme et si forte ! Le prudent général, le méthodique ministre n'osait la braver, et craignait en lui résistant de faire éclater une guerre civile.

Ainsi, au mois d'avril 1829, l'émancipation des catholiques fut prononcée. Leur culte n'était plus proscrit, et les fonctions publiques ne leur étaient plus interdites. Quelques mois après la promulgation de cette loi d'affranchissement, O'Connell était élu député du comté de Clare. Cette année, sa nomination fut annulée par une misérable subtilité. Mais bientôt il était réélu avec des transports d'enthousiasme par toute la population de cette province de Clare Pas un candidat protestant, pas un protégé de l'administration n'osa entrer en concurrence avec lui.

Cette fois, on ne trouvait plus aucun prétexte pour l'écarter du parlement, et la protestante Angleterre frémit en apprenant qu'il allait siéger dans le palais de Westminster, dans l'assemblée de ses législateurs, ce descendant de la race qu'elle avait si longtemps condamnée à la servitude, ce papiste, ce tribun d'un peuple maudit, cet O'Connell qu'elle abhorrait. Il entra dans la chambre des communes et y fit entrer ses deux fils, et y renversa tout un ministère.

Désolé pourtant de ne pouvoir faire abroger le bill d'Union, épuisé par de longues luttes, il partit, cet ardent athlète du catholicisme irlandais, pour aller chercher le repos dans la catholique cité de Rome.

Par les lamentations qui retentirent de toutes parts en son fidèle pays d'Irlande, j'apprends qu'il est mort.

En arrivant ici, j'espérais entendre une de ses émouvantes harangues, et, de tout cœur, j'aurais applaudi à un de ses triomphes. C'est un grand regret pour moi de ne l'avoir pas vu.

L'Angleterre se vante à présent de la libéralité de sa loi d'émancipation qui lui fut arrachée par la puissante action d'O'Connell et dit que l'Irlande n'a rien de plus à demander. Je le voudrais, mais j'en doute et je vais voir.

Dublin.

Si tu as lu, ma chère Stina, ce que je t'ai raconté des calamités de l'Irlande, et si, par la puissance d'une baguette magique, je pouvais t'enlever à notre foyer suédois et te transporter tout à coup devant la capitale de cette île infortunée, tu croirais que je t'ai fait un récit fabuleux, ou que les bonnes fées dont on parle tant en ce pays d'Irlande y ont récemment opéré des prodiges.

Mais tu ne veux pas, timide colombe, t'éloigner des rameaux qui abritent ton nid, et je voyage pour toi, et à travers le vaste espace qui nous sépare, j'essaye de t'associer par la pensée à mes impressions.

Il faut te dire d'abord que Dublin est dans une situation charmante, au centre de la côte orientale de l'Irlande, au bord d'une vaste baie que l'on compare à celle de Naples. D'un côté de cette baie, s'étendent de vertes prairies ; de l'autre, s'élèvent les forêts de chênes et de sapins sur les cimes escarpées du Wicklow. D'une des grottes de ces montagnes descendent les flots de la Liffey qui divisent Dublin en deux moitiés, et sur le cours de cette rivière, on a devant soi un spectacle des plus imposants ; de longues rues magnifiquement bâties ; des édifices publics d'une structure à la fois grandiose et artistique ; la banque, le collége de la **Trinité**, le palais des quatre cours, la douane, la poste et au delà de ces colonnades, de ces péristyles, de ces lignes d'architecture superbe, les fleurs des jardins, les arbres des vastes parcs, puis les sables argentés de la plage, puis l'immense Océan.

A certaines heures, surtout le soir, par un beau clair de lune qui répand ses rayons sur ces diverses perspectives et les harmonise en sa douce lumière, c'est un tableau qu'on ne se lasse point de contempler et dont on garde une profonde impression.

Un des caractères distincts de cette capitale irlandaise, c'est la largeur de ses quartiers. « Nulle ville, dit un écrivain anglais, ne respire si bien le grand air. Nulle ville n'a de tels poumons : un parc de quinze cents arpents et des squares comme on n'en voit en aucune autre métropole. »

Ce parc et ces squares sont décorés de divers monuments. Je voudrais y voir graver sur le bronze et le marbre les noms des Irlandais qui se sont signalés par leur patriotisme ; le nom du valeureux et chevaleresque O'Neil, de Saarsfield, le héros de Limerick, de Swift, le célèbre écrivain qui plaida si vivement la cause de son pays, aussi le nom de lord Fitzgerald et de Robert Emmet.

Mais il n'est pas permis à l'Irlande de rendre ce public hommage à ceux qui l'ont défendue dans cette longue lutte contre l'Angleterre, et voilà une colonne au-dessus de laquelle s'élève la statue de Nelson, et plus loin un obélisque consacré à Wellington, et dans d'autres quartiers une statue de Georges II, je ne sais pourquoi, et une statue de Guillaume III, sans doute pour rappeler aux Irlandais le régime des lois pénales enfanté par la révolution de 1688. Il faudrait y joindre la statue de lord Castlereagh, qui fit voter le bill de l'Union.

Hélas ! les pauvres Irlandais n'ont pas besoin de ces

monuments pour se rappeler les temps néfastes de leur histoire. Ils en subissent encore chaque jour les conséquences dans les provinces et à Dublin.

Magnifique est la rade de cette ville. Magnifique aussi l'aspect de ses grands édifices, et il est juste de dire que depuis un certain nombre d'années, son administration a été graduellement améliorée. Mais dans chacun de ses quartiers, on peut voir les plaies qui lui ont été faites. Elles ne sont point fermées. Le seront-elles jamais?

Ses parcs et ses squares ne sont si larges que parce que ses terrains ont peu de valeur. Le gigantesque bâtiment occupé autrefois par la douane est aujourd'hui à peu près inutile. Le bill de l'Union a supprimé les tarifs irlandais, et pour régler les impôts du commerce de Dublin, dit un excellent écrivain anglais, M. Hall, le fisc n'a pas besoin d'un palais. Un cottage lui suffirait.

La Sackville-street, une très-longue et très-belle rue, était autrefois fort animée. Les pairs et les députés d'Irlande se plaisaient à y résider. L'Irlande a été dépossédée de son ancienne institution parlementaire. Les délégués de ses différents comtés doivent se rendre à Londres. Ils n'ont pas les mêmes priviléges que ceux d'Angleterre et ne constituent par leur nombre qu'un sixième de la représentation de l'empire britannique. C'est l'un des durs résultats du bill d'Union.

Dans cette même Sackville-street, de côté et d'autre, apparaissent d'autres stigmates des calamités de l'Irlande: des noms nobiliaires sur des enseignes de marchands ou d'artisans, des noms de riches gentilshommes, de valeureux chefs de clans, fidèles à leur culte, dévoués à leur pays, vaincus dans de nobles luttes, ruinés par de honteux décrets de confiscation.

O triste image de la déchéance des familles dans la

déchéance d'une nation! Les ancêtres gouvernaient des
provinces, commandaient des armées. Les petits-fils vendent dans les rues du coton ou des cigares.

J'ai une autre image des catastrophes de l'Irlande dans
le quartier le plus élevé de Dublin, qu'on appelle le quartier des Libertés, en raison des immunités particulières
qui lui furent accordées au moyen âge. Il y avait là jadis
une population considérable de rentiers et de négociants.
Il y avait des magasins brillants, des fabriques d'étoffes
de soie et de laines renommées dans tout le pays, et de
belles maisons avec des arceaux ciselés, des colonnes de
marbre et des balcons dorés, comme dans les romans de
chevalerie. Les longues guerres, les cruels édits de proscription ou de confiscation, dépeuplèrent ces résidences
aristocratiques, anéantirent ces établissements de commerce et d'industrie. Le quartier des Libertés, abandonné
de ses riches habitants, devint le refuge de la population
la plus misérable et la plus abjecte.

Horrible à présent est l'aspect de ces lieux; des maisons
en ruine, des escaliers rompus, des murs lézardés, des
toits qui s'écroulent; çà et là des flaques d'eau putride,
des tavernes d'où s'exhale une nauséabonde odeur; des
ruelles sombres, dont on n'ose sonder les profondeurs; de
toutes parts des amas d'immondices, et, au milieu de ces
ruines et de ces saletés, une population d'artisans de bas
étage : briquetiers, fripiers, balayeurs, souvent sans ouvrage, et une légion de mendiants, hommes, femmes, enfants, entassés pêle-mêle dans leurs misères. Un jour on
en a compté cent huit, gisant ensemble dans une salle dévastée, et, dans une salle voisine, douze autres succombaient à une fièvre typhoïde.

Quelquefois une partie de cette peuplade lamentable se
soulève dans son affaissement et se met en marche, et s'a-

chemine vers les palais de la cité. Étrange, sinistre apparition! A voir ces malheureux avec leurs membres décharnés et leurs yeux hagards, on dirait des spectres sortant de leurs tombeaux. Les enfants les regardent avec effroi, et plus d'un marchand ferme sa boutique à leur approche, puis la police arrive qui, au nom de la loi, les repousse vers leur gîte.

La charité catholique les apaise par ses exhortations et les soulage par ses aumônes.

Ce n'est pas là sa seule tâche. Il y a bien d'autres pauvres dans les rues de Dublin. Il y en a de vieux et de jeunes. Il y en a qui excitent la pitié par leur maigreur et leurs haillons; d'autres par leurs infirmités. On ne peut guère résister à leur demande, quoiqu'elle se renouvelle à chaque pas. Mais ils se contentent de la plus petite monnaie; ils se partagent honnêtement ce que l'on donne à l'un d'eux pour plusieurs, et ils ne ressemblent point aux pauvres que j'ai vus en d'autres villes. Ils ont un esprit caustique parfois amusant, et dans leurs requêtes des expressions poétiques souvent étonnantes. En voici quelques-unes recueillies çà et là :

— Que la joie vous accompagne sur votre chemin! Sans doute, vous me mettrez la joie au cœur avant de vous éloigner. Regardez, noble dame, un aveugle qui ne peut regarder si votre beauté est douce comme votre voix. — Secourez une malheureuse mère qui ne peut vous montrer à ses enfants. Tous ses enfants sont morts, et son mari est sur mer. — Que le ciel bénisse Votre Honneur! Si vous ne m'assistez pas, il n'y a plus que Dieu qui puisse me secourir. — Puissent vos deux bons yeux ne rien voir qui les afflige !

Comment résister à un pauvre être souffreteux qui vous

parle de vos deux bons yeux, et qui sera satisfait si on lui donne seulement un demi-penny?

C'est en anglais que ces mendiants de Dublin adressent ainsi aux passants leurs prières ou leurs remercîments. S'ils s'exprimaient dans leur dialecte national, le plus souvent ils ne seraient pas compris.

Quel dommage que cette noble langue irlandaise tombe en désuétude! Ceux qui la connaissent se plaisent à louer ses accents harmonieux, ses termes imagés, son caractère poétique. C'est là l'un des plus purs vestiges de l'immense rameau celtique, par conséquent l'un des plus anciens idiomes de l'Europe. Il existe un manuscrit irlandais qui, selon l'opinion des philologues, daterait d'un millier d'années avant la naissance du Christ, et un alphabet irlandais qui, selon un autre antiquaire, remonterait jusqu'au temps des fils de Japhet.

Sous la rude pression de l'Angleterre, cette vénérable langue a été en grande partie écrasée. Dès le moyen âge, l'usage en était proscrit par les lois anglaises, et lorsque la reine Élisabeth fonda le collège de la Trinité, à Dublin, il fut bien décidé que dans cet établissement irlandais on ne ferait pas la moindre leçon en irlandais.

Cet héritage de la forte race des Celtes subsiste encore dans le comté de Munster et surtout dans le Connaught, qui fut le refuge des exilés de Cromwell. Dans d'autres provinces, il est à peu près inconnu. On ne publie ni un livre, ni un journal irlandais. Actes officiels et transactions particulières, harangues politiques, débats judiciaires, tout, jusqu'aux ballades populaires que des chanteurs ambulants colportent dans les rues, tout est fait de plus en plus en anglais.

A son Panthéon littéraire l'Angleterre adjoint les écrivains irlandais, et il en est un bon nombre qui n'ont pas peu contribué à la propagation et à la glorification de la langue de Shakespeare et de Macaulay.

Ici est né Jonathan Swift, le célèbre humoriste ; Goldsmith, dont le monde entier connaît les délicates œuvres ; Sheridan, l'habile auteur dramatique, l'ardent orateur ; Ed. Burke, le grand Burke du parlement britannique, au temps de la guerre d'Amérique et de la révolution française. Ici, plusieurs femmes qui, par leurs œuvres, ont conquis l'estime et la sympathie d'une multitude de lecteurs : miss Edgeworth, lady Morgan, mistress Hall, qui a décrit en un magnifique livre sa chère Irlande ; mistress Jameson, à qui nous devons de charmantes scènes de voyage et d'ingénieuses dissertations sur l'art et la poésie ; ici, Grattan, Curan, O'Connell, ces brillants avocats ; ici, Lever, le spirituel romancier ; Griffin et Carleton, qui ont si bien dépeint les mœurs du paysan irlandais.

A Dublin aussi est né Wellington, le triomphant général de Waterloo, et, dans cette même ville de Dublin, Thomas Moore, le délicieux poëte.

« Te rappelles-tu, chère Stina, comme je te réjouissais en t'apportant d'Upsal une nouvelle œuvre de lui ! comme nous nous en allions, avec ces trésors, dans notre retraite favorite, au bord du lac Silian, à l'extrémité de notre jardin ! Nous nous figurions alors que nous étions dans la petite île enchantée qu'il désire

> Oh, had we some bright little isle of our own...

et là, nous nous délections à lire ses vers.

Qui pourrait dire combien de cœurs il a émus, et combien de douces rêveries il a produites par ses compositions idéales : *les Amours des anges, Lalla Rookh,* et par ses poésies lyriques ?

Mais le succès qui doit le plus le réjouir est celui de ses mélodies. Elles sont pour l'Irlande moderne ce que furent les chants des bardes pour l'Irlande des anciens temps. Elles sont entrées aussi dans les salons de l'aristocratie anglaise. Elles sont lues partout et personne ne peut les lire sans éprouver un sentiment de sympathie pour cette noble Erin, dont le poëte décrit avec enthousiasme la beauté et déplore avec une douloureuse tendresse les souffrances.

Par ces suaves et mélancoliques mélodies, il a fait un acte réel de patriotisme ; par là, il a efficacement servi en différents lieux la cause de son pays. Aussi son pays l'aime et l'honore. Il n'y a pas un enfant à Dublin qui ne puisse indiquer à l'étranger une maison dont le rez-de-chaussée est occupé par une boutique de mercerie. C'est la maison où est né Th. Moore.

Non loin de là fut la demeure d'un de ses amis qui n'a pas vécu longtemps, qui n'a laissé qu'un discours et quelques lettres, mais un discours sublime et des lettres qui pénètrent jusqu'au fond de l'âme. Je veux parler de Robert Emmet.

Un écrivain français, d'un esprit élevé, l'a dépeint en ces termes dans une monographie charmante : « La figure agréable et distinguée, les cheveux bruns, le teint uni et pâle, les sourcils arqués, et, sous un voile de longs cils, deux grands yeux noirs qui ont une remarquable expression de fierté, de pénétration et de douceur. Le nez est aquilin ; la bouche un peu dédaigneuse. La force et la finesse, l'énergie et la tendresse se révèlent dans cette physionomie ardente et triste. »

Au premier abord pourtant, grâce à sa simplicité, à son absence absolue d'affectation, rien n'attirait en lui vivement l'attention. La modestie de son caractère, unie à une sorte de réserve habituelle, voilait son âme dans les circonstances ordinaires de la vie. Mais venait-on à traiter devant lui un sujet qui l'intéressât, il devenait un tout autre homme. « Si l'on me demandait, dit M. Th. Moore, de désigner parmi ceux que j'ai connus celui qui m'a paru combiner au plus haut degré les dons intellectuels et l'élévation morale, je n'hésiterais pas à nommer Robert Emmet. Il ne s'abandonna jamais aux folies et aux légèretés de la jeunesse, bien qu'il démontrât plus tard combien il était capable de la plus ardente passion. Sa moralité était pure ; ses principes très-sévères. Le goût des sciences, où il avait obtenu de brillants succès, semblait occuper toutes ses pensées ; il y joignait l'enthousiasme pour la liberté de l'Irlande. »

A l'université de Saint-Columbo, il s'était signalé entre tous ses condisciples par son ardeur pour le travail, par la sagesse de sa conduite et le caractère sérieux de son intelligence.

A son entrée dans la société historique de Dublin, dès l'âge de dix-huit ans, il se fit remarquer par ses facultés oratoires. « Son éloquence, dit Grattan, qui s'y connaissait, était vraiment surprenante. » « Il captivait, dit Th. Moore, l'attention et la sympathie de son auditoire. Je ne me rappelle pas avoir entendu une parole plus pure et plus élevée. »

Tout jeune, Robert Emmet ouvrit son cœur à un sentiment qu'il devait garder jusqu'à sa dernière heure. Il aima Sarah Curran, la fille de l'illustre avocat. Sans trop de présomption, il aurait pu demander à l'épouser. Mais avant de s'abandonner aux paisibles joies de la vie domestique, il se croyait astreint à un grand devoir. Il appartenait à l'une de ces généreuses familles protestantes qui s'alliaient aux catholiques pour défendre l'Irlande contre les rigueurs de

l'Angleterre. Son frère aîné, Thomas, doué aussi d'un
grand talent d'orateur, avait été l'un des chefs de l'insurrection de 1798. Arrêté par la police anglaise, détenu pendant quatre ans au fort Saint-Georges, puis déporté, il
expiait dans l'exil l'insuccès de sa courageuse entreprise.
Robert avait le même sentiment national, et ne craignait
point de s'exposer aux mêmes dangers.

Il organisa un nouveau complot pour affranchir son pays
de la domination britannique, et employa toute sa fortune
qui était considérable, à des achats d'armes et de munitions. Quand ses préparatifs furent achevés, diverses circonstances déjouèrent ses combinaisons. Les conjurés de
plusieurs districts ne le rejoignirent point au jour indiqué;
ceux qu'il réunit sous son drapeau n'étaient point suffisam-
ment disciplinés, et il ne put prendre par surprise, comme
il l'avait espéré, le château de Dublin. L'alarme était don-
née. Des régiments de cavalerie et d'infanterie marchèrent
contre lui, culbutèrent, dispersèrent sa petite troupe. En
deux heures, malgré les efforts de Robert pour recommencer le combat, tout était fini. Le soir, il se retira avec
quelques-uns de ses compagnons dans une maison isolée
hors de la ville. Près de là stationnaient plusieurs des
bateaux préparés pour l'insurrection. Il pouvait aisément
s'embarquer et se réfugier en pays étranger. Ses amis le
conjuraient de partir avant que la police découvrît sa retraite. Il répondit qu'un devoir de cœur l'obligeait à retourner à Dublin.

En dépit de leurs affectueuses instances, il y retourna
et fut bientôt arrêté. Il avait résolûment affronté ces périls pour revoir celle qu'il aimait. Il la revit en prison. Un
matin qu'il était assis pensif près de la fenêtre de sa cellule, tout à coup il entend sa porte s'ouvrir. Il se retourne.
Sur le seuil de cette porte apparaît Sarah, sa fidèle Sarah;

debout, pâle, immobile. Il la prit dans ses bras, et la serra sur son cœur, sans pouvoir d'abord proférer un mot. Puis, il la pria de lui conserver un affectueux souvenir. Elle l'écoutait et le regardait en silence. Elle souffrait tellement qu'elle n'avait pas la force de parler. Par un sentiment de pitié, Robert se fit un devoir d'abréger lui-même cette cruelle entrevue. Il reconduisit la tendre jeune fille près du geôlier qui l'attendait. Comme il lui disait adieu, elle arrêta sur lui un long regard, puis s'éloigna.

C'en était fait. Ils étaient à jamais séparés, ces deux êtres d'élite unis l'un à l'autre par un doux aveu, par un chaste amour, par le complet accord de leurs nobles sentiments.

Robert comparut devant une commission spéciale, présidée par un lord qui ne rendait que des sentences de mort et qu'on appelait le juge pendeur (*the hanging judge*).

Le jeune patriote refusant l'appui de l'avocat qui voulait le défendre, prit lui-même la parole, et d'une voix ferme, vibrante, prononça un discours qui retentit encore à travers l'Irlande. Il ne songeait point à se disculper de son complot, encore moins à demander grâce. Mais il dit les raisons qui l'avaient déterminé à lever l'étendard de la révolte contre le gouvernement anglais. Il flagella d'un fouet sanglant l'iniquité, l'hypocrisie, la tyrannie de ce gouvernement ; il fit trembler au dard de sa parole ses juges et ses accusateurs ; il ébranla, dit un témoin auriculaire, jusqu'aux murs du tribunal, par l'énergie et l'éclat de son éloquence.

Plusieurs fois interrompu dans ses superbes élans par le président, il s'arrêtait une minute, puis continuait sa harangue avec une nouvelle intrépidité, et il l'acheva par cette touchante péroraison :

« Je marche à mon froid et muet tombeau. Le flambeau

de ma vie est presque éteint. Pour me vouer à la cause de mon pays, je me suis séparé de tout ce qui m'était cher dans la vie, de l'idole de mon âme. Il ne me reste plus qu'à recevoir ma récompense. Ma course est terminée. La tombe s'ouvre pour me recevoir, et je vais disparaître dans son sein. En quittant le monde, je n'ai plus qu'une demande à lui faire : la charité de son silence. Que nul homme n'écrive mon épitaphe, car nul homme, connaissant aujourd'hui mes motifs, n'oserait les défendre. Qu'on ne souffre pas que l'ignorance et les préjugés les accusent ! Qu'ils reposent dans la paix et l'obscurité ; que ma mémoire soit laissée dans l'oubli ; que ma tombe reste sans inscription jusqu'à ce que d'autres temps et d'autres hommes puissent rendre justice à mon caractère. Quand mon pays aura repris son rang parmi les nations de la terre, alors, mais seulement alors, que mon épitaphe soit faite. J'ai fini. »

Séance tenante, il fut condamné à être le lendemain pendu et décapité. Il salua la cour, puis se retira. Comme on redoutait une insurrection populaire, à minuit on le chargea de chaînes, et on le transporta dans une prison plus aisée à défendre que celle où il avait d'abord été enfermé.

Là, il s'endormit d'un profond sommeil.

Le lendemain, aux premières heures de l'aube, il se leva, s'agenouilla et pria, puis il demanda une tasse de lait et écrivit deux lettres : l'une à son frère exilé en Amérique, l'autre au frère de Sarah. Il n'avait plus d'autres liens de cœur. Son père était mort depuis plus d'un an, et sa mère venait de mourir dans sa douleur conjugale, dans ses angoisses maternelles.

A une heure de l'après-midi, il s'assit dans la charrette qui devait le conduire au lieu du supplice, précédé et suivi d'une légion de soldats à pied et à cheval. Il passa calme et digne au milieu d'une foule de gens de toutes les classes de la société réunis de toutes parts pour le voir, et consternés. Il monta tranquillement les marches de l'échafaud, prononça quelques paroles chrétiennes d'amour, de charité, puis ôta lui-même sa cravate pour amoindrir la tâche du bourreau.

Un instant après, il avait cessé de vivre. Mais son nom vivra perpétuellement dans son pays d'Irlande.

Et Sarah! la pauvre Sarah s'absorba dans le souvenir de Robert, dans le deuil de son amour. Journellement ses amis s'efforçaient de la détourner de ses regrets. Elle les remerciait de leur affectueuse intention; elle souriait à leurs tentatives et quelquefois se soumettait docilement à leurs volontés. Mais rien ne pouvait plus l'égayer, ni l'intéresser.

Un soir, on la détermina à se rendre à un bal. Elle y apparut triste et pâle comme l'Ophélie de *Hamlet*. Tandis que l'orchestre donnait le signal de la danse, elle se retira à l'écart et se mit à murmurer d'une voix plaintive un des chants qu'elle chantait autrefois avec Robert.

— Beaucoup de gens, dit Washington Irving, ne veulent pas croire au *broken heart*. Moi, j'y crois. J'en pourrais citer plusieurs preuves, et le sort de Sarah Curran en est un manifeste exemple.

Plusieurs avantageuses propositions lui furent adressées. Elle les éloigna toutes avec la même morne résolution.

Un homme distingué, qui éprouvait pour elle un profond attachement, ne se laissa point décourager par ces refus. Il renouvela sa demande, il pria, insista; il exprima d'une façon si touchante son respect et son dévouement que Sarah se laissa fléchir et consentit à l'épouser, lui disant pourtant à quel souvenir ineffaçable elle était liée.

Il l'emmena en Sicile, espérant la distraire de ses som-

bres pensées, en l'éloignant des lieux où elle avait souffert
le martyre de son amour.

Elle le suivit avec un sentiment de reconnaissance. Elle
lui rendait grâces de sa bonté, et par une douce condescendance, elle tâchait de se rattacher à la vie. Mais elle
était comme une faible fleur atteinte à la racine, que nulle
main attentive et nul rayon de soleil ne peuvent raviver.
En dépit de tous les tendres soins qui lui étaient prodi-
gués sous le beau ciel italien, sous les rameaux de myrtes
et les fleurs d'orangers, Sarah s'alanguit, s'affaissa peu à
peu, puis mourut.

C'est pour elle que Th. Moore a écrit ces vers :

Elle est loin de la plage où son héros repose.
Autour d'elle soupire un cercle d'amoureux ;
Mais nul accent d'amour, nul regard, nulle chose
Ne peut la détourner de son deuil douloureux.

Elle chante les chants du foyer domestique ;
Sa voix est douce et tendre en ses regrets amers.
Elle songe à celui dont l'âme poétique
S'exaltait à ces chants si simples, ou si fiers.

Pour elle, avec bonheur, pour elle, il voulait vivre ;
Pour son pays vaincu, noblement il est mort.
A sa perte longtemps elle ne peut survivre,
Et longtemps son pays déplorera son sort.

Faites-lui son tombeau sur les bords de la lande
Où s'incline le soir la clarté du soleil.
Comme un lointain rayon de son île d'Irlande
Cette clarté luira sur elle en son cercueil.

MICK

Une des curiosités de la royale cité de Dublin est le *jaunt-ing car*, l'ancien drochki irlandais, la primitive voiture de place, aussi rustique que la *bondkaerra* suédoise, et plus dure encore ; une caisse clouée sur deux roues ; le long de cette caisse, deux bancs latéraux où, de chaque côté, deux personnes peuvent s'asseoir dos à dos ; sur un siége étroit touchant au brancard, un cocher vêtu comme un des bohémiens de Callot ; au brancard, un petit cheval maigre attelé avec des brins de corde et de courroies ; au véhicule, pas un ressort, ni un rideau en cuir ou en simple toile, ni une capote. On s'assoit là sur une planche inflexible, et par le vent et la poussière, par le soleil, ou la pluie et la neige, on s'en va cahoté, ballotté sur le rude pavé, dans le sable fangeux, dans l'ornière.

Mais pour la minime somme de douze sols, le jaunt-ing-car emporte deux personnes d'une des extrémités à l'autre de la ville, et ces petits chevaux, aiguillonnés tantôt pa le coup de fouet, tantôt par une admonestation ou un amical discours de leurs maîtres, trottinent assez lestement, et ces cochers sont très-amusants, un peu rusés et complimenteurs, un peu vantards malgré leurs chétifs équipages, mais d'une complaisance extrême, et faisant avec une joyeuse loquacité l'office de cicérone partout où ils conduisent l'étranger.

Parmi ceux qui s'en vont dès le matin cherchant leur aubaine dans les différentes rues de Dublin, dans la Sack-ville-street, aux alentours de l'hôtel Gresham, j'en vois un

qui, de prime abord, me séduit par sa bonne figure. Je
monte dans sa voiture et la garde tout le jour.

Le lendemain, comme je sortais, le voilà qui vient en
riant au-devant de moi.

— J'ai rêvé, cette nuit, me dit-il, qu'une fée me versait
du whisky dans une coupe d'argent.

— C'est là un heureux rêve.

— Il est réalisé puisque je rencontre Votre Honneur.

— Sans doute, vous êtes content d'avoir fait du bien
hier au pauvre Mick, et vous voudrez bien lui être favo-
rable encore aujourd'hui.

— Où dois-je conduire Votre Honneur ? à l'église Saint-
Patrice, au parc de Kingstown ? Me voilà tout joyeux à
vos ordres. Et mon Pouk ! il a l'air fier aussi de se mettre
en route pour votre service. Une bonne bête, si douce et si
vive ! Je l'appelle Pouk à cause de notre fameux Pouk, le
courrier magique qui galope dans l'air et traverse en une
nuit tout un grand comté d'Irlande.

Mick a de l'imagination, et il est convaincu qu'il possède un excellent cheval. Mick est chaussé et habillé à
tout hasard très-piteusement. Mais quand il relève le nœud
de sa cravate, boutonne, par ses deux derniers boutons de
cuivre, sa vieille redingote, rajuste d'un coup de main son
chapeau défoncé, il se regarde comme un élégant qui pourrait très-bien conduire le carrosse du vice-roi. Mick n'a
pas la prétention d'être lettré. Il ne sait ni lire ni écrire,
Mais il sait par cœur les plus beaux contes de fées, les plus
candides légendes et des histoires d'abbayes et des chroniques de famille, ce qui fait voir comme on peut être instruit sans avoir fréquenté les écoles et pris ses grades à
l'Université. Mick est pauvre, il le dit hautement, et il ne
fait son métier de cocher que pour porter la meilleure

part de ce qu'il gagne à sa femme et à ses enfants qui occupent une cabane dans le Connaught.

Chaque année, il va les revoir, puis il retourne à son *jaunting car*, et il ne se plaint pas de son sort. Les petites misères de chaque jour n'atteignent point son fond de bonne humeur qui est une de ses qualités irlandaises, et quelques petits hasards propices suffisent pour lui faire oublier ses fatigues. Une bonne rencontre le réjouit ; une gratification de quelques deniers lui paraît un trésor. Que si, à cela, on ajoute un verre de whisky, le voilà qui ne demande qu'à entonner l'*Eileen Aroon*, ou quelque autre chant national.

Mick est catholique. Mais il a une haine que les généreux enseignements du catholicisme ne peuvent lui enlever. Il hait les Anglais et s'en glorifie. Si on essaye de lui représenter qu'un tel sentiment n'est point chrétien et que la loi de Dieu le condamne :

— Non, s'écrie-t-il, ce n'est pas possible, Dieu ne peut protéger l'Angleterre, et tant que Paddy sera Paddy, il devra détester John Bull.

Obligé, pour gagner sa vie, de parler la langue de ses ennemis, Mick la parle avec un tel accent irlandais ou, pour me servir de l'expression locale, avec un tel *brogue*, et en altérant tant de syllabes, que souvent on ne parvient pas sans peine à le comprendre.

Tel qu'il est, ce brave Mick, il me plaît. Il m'apparaît comme un type intéressant de Paddy, c'est-à-dire du pauvre fidèle Irlandais. J'ai pris l'habitude de monter dans sa voiture chaque jour, et je croirais commettre une injustice si je cédais aux offres d'un autre cocher. Enfin l'idée m'est venue de le prendre avec moi pour faire une excursion au-delà de Dublin, dans l'intérieur de l'île.

Tu aurais ri, ma chère Stina, si tu avais entendu le discours qu'il m'a adressé après ma proposition.

— Ah ! s'est-il écrié avec une figure radieuse, en faisant
triomphalement claquer son fouet, ah ! voilà ce qui prouve
que votre honneur ne ressemble point à la plupart des voyageurs qui viennent visiter notre Irlande. Il y en a qui entrent
dans ces *mail coach* inventés par les Anglais. Ils y sont
comme dans une boîte, encaqués comme des harengs. Il
y en a qui vont se placer dans ces wagons où le cheval,
cet auxiliaire providentiel de l'homme, est remplacé par
une machine diabolique dont on ne peut sans frémir regarder les tourbillons de fumée et entendre les gémissements. Ceux là, il est vrai, vont vite, mais sans rien voir,
vite à leur but, et vite à leur catastrophe. Au moment où
l'on s'y attend le moins, voilà une roue qui se brise, et le
train qui roule dans un abîme, ou la chaudière qui éclate,
et tout est broyé, pilé, brûlé.

Pour faire un agréable voyage, parlez-moi d'une voiture
comme celle-ci. Là, vous avez l'entière liberté de vos mouvements. Là, vous pouvez vous asseoir à droite et à gauche
sans être gêné par un voisin. Sans péril aucun et sans fatigue, vous vous en allez ainsi doucement d'un lieu à
l'autre, contemplant à votre aise le paysage, vous arrêtant
où bon vous semble, disposant à votre gré du cheval et du
cocher. Quel parfait arrangement ? Si Notre-Seigneur descendait en ce monde pour parcourir l'Irlande, je suis sûr
qu'il ne prendrait pas une autre voiture que le jaunt-
ing-car.

— Et sans doute, dis-je à Mick, il voudrait avoir la vôtre
avec votre Pouk.

— Vous plaisantez, réplique-t-il tranquillement, mais
attendez que nous ayons voyagé quelque peu ensemble,

à travers champs. Dix shillings par jour, et Mick et Pouk
à vos ordres. Vous verrez, vous verrez.

A TRAVERS CHAMPS

Il a raison, ce brave Mick. Par un beau temps, en
pleine campagne, son jauting-car, d'où le regard s'étend
librement à tous les points de l'horizon, est un vrai bijou,
et Pouk, dont j'accusais l'indolence dans les rues de
Dublin, me parait à présent trop impétueux.

Le fait est qu'on se sent captivé par cette terre d'Irlande et qu'on s'affligerait de la parcourir trop rapidement. Quel beau pays ! des vallées si riantes ! des eaux si
limpides ! des montagnes gigantesques où mugit le torrent, où bondit la cascade ! des lacs pareils à d'immenses
coupes de cristal ! des iles solitaires si fraiches et si charmantes qu'on voudrait y passer sa vie ; çà et là. les anses,
les baies, les rades creusées par les flots de l'Océan, et
de tout côté la divine ceinture de cet Océan. Quel beau
pays !

« Première fleur de la terre, première perle des mers, »
a dit son poëte Th. Moore.

A chaque instant, cette verte Erin surprend les regards
par une nouvelle image attrayante ou grandiose. A chaque
pas je l'admire, et je ne puis tenter de la dépeindre. Il
faudrait des volumes entiers pour décrire seulement quelques-uns de ses plus notables tableaux : la baie de Bantry
où deux fois les Français débarquèrent pour secourir les
Irlandais ; les scènes alpestres de Glengarif ; les champs
de céréales de Tipperary ; les lacs de Glendalough près

desquels s'élevaient autrefois sept églises ; les lacs de Killarney, qu'on appelle, en irlandais, lacs de la science,
parce qu'il y avait jadis sur leurs bords plusieurs écoles
religieuses : la romantique vallée d'Avoca si gracieusement chantée par Th. Moore ; la grotte d'Antrim, pareille
à une cathédrale dont les voûtes s'arrondissent sur une
eau profonde, et la chaussée des Géants, une des merveilles
de cette île des merveilles.

On dit que cette longue rude jetée qui s'avance dans la
mer fut construite par un des Titans de l'Irlande pour rejoindre à Staffa un des Titans de l'Écosse qu'il voulait
anéantir. Les guides qui conduisent l'étranger à travers ce
dédale de bassins aquatiques, de pyramides, de pilastres
et d'avenues savent bien que tout cela a été creusé, édifié,
aligné par les géants. Ces vastes murailles de basalte
étaient leurs remparts ; cette enceinte de rocs, leur
théâtre ; cette autre, leur salle de bal ; cette rangée de colonnettes rondes, c'était leur jeu d'orgues, des orgues de
plus de cent pieds de hauteur, à présent pétrifiées, mais
qui jadis résonnaient au souffle du vent, sous la main des
bardes, avec les chants ossianiques.

Les géants ont disparu. La structure prodigieuse est
restée. Les vagues de la mer ne peuvent la rompre ; les
ouragans ne peuvent l'ébranler.

Ainsi, d'une des extrémités à l'autre de l'Irlande, partout la poésie de la nature, hélas ! et partout aussi la poésie
des ruines ; les ruines des couvents, des chapelles, des
églises de cette île des saints ; les ruines des châteaux et
des forteresses de cette verte Erin où jadis on comptait
sept rois et un grand nombre de seigneurs.

Ce qui reste de ces anciens édifices atteste le pouvoir et
l'intelligence de ceux qui les ont construits. Il y a çà et là
des tours et des bastions qui étonnent les regards par

l'épaisseur de leurs murailles ; çà et là des portiques de monastères, des colonnes, des arceaux, des cathédrales dont on ne peut se lasser d'admirer la grâce et la majesté. Dans les districts occupés principalement par les protestants qui se glorifient de leur esprit utilitaire, on ne se fait nul scrupule de prendre des matériaux dans ces ruines pour bâtir un temple, un presbytère, un workhouse.

Dans les cantons catholiques, personne n'oserait toucher à ces vénérables monuments. Le lierre les enveloppe dans son vert réseau ; la clématite y suspend ses blanches corolles ; le chêne, jusqu'à leur sommité, élève ses branches de gui comme au temps des druides, et, à l'angle de leurs corniches, l'hirondelle fait son nid. L'homme en ses fatales passions a jeté là le deuil de la mort. L'éternelle nature répand ses germes de vie sur ces façades lézardées, dans ces enceintes désertes, le soleil les colore et le temps leur donne une beauté solennelle.

Chacune de ces œuvres est illustrée par des noms, par des faits, par des légendes qui, de génération en génération, se transmettent au foyer du fidèle Irlandais.

Dans ce château, jadis vivaient des seigneurs aimés et respectés. A la cime de ces tours flottait l'étendard de la libre Erin ; par ces poternes, les hardis cavaliers s'élançaient contre les hordes d'Élisabeth ou de Cromwell.

Dans ces abbayes, l'enfant trouvait une école, le pauvre un refuge, le malade un soulagement. Dans ces églises, les saints faisaient des miracles.

En évoquant ces souvenirs d'un autre âge, la plupart des paysans irlandais peuvent songer qu'en cet autre âge, leurs familles possédaient la terre dont ils ne sont plus aujourd'hui que les humbles fermiers, et il en est dont le cœur doit être douloureusement ému par ces réminiscences.

Dans le comté de Tipperary, dit mistress Hall, un descendant en ligne directe de lord Roche faisait l'office de piqueur dans une maison de parvenu. Il mangeait avec les autres domestiques, mais, par fierté, ne voulait point recevoir de gages.

« Nous avons vu, dit le même écrivain dans son excellent livre, nous avons vu l'héritier légitime d'une grande maison labourant la terre. Il interrompit son travail pour causer avec nous, et du doigt il indiquait les immenses domaines qui avaient appartenu à son aïeul.

« Un soir, un Anglais qui avait pris possession d'un bien confisqué, aperçut un vieillard assis au pied d'un chêne, la tête baissée, les yeux pleins de larmes.

« — Qui êtes-vous, lui dit l'Anglais, et pourquoi semblez-vous si affligé?

« — Je suis, répondit le vieillard, un Mac-Carthy, maître autrefois de ce château, de ces collines, de ces vallons, maintenant proscrit par l'Angleterre. Demain, je m'embarque pour l'Espagne. Avant de partir, j'ai voulu revoir ces lieux où je suis né, ces arbres que j'ai plantés. »

Si amères que soient ces réminiscences, l'Irlande n'en peut distraire son esprit.

« Que notre Erin, dit Th. Moore, se souvienne du temps passé, du temps où des êtres indignes ne l'avaient pas encore trahie, du temps où ses rois écrasaient les pirates étrangers. »

L'Irlande se souvient. Ses chanteurs ambulants lui redisent ses vieilles traditions; ses monuments religieux et chevaleresques lui rappellent ses gloires nationales. Une de ses légendes raconte que le vaillant O'Donoghue, enseveli dans l'un des lacs de Killarney, revient à certaines époques régulièrement visiter le château où s'écoula sa noble vie. Il entre dans les grandes salles où jadis les harpes des bardes résonnaient à de joyeux banquets. Il parcourt les préaux où ses guerriers s'exerçaient aux combats. Il monte sur les remparts et contemple la beauté des collines, les fleurs des prairies qui entourent les admirables bassins de Killarney, puis gravement redescend au fond des eaux.

L'Irlande ainsi contemple son passé et rentre dans son deuil. Ceux qui prétendent que, sous le régime actuel, elle n'a plus à se plaindre ne connaissent pas son véritable état ou ne sont pas de bonne foi. Les concessions qui lui ont été faites ne suffisent pas pour réparer les désastres de plusieurs siècles, et ses lois nouvelles n'ont point l'efficacité que les prôneurs de l'Angleterre leur attribuent. A la vérité, les catholiques ne sont plus exclus des fonctions publiques: mais ils n'ont pas les mêmes priviléges que les protestants et n'arrivent pas aux premiers emplois. Les jeunes catholiques qui désirent se livrer à de hautes études ne sont plus obligés de s'expatrier. Mais ils n'ont point dans leur pays tant d'écoles que les protestants, quoiqu'ils soient beaucoup plus nombreux. Les prêtres catholiques ne sont plus proscrits. Ils peuvent librement célébrer les offices religieux et librement aussi construire des églises. Mais la suprématie de l'Église anglicane reste imposée à l'Irlande comme par le passé, et l'on ne peut, sans une pénible surprise, observer cette vieille iniquité.

Les protestants ne forment guère qu'un huitième de la population irlandaise. Mais ils ont là une légion de prélats, de doyens, de pasteurs tous magnifiquement dotés et rentés par les catholiques.

« Voilà, dit Th. Moore, dans un de ses poëmes humoristiques, voilà ce qui fait voir la magnanimité des saints de l'Église anglicane. Bien qu'ils abhorrent le catholicisme, ils ne font nulle difficulté de recevoir son argent, et consentent même à cheminer vers le ciel aux dépens des catholiques. »

Vingt-deux évêchés, deux mille quatre cent cinquante presbytères : telle est, en Irlande, l'organisation de l'Église anglicane pour sept à huit cent mille âmes.

Il y a tel évêque qui, en faisant dans son diocèse le dénombrement de ses coreligionnaires, n'en compte que quelques centaines. Il y a tel pasteur qui, le dimanche, quand il monte en chaire dans son beau temple construit à grands frais, n'a pas d'autres auditeurs que sa femme et son sacristain. Tous les autres habitants de sa paroisse sont réunis dans la chapelle catholique.

Évêques et prédicateurs n'en ont pas moins un joli traitement. Leur revenu se compose du produit des terres enlevées, selon les termes des anciens décrets, aux rebelles papistes, et des produits des dîmes payées par les pauvres descendants de ces mêmes papistes.

On évalue, terme moyen, le revenu des pasteurs de campagne à 200 livres sterling (5,000 fr.), et celui des évêques à 10,000 livres (250,000 fr.)

Il y a des siéges épiscopaux qui, en ces temps de spéculations pécuniaires, peuvent être considérés comme les plus sûrs éléments d'une grande fortune. Le *Black book* en cite plusieurs exemples. Un tuteur de lord Westmoreland, investi de l'évêché de Choger, arrivant en Irlande sans un shilling, ramassa là, dans l'espace de huit ans, près de sept millions. Trois autres évêques ont légué à leurs héritiers plus de quinze millions.

Un simple recteur, ayant la joie de réunir sous sa houlette pastorale deux villages, en recevait annuellement une somme de 30,000 fr.; un de ses fils régissait à peu près dans les mêmes conditions deux autres églises.

A côté de ces heureux dignitaires, est l'humble prêtre

catholique qui ne songe point comme eux à thésauriser et n'a point comme eux de doux loisirs. Ses paroissiens sont nombreux et sans cesse ont recours à lui. Il est à la fois leur guide religieux et temporel. C'est lui qui va s'asseoir à leur chevet quand ils sont malades, qui reçoit leurs confidences et les assiste dans leurs difficultés.

Le plus petit fonctionnaire anglais se croit en droit de regarder avec un souverain mépris les paysans irlandais. Le prêtre catholique, au contraire, les traite, en toute occasion, avec une affectueuse douceur et une sollicitude paternelle. Aussi est-il vénéré et béni !

Cruelle est la loi qui les oblige à payer un tribut annuel aux ministres d'une secte qui, après les avoir si longtemps et si horriblement persécutés, est encore à présent leur ardente ennemie. Ils n'acquittent qu'en gémissant cet inique impôt. Mais à leur prêtre aimé, ils voudraient tout donner. S'ils n'ont point d'argent, ils lui offrent des œufs, du lait, des écheveaux de fil. C'est la dîme volontaire, dîme de la foi des temps primitifs. Le bon pasteur ne la demande point. Il la reçoit avec gratitude, et n'en garde que ce qui lui est rigoureusement nécessaire. Le surplus, il l'emploie à faire des aumônes.

LE PRESBYTÈRE

Dans un village sur les bords du Shanonn, j'ai passé, chère sœur, avec un de ces prêtres, une intéressante matinée.

Pouk, le vaillant Pouk s'était déferré, et tandis que Mick s'en allait cherchant un moyen de réparer cet acci-

dent, j'examinais les restes d'un édifice qui, à en juger
par ses fragments de colonnes et de statues, devait avoir
été très-beau. En ce moment, un vieillard d'une figure ave-
nante passait près de moi. C'était le prêtre. Je lui deman-
dai quelles étaient ces ruines. « Ce sont, me répondit-il,
en me saluant gracieusement, celles d'une ancienne
église fondée par un de nos saints. Les soldats d'Élisabeth
l'ont détruite, et jamais nous n'avons été assez riches pour
la reconstruire. Mais elle n'est point abandonnée. Il y a là
une source à laquelle on attribue une vertu merveilleuse.
Chaque année des milliers d'habitants de divers cantons se
réunissent ici le jour de la fête du saint qui a fait jaillir cette
eau, c'est-à-dire le jour anniversaire de sa mort, parce
qu'à sa mort terrestre commence sa nouvelle vie.

Les pèlerins se rendent d'abord à la chapelle paroissiale,
où plusieurs messes sont ordinairement célébrées, puis ils
descendent dévotement dans la grotte où s'épanche la
source miraculeuse, puis ils s'en retournent en paix avec
leurs sentiments de foi.

L'exquise politesse et l'aimable physionomie de ce
prêtre m'ont engagé à lui adresser quelques autres questions.

— Vous êtes étranger, me dit-il. Nous nous faisons un
devoir en Irlande d'ouvrir notre maison à l'étranger.
Voulez-vous bien visiter la mienne et me permettre de vous
offrir un chétif déjeuner?

J'accepte, et nous voilà cheminant du côté du presbytère.
Pour y arriver, nous devons traverser une partie du village.
J'ai là un touchant exemple du respect des Irlandais pour
leur curé. A l'aspect de celui qui m'a simplement offert
l'hospitalité, toutes les femmes s'avancent sur le seuil de
leur porte pour lui faire une grande révérence; tous les

hommes se découvrent la tête et s'inclinent, et les enfants accourent pour lui demander sa bénédiction.

En voyant ces témoignages de vénération, je pourrais lui dire comme le docteur Wagner à Faust : « O grand homme, quelle émotion vous devez éprouver de ces honneurs qui vous sont rendus ! »

Mais cet apôtre de l'Évangile n'est point agité par les rêves turbulents de Faust, et ne songe nullement à devenir un grand homme. Il est l'âme de ces pauvres gens qui le saluent si pieusement ; pauvre comme eux, comprimé comme eux par une loi rigoureuse, et portant en son cœur l'aiguillon de ses propres soucis avec le fardeau de leur misère. Aux uns il adresse en passant une parole amicale, un conseil, un encouragement, à tous, un bon regard et un bon sourire, et il poursuit sa marche, et il me conduit par un étroit sentier vers son cottage, un petit cottage solitaire, ombragé par des chênes, entouré d'une haie d'aubépines et de quelques groseilliers.

Une vieille femme, qui est sa gouvernante, s'avance à notre rencontre. — Britte, lui dit-il, je vous amène un voyageur auquel il faut donner un agréable souvenir de notre pays. Faites-nous, je vous prie, un de vos bons déjeuners.

— Le meilleur que je pourrai, répond Britte avec un cordial accent. Puis nous entrons dans une chambre dont on peut faire en quelques mots l'inventaire ; une table en bois, quatre à cinq chaises, quelques livres sur un rayon, une statuette en plâtre de la Vierge sur un socle rustique, un Christ en plâtre appendu à la muraille au-dessus d'un prie-Dieu. Nul autre ornement. Cette chambre blanchie à la chaux, c'est la gloire de la maison, le *drawing-room*, le salon.

Le déjeuner de Britte se compose d'un morceau de lard

frit dans la poêle, d'une omelette et d'une assiettée de noix. Pas de vin, mais une cruche de bière. Le curé paraît ravi de cette magnificence. Sans doute, il ne s'accorde pas chaque jour un tel festin. En savourant ce précieux déjeuner nous causons familièrement. Par son affabilité, le bon curé m'a mis à mon aise dès le premier instant de notre rencontre. Je l'interroge sur la situation actuelle de ses confrères et de ses coreligionnaires, et il me dit : « Si nous comparons cette situation à celle de nos prédécesseurs, nous devons nous estimer heureux. Nous ne sommes plus au temps où les prêtres catholiques étaient pourchassés comme des bêtes fauves, où un officier anglais se vantait d'avoir mis le feu à une cathédrale, parce qu'un archevêque y était enfermé, où une ordonnance de police offrait une prime de cinq livres sterling pour la tête d'un loup, et la même somme pour la tête d'un prêtre.

« Nous ne sommes plus bannis et nous avons, comme vous voyez, de jolis petits presbytères où nous pouvons recevoir l'étranger qui veut bien s'arrêter quelques moments près de nous. La plupart des anciennes lois faites en haine des catholiques sont abolies. Reste l'institution de l'Église anglicane, que l'on verra aussi disparaître. Je ne comprends pas que la clairvoyante Angleterre s'obstine encore à la maintenir. Si les zélés protestants se flattent d'opérer des conversions au moyen de cette riche et puissante institution, ils se trompent. Elle ne séduit point et n'édifie point les catholiques irlandais. Au contraire, elle les offusque par sa fortune, et les révolte par le lourd impôt qu'elle leur fait payer.

« Ce sentiment se manifeste fréquemment en diverses circonstances de la vie journalière. Il y a dans le chef-lieu de ce comté deux voitures publiques, l'une appartenant à une administration catholique, l'autre à des protestants.

Jamais, si pressé qu'il soit, dût-il ne pas trouver un autre moyen de transport, dût-il faire son voyage à pied, jamais le catholique ne prendra la voiture du protestant.

Une malheureuse famille n'ayant pu payer en entier le prix de son fermage est expulsée de sa cabane par un propriétaire impitoyable. Le mari se désole. Sa femme lui prend la main et lui dit :

— Consolons-nous ; ce maître est vraiment bien dur ; mais il ne sera pas notre maître dans l'autre monde.

Une vieille femme, se sentant près de sa fin, fait appeler un prêtre pour se confesser et lui adresse la parole en irlandais.

— Ne savez-vous pas l'anglais? lui demande le prêtre.

— Oui, réplique-t-elle, je le sais. Mais croyez-vous que je voudrais rendre mon âme à Dieu en parlant cette langue des mécréants ?

Cependant, cet esprit d'hostilité n'éclate plus par des actes de violence que dans des cas extrêmes.

Les paysans irlandais sont généralement d'une nature douce et presque tous très-religieux.

Dans le cours de votre voyage, vous avez pu en faire plus d'une fois la remarque. En passant à côté d'un ouvrier, ils ne manqueront pas de lui dire : « Que Dieu vous protége dans votre travail ! »

En entrant dans une maison, ils saluent par ces paroles ceux qui l'habitent :

— Que le Seigneur et la sainte Vierge répandent ici leurs bénédictions !

Ils assistent régulièrement aux offices de l'église et célèbrent avec une visible piété leurs événements de famille : baptêmes, fiançailles, mariages et surtout les enterrements.

Dès qu'un malade est inquiet de son état, il fait venir le

prêtre, et recouvre le calme de l'âme en accomplissant ses derniers devoirs.

Lorsqu'il est mort, on le revêt de linge blanc, on l'étend sur une table ornée de rubans ou de quelques fleurs. Ses parents et ses amis se réunissent successivement autour de lui : des chandelles sont allumées de chaque côté de la couche funèbre, et alors commence cette longue veillée pendant laquelle retentit l'*Ulloula*, c'est-à-dire le gémissement des femmes réunies là en une même pensée de deuil. L'une d'elles se lève, et se balançant en avant et en arrière, les bras en l'air, les cheveux épars, entonne le chant lugubre. Les autres l'accompagnent, et, à la fin de chaque strophe, poussent à la fois un cri lamentable.

Parfois un des assistants, saisi tout à coup d'une pensée poétique, improvise une élégie, douce et tendre s'il la fait pour déplorer la mort d'une jeune fille, grave et sentencieuse si c'est pour un vieillard, enthousiaste et menaçante pour quelque victime de l'oppression anglaise. En voici une où éclatent en termes énergiques ces sentiments de passion et de haine. Elle fut composée pour un jeune homme qui avait été associé à un complot politique, poursuivi par les Anglais et tué par un agent de police auquel il voulait résister :

« Sûr et léger était son pied dans la vallée et sur la colline. Son ombre terrifiait ses ennemis. Ses yeux pouvaient, comme ceux de l'aigle, regarder le soleil en face : ses armes étaient promptes et terribles comme la foudre. Son père avait une riche maison ; le voyageur y trouvait un bon gîte.

« Les étrangers sont venus et l'ont dépouillé de ses biens. Ils ne lui laissaient que le sang de son cœur, et ils le lui ont aussi enlevé. Les filles de la montagne s'en iront pleurant le long des ruisseaux, déplorant la perte de celui qui fut la fleur de la contrée. Jamais il ne reviendra, et son père n'a plus un autre fils. Mais il a une parenté nombreuse qui le vengera. Et maintenant, maudits soient à perpétuité les ennemis de l'Irlande ! que la lumière manque à leurs yeux de telle sorte qu'ils ne puissent voir ce qui leur est cher ! que l'herbe croisse sur le seuil de leurs portes ! que leur fortune disparaisse comme la neige en été ! que leurs propres enfants se soulèvent contre eux ! qu'ils ne boivent plus que la coupe de la douleur la plus amère, et qu'ils meurent sans le secours d'un prêtre ! Amen ! »

— Amen ! murmurait l'assemblée à chacune de ces imprécations.

Qu'on se figure l'effet que devait produire un tel chant, dans une chambre sombre, éclairée seulement par quelques lueurs vacillantes, en face d'un cercueil, au milieu d'une réunion d'hommes et de femmes exaltés par la douleur.

Autrefois, il n'en fallait pas tant pour produire une insurrection, pour armer une bande de *witeboys* ou de *steelboys*.

La veillée des morts dure ordinairement quarante-huit heures, quelquefois trois à quatre jours. La plupart de ceux qui en font partie sont hébergés par les héritiers du défunt. Coûte que coûte, chaque famille se fait un honneur de prolonger autant que possible cette solennelle hospitalité, et il y a des Irlandais qui, dans le cours de leur vie, s'imposent de rigoureuses privations pour constituer un pécule destiné aux frais de leurs funérailles.

Au dernier moment, les amis et les parents du mort viennent déposer un baiser sur son front. Puis il est cloué dans sa bière, et tous les gens de son village se mettent en marche pour le conduire au cimetière, qui à pied, qui à cheval, qui en voiture ; car le cimetière de la communauté

est peut-être très-loin, et s'il y a là en même temps un autre
convoi, on le regarde avec inquiétude, on voudrait le de-
vancer. C'est l'effet d'une vieille superstition que nous
n'approuvons pas, que nous ne pouvons cependant déra-
ciner. Nos paysans croient que le dernier enseveli dans la
terre bénite est obligé, jusqu'à ce qu'un nouveau venu le
remplace, de faire sans cesse un pénible trajet pour porter
de sa fosse quelques gouttes d'eau rafraîchissante aux
âmes du purgatoire. J'ai vu dans ma paroisse un brave
homme qui, en pleurant sur le corps de sa femme, mit à
côté d'elle, dans son cercueil, une paire de bons souliers
pour qu'elle fît plus commodément, disait-il, ce rude
voyage dans les régions souterraines.

A ces mots, le prêtre baissa la tête et resta un instant
silencieux et pensif. Puis reprenant la parole, il dit d'un
ton mélancolique : « Mes chers Irlandais! faut-il qu'ils
aient encore à redouter le purgatoire en un autre monde?
n'expient-ils pas déjà assez ici les défauts qu'on leur reproche : quelques mouvements de colère un peu vifs,
quelque penchant un peu trop prononcé pour le wiskey?
Ils sont au fond du cœur si bons ! Les femmes surtout ont
une patience et un dévouement admirables. J'entends dire
qu'en d'autres pays les alliances matrimoniales sont souvent troublées par la trop grande richesse ou par la misère.
Nous n'avons point à craindre ici le péril de la trop grande
richesse, et la misère ne peut rompre nos mariages. La
femme, en notre honnête Irlande, supportera la fatigue, la
faim, les mauvais traitements, tout, plutôt que de se séparer de son mari. J'en connais un grand nombre d'exemples. Je vous citerai seulement celui-ci :

« C'est vrai, disait une jeune femme en pleurant, c'est
vrai que Ned me bat, et voilà longtemps. Depuis que je
l'ai épousé, nous n'avons eu que de mauvais jours. Mais je

ne puis m'en plaindre ; nous ne devions pas attendre mieux, et quand il me donne quelques coups, je ne puis non plus lui en vouloir. Hélas ! c'est si triste de le voir vieilli avant l'âge, et si triste aussi de penser que souvent lorsqu'il rentre au logis, il n'y trouve pas même une pomme de terre ! Quelquefois, je couche mon petit garçon de bonne heure pour que le sommeil l'empêche de sentir la faim. Mais Ned s'inquiète de cet enfant. Malgré moi, il l'éveille, et s'afflige de le voir amaigri. Je sais cela, et il sait aussi que je lui resterai toujours fidèle, que je le suivrais jusqu'aux portes de la mort pour lui épargner une heure de chagrin. Il sait cela, et ce matin, il m'a embrassée et est sorti sans rien manger, disant que le maître chez lequel il travaille pour seize sols par jour voulait lui donner à déjeuner. Je suis sûre qu'il a inventé cette histoire pour ne pas prendre sa part des quelques pommes de terre que nous avons encore à la maison.

«Nobles, candides et tendres âmes ! » murmura le vieux curé en finissant ce touchant récit ; puis il me dit : « Vous m'avez témoigné pour les Irlandais si longtemps outragés, et maintenant encore si méconnus, vos sentiments de sympathie. Je vous en sais gré. Allez. Plus vous les verrez, plus vous les apprécierez, et vous vous intéresserez à leur sort, et vous vous souviendrez d'eux. »

A TRAVERS CHAMPS

Oui, je me souviendrai, ma chère Stina, je me souviendrai de ce vénérable prêtre qui ne me connaissait pas, et qui m'a si amicalement accueilli. Je me souviendrai de cette contrée qui m'a tant ému, de ces lacs, de ces prairies que j'ai contemplés dans une muette admiration, de ce peuple que les hommes ont fait si pauvre sur cette terre que Dieu a faite si belle!

Ce brave, ce fidèle peuple catholique! les décrets de confiscation lui ont enlevé tous les biens de ses aïeux pour les livrer à une oligarchie protestante. A ces décrets a succédé le régime des lois pénales qui lui interdisait formellement la faculté de posséder des propriétés immobilières. Cette loi monstrueuse a duré jusqu'à la fin du siècle dernier. Dès cette époque seulement, les catholiques ont pu ressaisir quelques épaves de leur naufrage. Mais, malgré leurs efforts pour acquérir des champs ou des maisons, les quatre cinquièmes du sol appartiennent encore aux protestants. Les descendants des anciens maîtres de l'île sont encore réduits à l'état de fermiers, soumis à des rigueurs qu'on ne trouverait en aucun autre pays, condamnés au funeste résultat de l'absentéisme.

La plupart des grands propriétaires ne se soucient guère de résider dans cet ancien royaume abaissé par le traité d'union à l'état de province. Londres séduit leur ambition, le continent leur fantaisie. Ils abandonnent pour une somme déterminée l'administration de leurs domaines à des agents, et vont en d'autres lieux dépenser leurs revenus. L'agent, ou le *middleman*, ne songe qu'à tirer de ces domaines, par tous les moyens possibles, le plus grand profit pour son propre compte. Dans ce but, il les divise et subdivise par petites parcelles de deux acres, souvent même d'un acre, qu'il loue séparément au plus haut prix. Quelquefois, il exige que les paysans auxquels il cède ces bandes de terre lui fassent à lui et à sa femme un présent.

Quelquefois il leur impose l'obligation de n'entrer que

dans le cabaret qu'il leur désigne, et dans la boutique dont la prospérité l'intéresse particulièrement. Quelquefois il leur défend d'envoyer leurs enfants à l'école catholique et de les marier sans son autorisation. Enfin, il ne leur accorde qu'un bail de courte durée qu'il peut lui-même révoquer à volonté.

Dans quelle misère il faut être pour accepter de telles conditions ! C'est vrai, le paysan irlandais est dans cette misère. Marié, père de famille, n'ayant appris aucun métier, n'ayant pour tout bien que ses deux bras, que faire ? Il peut bêcher, creuser, ensemencer le sol. Il entrevoit une tourbière au bord d'une *blackwater*, un coin de champ, une cabane. De cette tourbière il tirera, par un patient travail, quelque combustible ; dans ce champ il plantera des pommes de terre ; dans cette cabane il aura un gîte, il vivra.

Vivre et faire vivre sa femme, sa courageuse auxiliaire, et ses enfants, qui, à mesure qu'ils grandissent, s'associent à sa tâche journalière, vivre par le plus pénible labeur, dans les plus cruelles privations, c'est là tout ce qu'il demande, c'est là son heureuse perspective.

O Dieu ! et çà et là tant de gens qui ne pensent qu'à amuser leur vie oiseuse par tant de folles joies et d'inutiles prodigalités ! quel contraste ! quelle mystérieuse loi de la Providence !

Cependant l'accord étant fait avec le middleman, l'impôt à cet âpre seigneur payé et toutes les conventions réglées, le paysan entre dans la cabane qui lui est accordée, ou qu'il construit lui-même. Puis il plante des pommes de terre, dont il observe souvent la lente croissance. Il élève un porc qu'il vendra pour payer son fermage. Et le voilà dans son triste réduit, espérant et priant. S'il ne tombe point malade, si le temps favorise son travail, s'il peut encore par quelques humbles offrandes adoucir la cupidité de son redoutable maître et obtenir par là une prolongation de bail, tout va bien. L'année finit heureusement et il arrive à l'autre avec plus de confiance.

Mais s'il est saisi par une de ces fièvres si fréquentes près des terrains marécageux, si quelque fatal accident lui enlève sa récolte, s'il ne peut payer son fermage ou s'il manque à un autre de ses engagements, c'en est fait, il sera sans miséricorde expulsé de son terrain. S'il essaye de rester dans sa cabane, s'il prétend qu'il a le droit de la garder, l'ayant lui-même bâtie, il verra venir les gens de la brigade du levier (*crowbar-brigade*), les huissiers qui vendront à l'enchère son chétif mobilier ; les sbires, qui avec des barres de fer, démoliront son toit, et peut-être une troupe de soldats qui, par la baïonnette, doivent maintenir l'ordre, dans le cas où cette scène cruelle soulèverait les habitants du voisinage.

Telle est la loi qui subsiste encore, en dépit des actes de désordre qu'elle a souvent produits, des larmes qu'elle a fait répandre, des généreuses protestations qu'elle a suscitées ; telle est la loi anglaise, que le premier des journaux anglais, le *Times*, dénonce lui-même comme une loi tyrannique et sauvage.

En l'absence du propriétaire, qui serait peut-être plus humain, le middleman réclame l'exécution de cette loi ; les juges la lui acccordent, et le malheureux tenancier la subit.

Il jette un regard douloureux sur les débris de la frêle habitation qui fut son foyer, sur les sillons de ce champ qu'il arrosa de ses sueurs. Puis il s'éloigne avec sa femme et ses enfants, abattu, sans ressources, et entaché par cette éviction, qui l'empêchera peut-être longtemps de retrouver un asile comme celui qu'il regrette.

Pour comprendre l'étendue de sa misère, il faut voir ce qu'il regrette ; il faut connaître cette espèce de tente en terre, ce hangar informe, cette hutte qu'il appelle sa maison.

Figure-toi, ma chère Stina, quatre murs de limon desséché surmontés d'un toit de chaume ou de gazon. Dans ces quatre murs le sol nu, et pas une boiserie, pas une cloison, ni cheminée, ni fenêtre. L'air et la lumière n'entrent dans cette sombre enceinte que par la porte entr'ouverte. Par cette même porte s'échappe la fumée du foyer. Le mobilier se compose d'une marmite pour cuire les pommes de terre, d'un panier pour les servir, et de quelques chaises à trois pieds. Si, à cela, on ajoute une table et une armoire, c'est un luxe peu commun. Autour de l'âtre, des pierres servent d'escabeaux ; dans un coin, un grabat ; d'un autre côté, des couches de paille et de foin, le grabat pour les aïeux s'ils vivent encore, sinon pour le père et la mère ; les couches de paille pour les enfants. Si ces pauvres gens ont le bonheur rare de posséder une vache, elle est la nuit admise près d'eux, et près d'eux a sa place assurée.

— N'a-t-elle pas le droit, disent-ils, de demeurer avec nous ? C'est elle qui paye la rente.

Toute une famille humaine est là avec ses animaux domestiques dans cette geôle étroite où l'air, imprégné d'exhalaisons malsaines, n'est jamais entièrement renouvelé. La toiture, faite avec des mottes de terre, se détériore souvent ; la pluie y descend, coule le long des murs et détrempe le sol dans l'intérieur de la cabane. Le soir, le paysan, ayant achevé sa tâche, rentre trempé par cette pluie et se couche sur une paille humide, avec ses habits mouillés, n'étant pas assez riche pour avoir des habits de rechange.

Dans cette misère de l'Irlande, ceux-là s'estiment heureux qui peuvent avoir, vaille que vaille, un vêtement à peu près complet. En plein hiver, la plupart des enfants n'ont ni bas, ni souliers ; les vieillards grelottent sous des manteaux usés, et une quantité de femmes, des plus jeunes et des plus belles, ne portent que des haillons. Quelque petite parcelle de ce qu'une élégante du monde des riches dépense en un luxueux caprice suffirait pour satisfaire aux besoins de ces pauvres innocentes créatures. Je pense aussi que ceux qui organisent des comités de souscription pour envoyer des vestes et des cravates aux négrillons, qui ne s'en soucient guère, feraient mieux de songer aux enfants dénudés de l'Irlande.

C'est grande pitié de voir à quelles maladies le paysan irlandais est exposé par la pénurie de ses vêtements et l'insalubrité de son logis, et à quels dépérissements par son alimentation.

En Irlande, on élève des bestiaux, et on récolte des céréales. Mais ces deux produits ne sont pas pour lui. Ils appartiennent au riche, et sont généralement livrés à l'exportation. Des milliers de paysans irlandais n'ont, de leur vie, goûté un morceau de viande, ni même un morceau de pain. Ils ne mangent que des pommes de terre. Le matin, à midi, le soir, chaque jour, toute l'année, constamment, pas autre chose que des pommes de terre. Quelques-uns y joignent un peu de petit-lait ; quelques-uns, parfois, un peu de saumure de harengs. Il en est un grand nombre qui ne peuvent se permettre un tel luxe, qui n'ont même, sans aucun assaisonnement, que la pomme de terre de qualité inférieure, la *lumper*, qui est molle et fade, mais très-productive. Dans les mauvaises années, on mêle à ces tubercules indigestes une algue maritime plus indigeste. Dans le temps de disette, on ne fait cuire qu'à moitié ces rudes aliments. Une demi-cuisson les rend plus difficiles à digérer, et par là occupe plus longtemps l'estomac. On n'appaise pas la faim. On tâche seulement de la tromper.

« La faim, dit M. Perraud dans son admirable livre [1], voilà le fléau qui, depuis si longtemps, sévit sur l'Irlande, qu'il est devenu comme un état normal de cette malheureuse contrée. Pour caractériser ses divers degrés d'intensité, on a dû créer des expressions heureusement inconnues aux peuples civilisés et chrétiens du reste de l'Europe. Il a fallu distinguer en Irlande la mort par la prompte faim, et la mort par la faim lente. »

Dans la condition qui lui est faite par son propriétaire, si exiguës et si précaires sont les ressources du paysan irlandais, qu'une année seulement suffit pour le réduire à la famine.

M. Thackeray, l'un des écrivains les plus populaires de l'Angleterre, dit dans l'un de ses livres :

« Dans le sud et dans l'ouest de l'Irlande, le voyageur a en face de lui le spectacle d'un peuple qui meurt de faim, et cela par milliers, et dans les contrées les plus riches. Les paysans d'une robuste constitution restent au lit, à cause de la faim, parce qu'un homme qui est couché n'a pas besoin d'autant d'aliments que celui qui est debout. »

Un autre écrivain anglais raconte cet épisode de son excursion en Irlande : « J'ai été voir le village de Cleggan. La disette était effrayante, bien au delà de ce que je puis dire. Je fus promptement entouré d'une troupe d'hommes et de femmes qui ressemblaient plus à des chiens affamés qu'à des créatures humaines. Leurs figures, leurs regards, leurs cris montraient qu'ils souffraient l'agonie délirante de la faim.

Étude sur l'Irlande contemporaine, 2 volumes in-8°.

« Je suis entré dans plusieurs cabanes. Dans l'une, il y avait deux hommes décharnés, couchés tout de leur long sur la terre humide, trop faibles pour pouvoir bouger et n'ayant littéralement que la peau et les os. Dans une autre, il y avait un jeune homme malade. Sa mère avait tout mis en gage, jusqu'à ses souliers pour lui sauver la vie. Je n'oublierai jamais le ton résigné avec lequel il me dit : « Le seul remède dont j'ai besoin, c'est du « pain. »

Ainsi, après toutes les atrocités des invasions anglaises, des haines fanatiques et des sanglantes persécutions, l'horrible vœu formulé par Spenser au temps d'Elisabeth se réalise encore en nos temps d'apaisement. Des milliers et des milliers d'Irlandais sont privés de toute culture et de tout aliment.

Pour échapper à cette fatalité, ils émigrent.

Au siècle dernier, Goldsmith décrivait le triste aspect du village abandonné. S'il vivait encore, le doux poëte, il pourrait voir dans toutes les provinces de sa chère Irlande des *lovely Auburn*, subjugués par la main des tyrans, appauvris par un pouvoir impitoyable et abandonnés par les bonnes gens qui se réjouissaient d'y vivre dans leur innocence champêtre.

D'année en année, la population de la malheureuse Erin s'amoindrit [1]. Ils s'en vont, les pauvres Irlandais, chassés par la famine, comme autrefois leurs aïeux par la proscription. Ils s'en vont chercher par leur travail un moyen de subsistance en de lointaines régions. Cependant, ils aiment leur pays du fond de l'âme. Ils ne peuvent le quitter sans une amère douleur, et quiconque a vu

---

[1] En 1841, on comptait là 8,175,000 habitants. En 1861, il n'y en avait plus que 5,674,000.

une des scènes de cet exode en a certainement ressenti une émotion qu'il n'oubliera jamais.

C'est à Cork qu'ils s'embarquent généralement pour l'Amérique ou l'Australie. Ce sont surtout les jeunes gens qui partent. Les vieux ne se sentent point la force d'entreprendre une si longue traversée et veulent mourir sur le sol où ils sont nés.

Au jour fixé pour le voyage, dès le matin, de tous côtés, les émigrants arrivent sur les quais de Cork et ils restent là jusqu'au moment où ils monteront à bord de leur navire.

Les uns, assis par terre, immobiles et silencieux, semblent plongés dans un abîme de douloureuses réflexions ; d'autres contemplent l'onde argentée de la rade, les riantes maisons, les verts jardins qui l'entourent comme s'ils voulaient graver trait pour trait au fond de leur mémoire une des belles images de cette belle Irlande dont ils vont bientôt s'éloigner ; d'autres, debout sur un monticule, la tête droite, l'œil fixe, regardent les collines bleuâtres qui se dessinent à l'horizon, comme s'ils aspiraient à s'élancer au delà de ces collines sur les vagues de l'Océan vers les régions inconnues ; d'autres enfin se disséminent, çà et là, en différents groupes, avec leurs parents et leurs amis. Quand on passe près d'eux, on entend des soupirs, des gémissements, des confidences qui révèlent de touchantes situations.

— Mon enfant, dit un prêtre à un grand garçon qui l'écoute respectueusement, ne vous laissez point décourager par un insuccès, ni abattre par un chagrin. Soyez ferme dans votre devoir. Restez fidèle à votre Dieu. Ce Dieu de miséricorde ne vous abandonnera pas.

— Mon cher Patrice, murmure une mère à son fils, en inclinant vers lui sa bonne figure sur laquelle ruissellent ses larmes ; j'ai mis dans ton sac de voyage des brins de trèfle. Il y en a un à quatre feuilles qui, dit-on, porte bonheur, et c'est la plante qui verdoie près de notre demeure ; c'est une parcelle du sol où tu as grandi. Souviens-toi de ce sol natal ; souviens-toi du petit champ que ton père t'apprenait à cultiver, de l'église où nous allions prier le dimanche, du foyer où nous avons passé de bons jours. Comme il sera triste ce foyer quand j'y rentrerai sans toi ! Tes frères y sont encore, mais si chers qu'ils me soient, ils ne peuvent te faire oublier. Si l'on nous coupe un des doigts de la main, les autres ne le remplacent pas. Souviens-toi, Patrice, de ceux qui t'aiment. Souviens-toi de ton vieux père et de ta vieille mère.

— Non, Kewin, dit une belle jeune femme, qui d'une main tient la main de son mari et de l'autre caresse la tête blonde de l'enfant accroupi sur ses genoux, non, je n'ai pas peur de la mer et de ses tempêtes, et je n'ai pas peur des pays éloignés où nous allons. Si je pleure, c'est que je laisse ici des parents qui souvent tout seuls près de leur petit feu de tourbe pleureront en pensant à nous. Quel bonheur si un jour je pouvais les revoir et leur montrer grande et forte notre petite Marie dont ils sont si inquiets, dont ils ne pourraient se détacher !

— Écoute, dit un vigoureux jeune homme à son frère, un beau garçon comme lui, à la figure ouverte, à l'œil vif et limpide, écoute, tâche de garder la ferme pendant une année encore, fallût-il pour y rester faire un nouveau cadeau à Bury le cruel middleman, et un autre à sa méchante femme. Dans un an, si j'en crois ce que m'a écrit notre cousin Neill, j'espère avoir un bon coin de terre au Canada. Je t'enverrai de l'argent ; tu m'amèneras notre sœur et Kathlen, qui m'a promis de m'épouser, qui, j'en suis sûr, ne manquera pas à sa promesse. Si tu n'as pas aussi une Kathlen irlandaise, nous t'en trouverons une en Amérique. Notre foyer est en deuil. Nos parents sont morts. Là-bas, nous ferons un autre foyer et une autre famille.

La matinée s'écoule en ces affectueux et mélancoliques entretiens. Quand l'heure de l'embarquement approche, les porteurs de bagages et les *jaunting cars* se pressent de plus en plus vers le quai. Au milieu du bruit des voitures et de rumeurs de la foule, de temps à autre retentissent les célèbres cloches du Shandon de Cork, dont les vibrations résonnent comme un gémissement dans le cœur de celui qui s'en va, comme un chant de joie dans le cœur de celui qui revient. Puis, tout à coup, une autre cloche donne le signal du départ. Alors tous ceux qui vont se quitter s'embrassent pour la dernière fois, et les larmes coulent sur les jeunes visages comme sur les joues ridées, et les soupirs et les sanglots éclatent avec les cris d'adieu.

—Adieu, Kathlen, n'oublie pas ton fiancé. Adieu, Patrice, souviens-toi de ta vieille mère. Adieu, mes enfants, dit le prêtre en élevant les bras pour prier et bénir. Que le Seigneur soit avec vous ! Amen !

— Amen ! répètent les assistants la tête découverte, en faisant le signe de la croix.

Un instant après, le sacrifice est accompli. Des familles entières sont disjointes peut-être à tout jamais. Les fils vont au loin, les mères pleurent sur le rivage.

Au temps où nous vivons, un roi d'Afrique, pour satisfaire un de ses stupides caprices, livre des centaines de ses sujets à des négriers ; un ukase autocratique exile les Polonais ; l'ukase de la faim exile les fils de l'Irlande.

Quel est de ces arrêts le plus cruel ?

J'ai trouvé, dans ce pays d'Irlande, un idéal de poésie, et des plus purs, et des plus nobles sentiments. Mais j'ai vu des misères qui navrent le cœur. Trouverai-je dans le pays qui l'a dilapidé, dans le puissant royaume d'Angleterre, l'idéal de la fortune?

J'y vais.

En Angleterre.

Sur le bateau à vapeur de Liverpool, j'ai fait par hasard connaissance avec un Anglais qui a voyagé en Suède, et qui se plaît à s'en souvenir. Plus affable et plus expansif que la plupart de ses compatriotes, peut-être, chère Stina, parce qu'il a vécu dans notre beau pays, il s'est mis à causer bénévolement avec moi, et, jugeant par mon entretien que j'avais grand besoin de conseils, il m'a adressé cet instructif discours :

« Vous êtes jeune. C'est dans la jeunesse qu'il faut constituer les bases de son avenir. Songez que toutes vos heures doivent être utilement employées. N'allez pas en perdre une partie dans les frivolités de la littérature et les rêveries des poëtes. Platon retranchait ces gens-là de sa république, et il avait raison. Race de poëtes, race pernicieuse, dont les œuvres ne servent qu'à égarer l'imagination et amollir l'esprit.

« Par bonheur, le temps n'est plus où un homme pouvait s'illustrer par un quatrain et mettre en émoi tous les salons par un sonnet. Nous vivons à une époque où les facultés intellectuelles doivent s'appliquer à des recherches sérieuses, à un but positif. Une active et ardente société s'élève à la place de la vieille société appauvrie par son inhabileté, aveuglée par de sottes superstitions, dégradée par de niaises coutumes.

« L'humanité entre dans une nouvelle phase. Le monde se régénère par la science et l'industrie. Par ces deux puissances, par ces deux leviers d'Archimède, nous avons déjà produit des merveilles réelles, plus étonnantes que les plus fabuleuses merveilles inventées par les conteurs des *Mille et une nuits*.

« Nous ne sommes qu'au commencement de nos découvertes. De plus en plus nous conquérons l'espace, nous domptons la matière et nous faisons faire par la mécanique notre travail manuel, pour pouvoir nous livrer plus librement à notre travail intellectuel, ou nous délecter dans notre bien-être. Un jour viendra où le laboureur pourra fumer tranquillement sa pipe, tandis que par d'ingénieuses machines, ses champs seront labourés et ensemencés, ses prés fauchés, ses blés récoltés, battus et vannés, son lin et son chanvre teillés, filés, tissés.

« Un jour viendra où le négociant, assis mollement dans son fauteuil, correspondra avec ses clients au moyen d'une petite machine placée sur son bureau, enverra des dépêches à l'une des extrémités du monde, et en recevra la réponse en moins de temps qu'il n'en fallait aux génies de la lampe enchantée pour obéir aux ordres d'Aladdin.

« Un jour viendra où il n'y aura plus ni conscription, ni armées, ni batailles. Ces affreux égorgements, qu'on célébrait comme des actes héroïques dans les temps barbares, seront remplacés par des expériences industrielles. Quand la guerre éclatera entre deux nations, les ingénieurs rangeront de chaque côté les batteries chargées de projectiles, y mettront une mèche allumée, puis iront à quelque distance prendre leur verre de grog. Un instant après, l'affaire sera finie. Le peuple dont les batteries auront été abîmées se déclarera vaincu et demandera la paix.

« Pas une goutte de sang n'aura été répandue, et l'on ne

verra pas un soldat mutilé, seulement des canons et des affûts brisés. Alors l'homme, ayant ainsi assoupli la matière, gouvernera les éléments, et, se gouvernant lui-même, pourra vraiment s'appeler le roi de la création. Nous devons tous, dans la mesure de nos forces, coopérer à la constitution de cette royauté. Nous en jouirons, et nos enfants en hériteront. »

Voilà, chère sœur, les prodiges qui me sont annoncés par mon compagnon de voyage, M. Strong. Il en parle, dit-il, avec d'autant plus d'assurance qu'il s'est voué aux travaux industriels, et déjà de ce fructueux emploi de sa vie, il a été magnifiquement récompensé. Filateur de coton à Manchester, et passionné pour l'étude de la mécanique, il a trouvé un procédé au moyen duquel il économise chaque jour près d'un demi-centime par bobine sur le labeur de ses ouvriers. Il espère en découvrir un autre plus lucratif encore pour lequel il prendra un brevet d'invention, et ses concurrents seront obligés d'acheter son mécanisme, s'ils ne veulent pas fermer leurs ateliers : « Venez à Manchester, ajoute l'heureux M. Strong, vous verrez là un mouvement d'affaires, des fabriques et des magasins dont vous n'avez pas une idée.

« Votre Suède est certainement un superbe pays, et vos compatriotes sont les meilleures gens du monde. Mais ils ne méritent pas d'avoir tant d'excellents combustibles, tant de mines de fer et de cuivre, tant de lacs et de rivières navigables, car ils ne savent pas en faire usage. Venez à Manchester. Vous verrez comme les Anglais travaillent. »

Il paraît, ma chère Stina, que l'industrie est vraiment une grande puissance, une puissance de premier ordre, comme disent les diplomates en parlant de certains royaumes. A la façon dont elle grandit, elle pourrait bien deve-

nir quelque jour la nouvelle religion de plusieurs jeunes
générations. Elle a déjà un bon nombre de prosélytes.
D'année en année, tout naturellement, elle doit en conquérir
de nouveaux. Ses maximes n'effarouchent pas ceux qui
aiment à bien vivre. Elle n'interdit point les plaisirs sensuels, et ne trouble point par de fâcheux scrupules les
consciences, et à ses élus elle promet les biens les plus
enviables, des jardins, des palais, des coupons de rente,
de l'or. Quelle aimable religion!

Mais, pour entrer avec quelques chances de succès dans
les voies de l'industrie, il faut avoir certaines facultés intellectuelles qui ne m'ont point été accordées. Je ne comprends rien à ses calculs, qui sont ses arguments souverains, ni à ses machines, qui sont ses grands moyens d'action. De plus, par une fatale propension, au lieu de me
rapprocher de ses triomphateurs, je me sens attiré vers ses
victimes.

Je me représente le char de Jagernat, conduit solennellement sur la côte d'Orissa par les brahmines, escorté
par des troupes de musiciens et de danseurs, salué par les
acclamations d'une foule enthousiaste, et j'entends les cris
des malheureux écrasés sous ses roues d'airain.

Plusieurs fois déjà, dans le cours de mon voyage, j'avais
remarqué les noirs côtés des splendeurs de l'industrie.
Nulle part encore, ils ne m'avaient frappé comme à Liverpool, cette puissante cité, la première de l'empire britannique après Londres.

Ses docks s'étendent, le long de la Mersey, sur un espace
de plusieurs lieues; ses navires flottent sur toutes les
mers, et les produits de toutes les régions du globe affluent
dans ses magasins. Au dernier siècle, jusqu'en 1760, elle
faisait très-activement la traite des noirs. C'est ainsi
qu'elle s'est enrichie et qu'elle a grandi. Sa vertu actuelle,

ou, pour mieux dire, l'intérêt de la politique anglaise, ne lui permet plus de continuer ce fructueux trafic. Elle encourage seulement le maintien de l'esclavage par le prix qu'elle attache aux denrées qui proviennent du travail des nègres.

Elle reçoit et expédie de divers côtés les trois quarts du coton importé en Europe. Un canal et un chemin de fer rejoignent son port, ses docks, ses comptoirs aux fabriques de Manchester. Les deux villes animées du même esprit commercial, unies dans les mêmes entreprises, se complètent l'une par l'autre. A Manchester, la production industrielle, à Liverpool, le mouvement maritime et la caisse d'escompte. Des sommes innombrables circulent annuellement dans cette métropole, qui n'a pas moins de dix banques et correspond avec le monde entier.

Quelle tristesse pourtant dans sa grandeur, et quelle misère dans son opulence! A grands frais, ses principaux habitants ont fondé divers établissements de bienfaisance; une maison de refuge pour les matelots infirmes ou besoigneux, une autre où les indigents peuvent avoir gratuitement un gîte pendant la nuit, un vaste hôpital; et l'on n'a pas oublié non plus de construire le workhouse, cet étrange monument de la philanthropie britannique, châtiment du pauvre, cachot de l'infortune. Mais toutes ces institutions sont insuffisantes. L'hôpital n'a pas un lit vacant; l'asile nocturne n'est pas assez large pour recevoir tous ceux qui demandent à y entrer, et le workhouse même, le workhouse, si justement redouté, est rempli.

Des femmes, des vieillards, sans feu ni lieu, vont, dans le désespoir de leur dénûment, frapper à la porte de cette prison et ne peuvent y être admis.

Les apôtres du progrès font de sinistres peintures des plaies de l'ancien état social. Et les plaies des temps modernes, ne veulent-ils pas les reconnaître, ou pensent-ils qu'à tous les cris de douleur ils n'ont qu'à répondre par ce cri résolu du Yankee : *Go ahead !* En avant !

Au temps actuel, il y a de toutes parts des appétits d'argent, des fièvres d'ambition et de vanité qui n'atteignaient autrefois qu'un petit nombre d'individus.

Au temps actuel, il y a comme un simoun embrasé qui pénètre jusque dans les bas-fonds de la société, les soulève et les bouleverse.

Au temps actuel, les fascinations de l'industrie déplacent et déclassent une multitude de braves gens qui auraient pu continuer tranquillement dans leurs villages le labeur de leurs pères, le labeur agricole, le plus honnête, le plus salutaire, le meilleur de tous.

A Liverpool, il y a des milliers d'ouvriers sans cesse exposés à de cruelles péripéties. Ce qui peut leur arriver de plus heureux, c'est de gagner par leur travail journalier un salaire suffisant pour les nourrir. Comme ils sont très-nombreux, le manufacturier est toujours sûr d'en avoir à sa disposition autant qu'il en voudrait et à des prix très-modérés. Que s'il survient une crise commerciale, aussitôt leur rétribution est amoindrie.

Ils ne sont plus employés qu'une partie de la semaine et quelquefois ils ne le sont pas du tout ; le feu de la machine à vapeur est éteint ; la fabrique fermée, et la peuplade d'artisans abandonnée sans ressource à tout hasard.

Combien il en est de ces malheureux qui doivent regretter le coin de terre où ils sont nés, la petite cabane de leur père, à l'ombre des frênes, au bord du ruisseau ! Le sort les a liés à leur roue d'Ixion. Ils y resteront.

Bien triste est la misère du paysan dans certains comtés de l'Irlande ; bien plus triste celle que j'ai vue à Liverpool. Dans son désastre, le paysan irlandais conserve un sentiment de famille et une foi religieuse qui fortifient son cœur et soutiennent son espoir. Puis, il reste tant qu'il peut dans sa profession champêtre, et, si asservi qu'il soit à sa pauvreté, il n'est point à toute heure soumis à la surveillance d'un maître rigoureux. Il accomplit librement la tâche qu'il se prescrit lui-même. Les images de la nature le récréent dans son labeur, et l'aspect du ciel le console en son affliction.

L'ouvrier de Liverpool n'a point de tels allégements. La vue du ciel lui est dérobée par des nuages de fumée ; la vue de l'herbe qui verdoie, par de hautes maisons en briques, mornes habitations de ses maîtres, rigides fabriques où il livre à un spéculateur chaque moment de sa journée. Dans ses ateliers, il respire un air vicié qui altère ses organes, et rencontre des compagnons qui vicient sa pensée. Physiquement il s'affaiblit ; moralement il se dégrade. Bientôt, pour reprendre une force factice ou pour trouver dans sa douleur un instant d'oubli, il en vient à chercher de funestes surexcitants.

En aucun pays, les basses classes ne sont autant qu'en Angleterre adonnées à l'ivrognerie ; en aucun dialecte, il n'y a autant de substantifs, d'adjectifs et de périphrases que dans la langue anglaise pour désigner les divers degrés de l'ébriété, depuis la première effervescence produite par quelques verres de spiritueux jusqu'au dernier degré de la prostration et de l'hébétement.

Autrefois, les gens du peuple se réunissaient dans d'horribles tavernes et chantaient. Chaque corporation avait ses chants particuliers qui la réjouissaient ou l'attendrissaient. Plusieurs de ces anciennes compositions populaires sont vraiment charmantes par leur ton naturel de gaieté ou par leur naïve expression de sentiment. Sheridan se plaisait à citer la romance faite par Glover pour honorer la mémoire d'un officier de marine, et disait qu'il aimerait mieux avoir écrit ces strophes touchantes que les *Annales* de Tacite.

En notre siècle de progrès, tout doit s'embellir et se
perfectionner. L'ouvrier de Liverpool et des autres grandes
villes industrielles de l'Angleterre a maintenant ses palais
bachiques, ses *gin palaces*, où, dans de vastes salles, l'or et
le cristal, les riches tentures et les glaces superbes, tout
est mis en relief pour fasciner les regards. Dans les sombres quartiers qu'il habite, il est attiré vers ces somptueux
édifices par les lustres resplendissants, comme la nocturne
phalène par la flamme des bougies à laquelle elle va se
brûler. Il entre et il ne chante pas. Il s'approche du
comptoir où scintillent, comme des yeux de basilic, les
verres et les flacons, et il boit.

Il boit l'âpre eau-de-vie de grains qu'on appelle le whiskey
et plus encore le gin (le genièvre), non plus le bon genièvre honnêtement distillé par les Hollandais, mais une
affreuse mixture d'alcool, de poivre long et d'eau-forte.

Quand on a pris goût à ces horribles boissons, on y revient de plus en plus, et on ne peut y renoncer. Chaque
soir, des centaines d'individus vont successivement se
ranger sur des bancs, en face d'une pyramide de barriques
dans la grande salle des *gin palaces*. Les uns vont là dépenser la meilleure part de leur salaire quotidien; d'autres, auxquels quelque funeste circonstance enlève la
ressource du travail, se privent de manger pour employer
leurs derniers pennys à une folle libation.

Il y en a qui, n'ayant absolument plus rien, entrent
avec un tremblement fiévreux dans cette enceinte qui les
éblouit, regardant avec envie ceux qui boivent, et demandant en grâce au souverain maître de l'établissement,
à ses employés, à ses domestiques, un verre de gin, ou

de whiskey à crédit. Il y a des femmes aussi qui ont cette
fatale passion, qui, pour payer quelques gouttes de la funeste liqueur, mettent en gage, chez le pawnbroker, leur
anneau nuptial, ou une partie de leur vêtements. Il y a des
femmes mariées qui se cramponnent au bras de leur mari
pour qu'il les mène à l'enivrant comptoir. Il y a aussi des
mères tellement égarées qu'elles conduisent là leurs enfants.

Un soir, comme j'étais près d'une de ces tavernes du
peuple, une femme s'approche de moi, une femme
jeune encore, mais si pâle, si maigre et couverte de tels
haillons qu'on ne pouvait la voir sans un sentiment de
pitié. Elle tenait par la main une petite fille aussi dé-
charnée et aussi misérablement vêtue. Elle me regarda
sans prononcer un mot, mais son regard était assez ex-
pressif. Je lui donnai quelque monnaie. — « Thank you ! »
murmura-t-elle avec un accent de joie. Je pensais qu'elle
allait faire pour son ménage quelque emplette nécessaire. Elle entra dans le *gin palace* et se fit servir un
verre de liqueur qu'elle avala d'un trait, puis en prit un
autre dont elle donna une portion à sa fille.

O les services qu'on rendrait à cette pauvre peuplade
d'ouvriers, si on pouvait la détourner de son lamentable
penchant ! Par sa voix touchante, par l'organisation de ses
sociétés de tempérance, un simple capucin, le P. Mathieu,
a produit des merveilles en Irlande. Ne peut-il en être de
même en Angleterre ? La parole des riches prédicateurs
protestants n'aurait-elle pas la même onction que celle
d'un humble religieux catholique, ni leur charité la même
vertu ?

En quittant les salles dorées du *gin palace*, les ouvriers
retournent à leurs sombres gîtes. A Liverpool, il y en a,
dit-on, soixante mille qui habitent dans des cours étroites,

pareilles à des puits, remplis d'immondices, et vingt mille dans des souterrains.

Le paysan du Kamtchatka se fait aussi une demeure souterraine. Il creuse dans le sol un trou de cinq ou six toises de diamètre, et de sept ou huit pieds de profondeur. Il l'affermit par des poutres et des planches. Il le couvre d'un toit solide et l'entoure d'une palissade pour le protéger contre la chute des neiges. Par une ouverture pratiquée dans le toit, il descend au moyen d'une échelle dans cette excavation. Si triste qu'elle soit, c'est sa jourte, c'est son bien. Là est le berceau de ses enfants; là est le foyer de sa famille, et si des voyageurs viennent par hasard lui demander l'hospitalité, il peut encore, dans son solitaire refuge, leur faire des lits avec des peaux de rennes et de loups marins.

Au sein de la glorieuse Angleterre, dans l'une des métropoles de la fortune et de la civilisation européenne, à Liverpool, combien de laborieux artisans s'estimeraient heureux d'avoir la jourte du Kamtchatka!

A Liverpool, un spéculateur loue de longues caves, et les divise en deux ou trois sections pour en retirer plus de bénéfice. La première pièce, qui est près de la porte d'entrée, et qui, par là, reçoit un peu d'air et de lumière, est réservée à ceux qui peuvent payer deux pence (4 sols) pour y passer la nuit sur un grabat. Dans celles qui s'étendent plus loin, sous une voûte noire, entre des parois humides, on ne paye que deux sols. Là, se réunissent sur des couches de paille, sur un sol fangeux, les ouvriers les plus appauvris et les vagabonds. Là, parfois, on peut compter quarante ou cinquante individus entassés dans un espace où les médecins constatent qu'il n'y a pas assez d'air pour une vingtaine de poumons humains.

On ne peut sans une douloureuse émotion songer aux

conséquences morales et physiques d'une telle agglomération dans de telles conditions. Ni médecins du corps, ni médecins de l'âme. Les habitants de ces contrées sont abandonnés à eux-mêmes et à leur misère. Là, il y a une école mutuelle de perversité et un foyer permanent d'épidémie. Là, des entretiens que personne ne réprime corrompent les hommes encore honnêtes ; là, des exhalaisons auxquelles on ne songe point à remédier engendrent la fièvre.

D'autres diront les grandeurs de Liverpool, la magnificence de ses docks, les lointaines ramifications de son commerce, les richesses de ses comptoirs. Moi, j'y ai vu les misères de l'industrie et j'en ai ressenti une tristesse inexprimable.

J'ai pénétré dans les wynds empestés, dans la Crosbie-street, où la fièvre règne en toute saison, dans les cours et les caves de la Highfield-street.

A l'entrée de ces repaires de l'indigence et du crime, on pourrait inscrire les vers de Dante :

> Per me si va nella città dolente,
> Per me si va nell' eterno dolore,
> Per me si va tra la perduta gente.

En sortant de là, on s'écrie comme le plongeur de Schiller : « L'abîme est effroyable. Quel bonheur de revoir la lumière, de respirer l'air pur!... »

SILVERSAND

Le grand air, la lumière, le vaste et libre espace, joie des yeux et de la pensée ! quand on parcourt les vastes campagnes de l'Angleterre, si justement renommées, peut-on croire que l'on est dans le pays où s'élèvent les noires cités de l'industrie ?

Comme elle est verte, cette pelouse par laquelle passe l'agreste sentier! les cheminées des fabriques n'y répandent point leur âcre fumée. Comme il est vigoureux ce chêne qui ombrage les flancs des coteaux! ses racines ne plongent point dans un sol imprégné de pernicieux détritus. Comme il a une honnête et placide physionomie, ce paysan qui va examiner son œuvre fructueuse d'irrigation dans sa prairie! Il n'a point été affaibli et vicié par l'atmosphère des ateliers. Et cette jeune fille, assise comme une bergère de Théocrite ou de Virgile, au pied d'un hêtre, près de son troupeau, quelle modestie dans son attitude! quelle douceur dans ses yeux bleus! Elle me rappelle la Lucie de Wordsworth « étoile solitaire, violette à demi cachée. » Dieu veuille qu'elle ne soit point conduite dans la fatale enceinte d'une manufacture! Elle ne sait rien encore du tourbillon et du bruissement des villes.

Elle ne connaît que la plaine paisible où elle est née, l'horizon où, d'un côté, elle voit la lueur naissante de l'aurore, et de l'autre, le crépuscule du soir. Elle n'entend dans ses journées de bergère que le murmure de la feuillée, le babillement du ruisseau dans son lit de mousse, le chant de l'alouette dans les airs, ou de la mésange sur les buissons, et toute sa physionomie a une charmante expression d'innocence et de contentement.

Facile contentement des âmes simples qui n'ont point été égarées par les feux follets de la vanité, ou la *fata morgana* de l'ambition.

« L'homme ici-bas, a dit un poëte anglais, a besoin de peu, et pour peu de temps. »

> Man wants but little here below
> Nor wants that little long.

C'est surtout dans la vie champêtre que ces besoins

sont modérés, et il y a là aussi, sans qu'il en coûte rien, une poésie qu'on chercherait vainement ailleurs.

Dieu a créé la terre. L'homme y bâtit des villes, et il est tout fier, le pauvre vaniteux homme, quand il a élevé cinq ou six étages de briques ou de moellons. Quelquefois même, dans son orgueil, il s'imagine qu'il crée. Il pourrait se réjouir de son œuvre, s'il parvenait seulement à imiter par l'effort de son art et de sa patience un des simples ornements, une des beautés, une des harmonies de la nature. Si habile qu'il soit, il ne cisèle qu'une image imparfaite des linéaments de la feuille d'acanthe, et de la grâce majestueuse des tiges de palmiers, dans les chapiteaux et les colonnes de ses palais. Il ne reproduit qu'une apparence des solennelles forêts de sapins dans les arceaux de ses cathédrales.

Les plus étonnants effets de lumière de Rembrandt ne représentent pas un éclat de soleil dans un ciel nuageux. Les plus fines miniatures ne nous offrent que de grossières rugosités comparées aux nuances de l'aile d'un papillon ou d'un scarabée. Dans un autre ordre d'idées artistiques, nul virtuose n'a la faculté de la vulgaire fauvette à tête noire, dont la gorge se dilate dans l'effusion de ses sons harmonieux ; et nul ténor et nul soprano ne peut faire des solos, des ritournelles et des trilles comme ce petit oiseau de la famille des sylviadés qu'on appelle le rossignol.

« Venez me voir dans ma maison champêtre, disait Addison à lord Warvick, vous y aurez le soir un concert bien supérieur à ceux d'Italie, un concert commencé par les merles et continué par les rossignols. »

Loin des villes, loin du bruit discordant des fabriques, du grincement des roues d'engrenage, du sifflement des pistons, du râlement des locomotives, du fracas des chemins de fer, je retrouve l'indicible musique des bois et des champs.

Les Indiens disent qu'ils ont dans leurs jungles une fleur dont le calice produit le soir une blanche clarté. Cette plante lumineuse, n'est-ce pas le symbole du rayonnement de la pensée sous la voûte du ciel, dans les charmes de la nature?

Par quelques-unes des plus belles montagnes du pays de Galles, par l'ombreuse vallée où coule la Dowey, je vais vers un village où je dois rejoindre un compatriote, un ami qui a trouvé tout jeune son idéal, sa *flor del aire*.

Éric Dale! je t'en ai souvent parlé, ma chère Stina. A la fin de ses études, la curiosité, ou je ne sais quel autre motif, le conduisit en Angleterre. Il y rencontra une jeune fille qu'il aima. Il eut le bonheur de s'en faire aimer et l'épousa. Quelque temps après, son beau-père, qui avait à Worcester une importante librairie, résolut de quitter les affaires et se retira dans un village sur les bords de la mer. Éric alla s'établir là avec lui, disant qu'il ne se sentait aucune aptitude pour le commerce, et nulle envie de devenir plus riche.

Voilà ce village de Silversand, d'où il m'adressait, il y a quelque temps, à Dublin, une affectueuse lettre. Voilà sa demeure. Je la reconnais à la description qu'il m'en faisait avec une effusion poétique, en notre bonne langue suédoise : la maison à deux étages bâtie sur la colline, au milieu d'un enclos entouré d'une haie d'aubépine; la façade tout entière revêtue d'un manteau de lierre ; chaque fenêtre encadrée dans ces verts ombrages, comme un tableau lumineux dans de fines ciselures ; la porte en bois verni, décorée de deux tiges de vigne vierge qui l'enlace dans leurs rameaux, et sur la pierre de son fronton cette philosophique sentence que je voudrais faire graver aussi sur

notre chère habitation de Sollroe : *Parva domus, magna
quies* : Petite maison, grand repos.

Les fenêtres sont gaiement ouvertes au soleil. Mais la
porte, à laquelle on n'arrive qu'en traversant une grille
et un petit jardin, est hermétiquement close, peut-être par
hasard, peut-être régulièrement en vertu du vieil axiome
britannique : « La maison de chaque Anglais est sa forteresse. » Par l'effet d'une des habitudes de notre pays, je
frappe modestement, sans songer qu'en frappant ainsi je
m'expose à être éconduit par les domestiques, comme un
vagabond ou un solliciteur importun. Car en Angleterre,
où toutes les choses de la vie publique et de la vie privée
sont si bien réglées, le caractère distinctif d'une visite
s'annonce par le mouvement imprimé au marteau de la
porte. Coups de marteau précipités, impérieux, personnage
considérable; coups de marteau mesurés ou craintifs, pauvre subalterne.

Cependant une proprette servante vient m'ouvrir. Je lui
dis mon nom, et elle m'introduit dans le *parlour*. Un instant après, je vois apparaître une blonde jeune femme tenant par la main un petit garçon.

— Ah ! monsieur Nils, me dit-elle, mon mari sera bien
affligé de ne pas vous voir. Il vous a attendu pendant plus
d'un mois, et il se faisait une fête de votre arrivée. Maintenant il est bien loin. Mon père avait diverses créances
à recouvrer en France et en Italie. Il voulait aller lui-
même régler ces anciens comptes avec ses débiteurs. Mais
il n'est plus jeune. Nous craignions de le voir entreprendre
une tâche fatigante. Cependant il y tenait. Éric, à ma
prière, s'en est chargé, et en a déjà accompli une partie.
La semaine dernière il était à Paris. Je dois lui écrire aujourd'hui à Turin, et j'espère qu'il vous retrouvera dans
notre pays.

Elle disait cela avec une bonne grâce d'un naturel parfait, et une suavité d'accent vraiment charmante. Une douce voix de femme! quelle musique! Dans les circonstances ordinaires de la vie, y a-t-il rien de plus mélodieux? dans les grandes émotions, rien de plus irrésistible?

A l'aimable madame Dale vient s'adjoindre son père, M. Lucker. Il me parle aussi de l'impatience avec laquelle Éric m'attendait, et m'invite à passer quelques jours à Silversand. « Notre cottage, dit-il, n'est pas grand. Nous y avons pourtant une chambre pour nos amis, et, si vous voulez bien l'accepter, ma fille, j'en suis sûr, sera très-contente de la faire préparer pour l'ami de son mari, N'est-ce pas, Nancy?

— Assurément, répond Nancy avec sa voix argentine.

Puis elle me dit en riant :

— Ne vous effrayez pas de cette solitaire habitation. Vous y trouverez des livres suédois, de la musique suédoise, des gravures suédoises, et ce beau monsieur, — ajoute-t-elle, en caressant de la main la chevelure blonde de son petit garçon, — ce beau monsieur qui est un enfant gâté, et qui s'appelle Hialmar.

— Un nom, dis-je, qui me transporte vers les rives de la Baltique, un vrai nom suédois.

— Et tout à l'heure, vous verrez descendre de la *nursery* la petite sœur de M. Hialmar, mademoiselle Carine.

— Autre nom suédois célébré par une chanson populaire.

— Je la connais :

> Och liten Karin tiente
> Po unga kungens gord.

Cette citation d'un de nos Volkvisor m'a valu, dès mon

entrée dans la demeure de l'excellent M. Lucker, une bonne expansion de cet amusant humour anglais qui ne ressemble à aucun autre, Il faut, chère Stina, que je te la raconte.

— Vous prononcez, dis-je à madame Dale, ces vers à merveille; et vous les chantez?

— Oui, répond-elle ingénument, et j'en ai encore appris au temps de mes fiançailles avec Éric plusieurs autres.

— Plusieurs autres! s'écrie M. Lucker d'un ton de joviale révolte. Ma fille est modeste; elle en peut chanter des centaines, des milliers. Ah! monsieur Nils, comme j'ai l'honneur de vous recevoir sous mon toit, je ne voudrais pas vous dire une chose désagréable; cependant je dois vous avouer que votre Suède a mis à une rude épreuve mes sentiments de citoyen britannique. Oui, monsieur, ma fille avait été élevée par sa défunte mère et par moi dans les meilleurs principes: Elle a eu l'intime conviction que l'Angleterre est le plus riche, le plus sage, le plus puissant de tous les empires, et souvent, j'en suis sûr, elle a remercié la Providence de l'avoir fait naitre en ce glorieux royaume, plutôt qu'en Allemagne, en France, ou autres contrées de second ordre.

Mais voilà que des lointaines régions du Nord, du pays des hyperboréens, arrive un voyageur qui, par je ne sais quel sortilége, gagne le cœur de mon innocente fille, et alors je n'entends plus parler que de la Suède, de ses lacs, de ses forêts, de ses paysages sublimes, de ses mines inépuisables, des qualités d'esprit et de cœur de ses habitants, des légendes merveilleuses de ses héros. C'est un pays sans pareil, la plus belle œuvre de la création, le temple de toutes les gloires, le sanctuaire de toutes les vertus.

—O cher père, dit madame Dale, avec un doux sourire,

vous oubliez les témoignages de respect et d'affection tant de fois rendus à notre pays par Éric.

—Oui, l'hypocrite! Au commencement de sa fatale flirtation il me câlinait, il me flattait. A tout instant, il me vantait les grandeurs et les charmes de l'old England, de la merry England. Il avait lu nos vieilles chroniques et nos livres modernes, le traître! Il me rappelait quelquefois les anciennes batailles racontées par notre vénérable Guillaume de Malmesbury et les reliques de Percy, et Chaucer et Hume, le tout pour m'engluer, et j'ai été pris au piége à cette glue comme un pauvre imprudent oiseau. Quand le mariage a été décidé, j'ai vu M. Dale sacrifier tranquillement peu à peu dans ses dissertations les gloires de la bonne vieille Angleterre aux prodiges de la Suède.

Nos gloires militaires, nos gloires politiques, tout cela ne vaut pas quelques pages de l'histoire de Suède, une campagne de Gustave-Adolphe, une bataille de Charles XII. Notre parlement, dont l'ancien et le nouveau monde ont plus d'une fois attendu avec une fiévreuse anxiété les décisions, ne vaut pas la diète de Stockholm, où quelques paysans discutent avec quelques représentants de la noblesse et de la bourgeoisie ce qu'il en coûtera pour réparer un ancien édifice ou creuser un nouveau canal. Nos usines gigantesques, nos fabriques, dont les produits se répandent dans le monde entier, ne valent pas les petites forges, et les filatures champêtres de certaines provinces de Suède.

Dans cette démolition des prérogatives et des richesses de la Grande-Bretagne, j'espérais que le fanatique Scandinave honoré du titre de docteur ès lettres à l'université d'Upsal aurait au moins quelque respect pour nos illustrations scientifiques et littéraires: tant de poëtes de premier ordre, tant de voyageurs intrépides, tant de ro-

19

manciers excellents, tant de sagaces et savants écrivains, l'honneur immortel de l'Angleterre, la lumière de l'esprit dans toutes les régions de l'univers. Non! il faut que j'apprenne qu'il y a par là-bas, vers le cercle polaire, dans je ne sais quelle obscure bourgade, des poëtes plus dramatiques que Shakespeare, plus émouvants que Byron, des romanciers plus habiles que Walter Scott, des historiens plus érudits que Gibbon.

Il faut, pour complaire à M. Dale, que je note comme des chefs-d'œuvre, des livres que je n'avais jamais vus inscrits dans les catalogues de librairie, moi qui, pendant quarante ans, ai tenu à Worcester une très-notable librairie. Enfin, monsieur, j'ai deux petits enfants, tous deux nés et baptisés en Angletere. Vous vous figurez peut-être qu'on leur donne des noms anglais qui éveillent dans l'esprit un souvenir national et chatouillent agréablement l'oreille? Pas du tout! Leurs noms sont exhumés de je ne sais quelles fabuleuses légendes du nord : Carine! Hialmar! N'est-ce pas affreux?

En prononçant ces mots, M. Lucker essaye de paraître très-fâché, mais Hialmar tourne vers lui ses doux yeux, et le bon aïeul lui tend les mains, le fait asseoir sur ses genoux, l'embrasse en riant, et la jeune mère les regarde l'un et l'autre en une délicieuse expression de tendresse. Les trois âges ainsi réunis : un joli tableau!

Malgré ses protestations contre la Suède, M. Lucker est pour moi d'une politesse parfaite. Madame Dale a grande envie que j'emporte un bon souvenir de sa demeure, et ses enfants à qui j'ai été présenté comme un ami de leur père, m'ont bien vite aussi donné leur amitié.

J'ai passé là quelques heureux jours! J'ai vu là une vraie maison anglaise, la maison d'une honnête famille de la *gentry*, avec ses qualités sérieuses et ses agréments :

le calme, l'aisance, le confort, le service des domestiques si ponctuel, l'intérieur des appartements si bien coordonné, le jardin ratissé et cultivé avec tant de soin ; la vie de chaque jour si régulière. A des heures fixes le déjeuner, le lunch, le dîner et le thé. A des heures fixes, l'étude et la promenade.

Madame Dale est l'institutrice de ses enfants, et à moins d'un grave empêchement ne leur dérobe pas une minute de ses leçons. M. Lucker, dans sa profession de libraire, n'a pas été un simple marchand de livres. Il a fait de bonnes études ; je dois le dire, quoiqu'il n'ait pas étudié notre chère littérature suédoise. Il s'est constitué dans sa retraite de Silversand une belle bibliothèque qu'il a mise galamment à ma disposition. Il s'honore d'avoir vu en diverses occasions quelques-uns des principaux écrivains modernes de l'Angleterre, et il se plait à raconter ces heureuses rencontres.

Dans la journée, il a ses lectures à lui, ses grands auteurs dont il ne se lasse pas d'admirer les beautés, son *Times*, le gigantesque journal, et quelques recueils périodiques. Mais le soir, il abandonne ces pages graves pour satisfaire de jeunes curiosités.

Devant la table où bourdonne la bouilloire à thé, Hialmar et Carine sont assis à côté de leur mère, attendant avec impatience l'émouvant plaisir qui leur est promis. Mais avant de leur accorder cette satisfaction, le vieillard dit à madame Dale : — Les enfants ont-ils été gentils aujourd'hui ? — Oui, répond-elle d'un ton un peu inquiet, parce qu'elle a été obligée de les gronder et qu'elle a cependant promis de les défendre à ce redoutable interrogatoire du soir. — Ont-ils été dociles, reprend le grand-père. — Oui. — Studieux ? — Oui. — Mon petit doigt m'a pourtant dit que Hialmar avait agacé sa sœur. —

C'est vrai ; mais il m'a promis de ne plus recommencer.
— Bien. J'y compte.

Alors, il se lève, le grand juge. Il ouvre une armoire mystérieuse qui renferme des trésors. Il en tire un livre dont les enfants contemplent avec une sorte d'éblouissement les grosses enluminures et que jamais ils n'oublieront. Puis le voilà qui prend lentement ses lunettes, et lentement les ajuste sur son nez. Puis enfin, il ouvre le premier volume. Il met le doigt sur le feuillet qu'il a marqué la veille, il lit. Oh! quelle saisissante lecture! Il lit les exploits des fameux chiens du mont Saint-Bernard, ou ceux du chat triomphant par lequel Wittington, le pauvre orphelin, devint lord-maire de Londres, où les combats du petit Jacques contre les géants, ou les aventures des voyageurs dans les sables de l'Afrique, dans les glaces du Nord.

Hialmar et Carine l'écoutent en un profond silence, tressaillant à certains moments et respirant à peine, tant ils sont émus. Ils écoutent encore quand la lecture est achevée, et quand leur mère les conduit à leur lit, que de questions ils ont à lui faire sur tant de choses merveilleuses!

M. Lucker veut me faire aimer son pays, et désire que j'en connaisse les principaux sites. Quand on vient de stationner en face du mont Blanc, il est difficile de s'enthousiasmer devant le Snowdon, un pic de 3,500 pieds, le plus haut de la contrée. Cependant cette principauté de Galles est fort pittoresque, et l'on ne peut voir, sans s'y arrêter avec un sentiment de surprise et parfois d'admiration, plusieurs de ses vallées profondes, de ses lacs, de ses cascades ; de plus, elle est très-intéressante par son histoire et ses monuments. Un écrivain français, M. Amédée Pichot, l'a parfaitement décrite en deux beaux volumes.

Comme l'Irlande, elle a été peuplée par une colonie de ces vigoureux Celtes qui jadis firent trembler les Romains.

Comme l'Irlande, elle a longtemps formé un État indépendant. Mais elle barrait le chemin de la mer aux Anglais, du côté de l'occident. Le royaume aventureux des Anglo-Saxons, le royaume ambitieux des Normands ne pouvait souffrir une telle entrave. Pour que l'île britannique eût sa pleine puissance, pour qu'elle accomplît ses destinées, parfois si prodigieuses, parfois si cruelles, il fallait qu'elle fût constituée en un empire unique, qu'elle s'élevât tout entière au-dessus des flots de l'Océan, avec ses vaisseaux de guerre et ses navires de commerce.

La lutte s'engagea entre les souverains des grandes provinces anglaises et les chefs de clans du petit pays de Galles. Elle dura longtemps. Si nombreux et si forts que fussent leurs adversaires, les Gallois, exaltés par un ardent patriotisme, ne voulaient pas céder.

Si quelquefois ils succombaient dans cette noble résistance, leurs domaines étaient envahis, leurs champs dévastés, leurs demeures incendiées. L'ennemi construisait des forteresses sur leurs frontières, et on les croyait perdus. Tout à coup, ils se relevaient avec une nouvelle audace, et la guerre recommençait. Ils ne furent complétement subjugués que vers la fin du treizième siècle.

Dès cette époque, le pays de Galles est réuni à l'Angleterre. Dans cette réunion, il a conservé sa langue primitive, ses anciennes traditions. Il se souvient de ses bardes qui formaient une puissante corporation, qui, par les préceptes de morale contenus dans leurs triades, instruisaient le peuple, qui, par leurs grandes strophes, célébraient ses victoires et pleuraient sur ses infortunes. Leur chant était écouté avec une pieuse émotion ; leur harpe était vénérée ; une ancienne loi galloise dit que la harpe est l'un des attributs distinctifs de l'homme libre, l'esclave n'a pas le droit d'y toucher.

Six siècles se sont écoulés depuis le règne d'Édouard Ier, ce vaillant roi de race normande qui, le premier dans les diverses lignées de souverains de l'Angleterre, donna à son fils aîné le titre de **prince de Galles**.

Dans un long espace de temps, de nobles familles ont disparu ; des châteaux ont été détruits, des abbayes transformées en auberges et en ateliers. Mais le peuple n'oublie point ceux qui l'ont exalté par leur courage ou édifié par leurs vertus, et d'âge en âge il raconte l'histoire héroïque de ces châteaux, la religieuse légende de ces abbayes.

M. Lucker se soucie peu des traditions populaires et des ruines. Ce qu'il tient surtout à me faire remarquer, quand nous nous promenons ensemble, c'est le résultat du travail, surtout du travail agricole. Le fait est que les champs qui entourent son village sont cultivés à merveille, et je me plais à le regarder ce vallon de Silversand dans son honnête tranquillité, dans la richesse de ses produits, dans la variété de ses points de vue, champs de blés ou de pommes de terre, verts pâturages, forêts de chênes où serpente le mystérieux sentier ; de côté et d'autre, le petit enclos du fermier dans sa ceinture d'aubépines ; l'humble cottage avec son toit de chaume, et sa rustique façade parée de plantes grimpantes : lierre verdoyant, fleurs embaumées du chèvrefeuille, aigrettes argentées de la clématite : çà et là une élégante maison de rentier comme celle de mon ami Dale, et au sein de ces habitations éparses, la flèche de l'église, le sanctuaire des religieuses pensées et la croix du cimetière, le *Gottesacker*, le champ de Dieu, le champ du repos, après le repos de l'homme dans les champs de la vie.

Dans cet heureux canton gallois, j'ai cependant vu aussi la misère. Un jour, dans la capitale du comté, j'ai vu, je vois

encore un énorme bâtiment en briques, d'un aspect sinistre : le toit si lourd, les murs si sombres, la porte si noire !

C'est l'une des fameuses inventions de la philanthropie
moderne ; c'est l'asile ouvert aux pauvres par la charité
britannique, c'est le workhouse.

Les pauvres pauvres ! pour les secourir, on leur impose,
si faibles qu'ils soient, un rude travail. Pour leur donner
une couche de paille sur des dalles humides et un mo-
ceau de pain, on les prive des dons de Dieu, de la verdure des bois, de l'air des champs, de la lumière du soleil ; comme des coupables on les emprisonne ; comme
des pestiférés, on les retranche du mouvement de la
vie humaine ; on les entasse, jeunes et vieux, dans une
sinistre enceinte. Si cruelle que soit la faim, bien des
indigents aiment mieux subir ses rigueurs que de l'apaiser
par la lamentable aumône du workhouse, et la plupart
de ceux qui sont entrés dans ces établissements de bienfaisance n'aspirent qu'à en sortir.

Un autre jour, en me promenant solitairement, j'ai vu
une autre misère : une femme assise toute seule au pied
d'un frêne, si pâle et si abattue, que je ne pouvais résister à
l'impression qui me portait à lui demander la cause de sa
souffrance. Mais, à mon approche elle fit un mouvement
d'effroi, et me regarda d'un air si étrange que je n'osais
lui parler.

En rentrant dans la maison de mon ami, je dis à madame
Dale ma rencontre.

— Ah ! s'écria-t-elle, c'est Marie Blacking, la fille d'un
honnête fermier des environs. Quelle triste histoire ! Faut-
il vous la raconter ?

— Si vous voulez bien.

— La voici. Il fut un temps où cette malheureuse Marie
était belle et riante. Plusieurs braves garçons lui faisaient

alors la cour. Mais ses parents étaient morts. Elle n'avait personne pour la guider. Elle se laissa séduire par les belles paroles d'un jeune homme qui n'avait que de mauvais penchants, et l'épousa. Bientôt il dépensa follement le peu de biens qu'il possédait, et, n'ayant aucun goût pour le travail, il se mit à braconner tant et tant qu'il fut condamné à la déportation.

Marie devint comme folle en apprenant cet arrêt. Elle aimait ce méchant Blacking. A tout prix, elle voulait le suivre en son exil. Mais pour ce grand trajet sur l'Océan, les capitaines de navires demandaient une somme qu'elle ne pouvait payer. Elle s'adressa alors au shérif, aux juges, aux constables, implorant leur pitié, les suppliant de la réunir à son mari.

— Le pauvre Georges! disait-elle, il n'a plus ni parents, ni amis. Il n'a que moi au monde. Quand il était en prison, il n'attendait que moi. J'allais le visiter chaque jour, je lui portais parfois, pour l'égayer, du wiskey et un peu de tabac. Mais ce qui le réjouissait surtout, c'était de me voir, et d'embrasser notre chère petite Nelly.

Elle sollicitait ainsi la commisération de tous les employés des tribunaux, et on lui répondait que pour la conduire aux frais du gouvernement dans une autre hémisphère, il fallait une sentence judiciaire appliquée à un crime.

Dans l'aveuglement de sa passion conjugale, dans son désespoir, Marie commit un crime, et fut, comme elle le souhaitait, condamnée à la déportation. Elle bénit cet arrêt. Elle s'embarqua avec bonheur sur le navire des convicts. Elle allait retrouver Georges.

Arrivée à Sidney, elle apprend qu'il a été envoyé dans une ferme lointaine. Elle voudrait se mettre en route pour le rejoindre. Mais l'autorité locale lui impose l'obligation d'entrer comme servante dans une maison de la ville.

Elle est résignée à son sort. Elle accomplit sa tâche humblement, fidèlement. Par la poste, elle pourrait au moins avoir des nouvelles de son mari en quelques jours. Elle lui écrit plusieurs fois et ne reçoit aucune réponse. Ses maîtres reconnaissants de ses bons services et touchés de son affliction lui permettent d'aller à la recherche de celui auquel sans cesse elle pense. Elle part avec sa petite fille dont elle n'a pu se séparer en quittant l'Angleterre. Elle s'en va par les chemins sablonneux, à travers les plaines à demi désertes de l'Australie, quelquefois après une longue marche, ne trouvant pas une habitation humaine, couchant le soir au pied d'un arbre, et le lendemain matin poursuivant son trajet.

Harassée de fatigue, mais soutenue par son intrépide volonté, elle parvient enfin à son but. On lui a bien indiqué la ferme où demeure son mari. La voilà. A quelque distance de cette ferme, un homme est seul dans un champ. Elle le voit. Elle s'élance vers lui, Dieu soit loué! C'est Georges. Mais il la regarde d'un air effaré et la repousse et veut s'éloigner.

— Georges, s'écrie-t-elle, ne me reconnais-tu pas? C'est moi. C'est ta fidèle femme, et voilà ta Nelly.

Il l'écoute tout confus, embrasse machinalement Nelly, puis feint encore de ne pas reconnaître la pauvre créature qui lui est restée si ardemment dévouée.

Le misérable l'avait trahie. Il s'était marié. Près de là était sa nouvelle femme, et l'aspect de Marie le faisait trembler.

Dans l'ignorance du crime qu'il avait commis, Marie se cramponnait à son bras et lui disait:

—Georges, Georges, la misère et la douleur m'ont vieillie. Mais c'est moi, c'est bien moi que tu étais si heureux autrefois d'aimer; c'est moi qui allais chaque jour te visiter dans ta prison ; c'est moi qui t'ai si tendrement assisté dans les plus tristes circonstances ; c'est moi qui ai tout quité et tout bravé pour te rejoindre dans ton exil. Si tu doutes encore, tiens : vois.

Elle avait apporté son contrat de mariage; elle le lui présente.

Georges saisit impétueusement ce papier et le met en lambeaux; puis, soudain, prenant une attitude hautaine, et dardant sur Marie une regard de bête fauve :

— Écoute, lui dit-il, qui que tu sois, tu ne resteras pas ici. Voilà de l'argent. Va-t'en, et tout de suite. Sinon, je te fais arrêter comme une vagabonde.

A ces mots, il lui jette quelques schellings et s'enfuit.

La malheureuse reste muette, immobile, la tête penchée sur sa poitrine, ne pouvant s'expliquer une si horrible ingratitude et se demandant si elle n'est pas le jouet d'un affreux rêve. Mais non. Elle entend vibrer encore, la cruelle parole de cet homme à qui elle a tout sacrifié, et elle voit briller par terre l'argent qu'il lui a jeté. Elle repousse du pied cette outrageante aumône, essuie les larmes qui coulent de ses yeux, puis prenant la main de son enfant qui pleure de la voir pleurer : « Allons, dit-elle, allons. » Et elle s'en retourne par son long chemin.

Le soir, dans une maison de paysans où on lui donnait bénévolement l'hospitalité, elle apprit par hasard la trahison, le mariage de Georges. Elle aurait pu le poursuivre, lui intenter un procès et lui faire subir le châtiment qu'il méritait. Elle aima mieux se résigner en silence à son abandon.

En rentrant chez ses maîtres à Sidney, elle dit seulement qu'elle avait fait un voyage inutile, qu'elle n'avait point retrouvé son mari. Elle reprit son service, et à l'expiration de ses années de déportation s'embarqua pour l'Angleterre.

Elle y revint seule. La mort lui avait enlevé, pendant la traversée, sa douce fille, sa dernière consolation. Elle revint seule dans le village où elle avait eu des parents, des amis et un amoureux fiancé. Ses parents étaient morts; ses amis ne la reconnaissaient plus ou s'éloignaient d'elle, à cause de sa condamnation, et le fiancé à qui elle avait si pleinement livré son cœur et sa vie, elle ne pouvait plus sans frémir l'entendre nommer.

Cependant, par une sorte de raison désespérée, elle voulait rester au lieu où elle était née, où, à chaque pas, elle retrouvait tant d'amers souvenirs. Un charitable propriétaire touché de son infortune lui abandonna une petite cabane. Et elle est là triste, mais calme, constamment seule, filant ou cousant pour gagner sa vie.

Quoiqu'elle ne soit plus belle et qu'elle ne possède rien, un honnête ouvrier, la voyant vivre d'une vie si laborieuse et si régulière, a eu l'idée de l'épouser. Un jour, il revêtit son habit des dimanches, se para de son plus beau gilet, de son chapeau neuf, puis se présenta à Marie et lui exprima humblement son intention. Elle ne proféra pas une parole. Elle abaissa seulement sur lui un regard si douloureux, que cet homme en fut tout saisi. Il se retira sans ajouter un mot, et jamais depuis ne songea à renouveler sa demande.

Cette triste histoire, chère Stina, et l'aspect des workhouses ont un peu assombri mon idylle de Silversand. Je resterais cependant volontiers encore dans cette agréable maison, au milieu de ces bonnes gens. Mais je ne me sens point disposé à faire un long séjour en Angleterre, et je dois voir Londres. Près d'ici est un chemin de fer qui m'y conduira en quelques heures.

Londres.

Londres, ce village, a dit un humoristique anglais ;
cette Babylone, ce Léviathan, a dit un autre ; Londres, cette
monstrueuse tumeur, disait le républicain Cobbett ; Londres, ce mausolée des âmes mortes, ce cimetière psycho-
logique, a dit Brooke.

Londres, s'écrie **M. J. Murray**, n'est point tout cela.
Londres est un monde.

C'est vrai, Londres est un monde énorme et inachevé
comme ceux que l'auteur des *Vestiges of Creation* nous signale dans ses aventureuses théories, un si petit monde, il
y a quelques siècles, une obscure nébuleuse dans les
brouillards de la Tamise, une cité d'étroite dimension, enfermée dans une enceinte de fossés, et maintenant une
planète sans pareille, une ville qui n'a plus ni remparts ni
limites, qui chaque jour grandit et s'élargit de tous côtés,
se répand à travers champs et absorbe tout ce qu'elle rencontre dans sa perpétuelle extension : métairies et fabriques, villages et bourgades.

Londres est un monde, ou plutôt un composé de toutes
sortes de mondes, tellement que si le globe périssait dans
un cataclysme, Londres, maintenue sur les ruines de la
terre, on pourrait retrouver dans ses docks, dans ses musées et dans ses serres, les productions végétales et industrielles de toutes les contrées, dans ses diverses sections,
les spécimens de toutes les races humaines, de toutes les
langues et de toutes les religions.

Au sein de ce caravansérail des nations, de cette tour de
Babel, de cette arche aquatique, de cette arène où passent
successivement tant de millions d'êtres ; de ce Cosmos, où

les traditions et les coutumes de l'ancien ordre social s'u-
nissent à la fiévreuse ardeur des temps modernes, au sein
de cette prodigieuse cité de Londres, quel mouvement!
quel bruit! quel tourbillon! J'en ai les yeux troublés, les
oreilles rompues, l'esprit stupéfait.

A Stockholm et à Gothembourg, je croyais avoir vu de
grands ports. A Vienne, j'étais assez étonné de la quantité
de piétons et de voitures, traversant le Graben ou se promenant dans le Prater. Naïf étonnement de mon ignorance!
j'étais là comme le jeune souriceau de la Fontaine, qui n'a-
vait rien vu.

Nos chères rades de Suède, tous les navires qui y abor-
dent, pourraient entrer aisément avec leurs cargaisons
dans quelques-uns des docks de Londres, et tout le flux et
le reflux de la population de Vienne ne représente pas en
une semaine celui d'un des quartiers de la capitale britannique en quelques heures.

Ici les flots de la Tamise disparaissent sous la multitude
de bateaux à vapeur qui les sillonnent, et le sol des rues
disparaît sous une agglomération continue de cabs, de ca-
mions, d'omnibus. Comment ces embarcations si serrées
l'une contre l'autre peuvent-elles manœuvrer? comment
ces voitures peuvent-elles poursuivre leur trajet, sans se
heurter et se culbuter à toute minute? C'est inconcevable.
J'imagine qu'il y a en Angleterre, par delà l'école classique d'Oxford et de Cambridge, des écoles de cochers et
de bateliers, où l'on fait d'étonnants exercices, où l'on
n'acquiert l'honneur de tenir un fouet, de prendre possession d'un gouvernail que lorsqu'on a donné la preuve
d'une extraordinaire prestesse.

Si tu étais ici, chère Stina, tu serais comme moi ébahie
de ce mouvant spectacle du fleuve, des rues, des squares,
et je pense que tu t'associerais gentiment à l'un de mes

plus habituels plaisirs de voyage, à cette molle indolence dans le mouvement, à cette capricieuse occupation dans le *far niente*, à cette vague ambulation qu'on appelle la flânerie.

Ce mot, m'a-t-on dit, est essentiellement français et d'une date assez récente. Je pense le glorifier par une autre origine. Je l'ai trouvé dans un dictionnaire islandais : *Flana*, dit le savant lexicographe Biœrn Halderson, errer en songeant.

Les Islandais ont autour d'eux les images d'une nature grandiose, étrange, saisissante. Dans leurs pérégrinations à travers leurs bancs de roc et leurs champs de lave, ils s'arrêtent, ils flânent en regardant les manteaux de neige de leur Hécla, les cimes de glace de leur Jokull, les colonnes d'eau bouillante de leur geyser, les bandes de gazon vert près desquelles ils ont construit leurs gords, et la ceinture de la mer qui, avec la ceinture du ciel fait leur horizon.

Ile phénoménale ! spectacle sublime ! idéale rêverie.

A Londres rien de pareil.

Cependant, dès le matin, je sors de mon hôtel et m'en vais de çà, de là, longeant les trottoirs, regardant les boutiques errant, flânant. Mais, dans les quartiers où je m'aventure le plus souvent, du côté de la Tamise ou de la Cité, on ne flâne guère, on n'a point de si doux loisirs. On travaille.

La vie est courte ! le temps rapide ! disent les Anglais. Pour conserver un héritage, pour acquérir une fortune, pour gagner seulement le pain quotidien, il faut travailler.

Time is money! dure maxime qui réduit la destinée de l'homme à une si sèche ambition.

Dans mes élans de cœur, dans mes sentiments de famille et de religion, dans mes songes poétiques, je me fais une autre idée de l'emploi du temps. Je ne puis croire que Dieu ne nous ait mis en ce monde que pour y amasser de l'argent. Je ne puis m'imaginer que, dans la variété des merveilles de la création, nous ne devions songer qu'au profit matériel que l'on peut retirer du cours des rivières, des fleurs de la prairie, de la grandeur des forêts, du défrichement des montagnes, du creusement des souterrains.

Times is money! ce triste axiome nous vient de l'Amérique du Nord, que les apôtres du progrès considèrent comme le modèle des nations, comme la nouvelle Jérusalem de l'humanité. *Times is money!* Le temps est de l'argent, et l'argent, c'est le pouvoir et l'honneur. A tout instant, ici, j'entends dire : Combien vaut cet homme? Tu te figures peut-être, chère sœur, que l'on demande ainsi quelles sont ses qualités d'esprit, de cœur, de naissance? Non pas. *How much is worth this man?* On répond : Tant de livres sterling.

C'est là sa valeur. Par le temps et le travail, on peut obtenir ou accroître cette valeur. Donc ici, sauf un certain nombre d'exceptions, tout le monde travaille. A chaque heure du jour, les immenses ruches de Londres ont leurs tâches. La nuit même, elles sont encore à l'œuvre.

A minuit, quand les bonnes gens de notre village de Sollroe dorment paisiblement, le pavé des rues de Londres résonne sous les roues des lourds chariots qui amènent les approvisionnements de la journée. Aux premiers rayons de l'aube, quand les rameaux des bois se balancent avec un doux murmure au souffle de la brise matinale, quand l'alouette de nos sillons s'élève dans les airs, en chantant sa mélodieuse chanson, des clameurs bruyantes, des cris discordants résonnent sur les places de Billinsgate, de Covent Garden et dans les tavernes qui les entourent ; là, des amas de paniers remplis de poissons qui se vendent par centaines, par milliers, à l'enchère ; ici, des montagnes

d'œufs, de volailles, de légumes ; plus loin des troupeaux
de bœufs, de porcs, de moutons, destinés à un prompt
holocauste.

John Bull a un solide appétit. Il ne peut se contenter,
comme l'Espagnol, d'une tasse de chocolat et d'un verre
d'eau, ni comme le lazzarone de quelques fils de macaroni.
S'il a le moyen d'employer quelques schellings à ses repas,
il veut avoir sa tranche de roastbeef, son quartier d'oie ou
tout au moins sa chop de mouton, entourée de pommes
de terre, avec une bonne *half-pint* de porter ou de pale
ale, sinon de sherry. Et le John Bull de Londres ! son nom
est légion. Les statisticiens disent qu'il y a dans cette capitale de l'Angleterre plus de deux millions d'habitants.
Qui pourrait dire ce qu'il faut de denrées de toute sorte
à une telle population ?

Mais John Bull a aussi d'énormes appétits de papiers
noircis par l'encre typographique, et régulièrement on
lui prépare cette pâture en divers endroits, surtout auprès
du pont de Black-Friars. Là, au fond d'un labyrinthe de
sombres ruelles, on peut voir flamboyer des becs de gaz
dans les ténèbres, et entendre dans le silence des environs,
siffler et mugir les machines à vapeur. Là est la fameuse
officine du *Times*, ce colosse de la presse périodique.

Pendant la nuit, il est à peu près constitué. A cinq heures du matin, il doit être achevé. Alors ses rédacteurs et
ses imprimeurs retournent à leur logis. Une armée de manœuvres les remplace. La feuille gigantesque est rapidement pliée. On en fait des liasses et des ballots qui, en
quelques instants, seront distribués dans les différents
quartiers de la ville, transportés aux gares de chemins de
fer, et aux bateaux à vapeur, et de là dans toute l'Europe,
dans toutes les régions de l'ancien et du nouveau monde.

A six heures, les cloches des manufactures appellent les

ouvriers ; en même temps, on voit s'ouvrir les boulange-
ries et les cabarets, puis les petites boutiques, puis peu à
peu les beaux magasins. A neuf heures, la devanture de
ces magasins est soigneusement nettoyée, l'étalage fait ;
les agents subalternes sont habillés et ont déjeuné. Les
principaux clercs, les directeurs, les maîtres ne sont
pas encore là. Ces aristocrates de la commerciale gentry
ne veulent pas avoir leurs foyers dans les tourbillons de
fumée de leur capitale ; ils résident par delà les faubourgs,
dans des maisons de campagne, et, à dix heures, les chemins de fer, le curricle, le gig, la victoria, le cab, au besoin l'omnibus, les amène à leurs comptoirs.

A cette heure-là, quelle légion de têtes pensives incli-
nées sur de gros registres remplis de chiffres et de notes
cabalistiques ! quelle quantité de bras employés au tour-
noiement des rouages de fer dans les fabriques, au dé-
chargement et au chargement des navires dans les docks !
quelle multitude de commis affairés, de commissionnaires
courant de côté et d'autre, de portefaix courbés sous leur
fardeau !

A cette heure-là, on ne chemine guère dans le Strand ou
le Fleet-street sans risquer d'être écrasé, et l'on s'expose
au même péril si l'on s'arrête au milieu du torrent impétueux des piétons et des voitures. Je ne puis cependant
passer sans m'arrêter devant ces grandes librairies où je
vois étalés tant de livres que j'aime, ces livres de poésie,
d'histoire, de voyage, imprimés sur fin papier, ornés de
gravures, et reliés ou cartonnés d'une façon charmante.

Ah ! si j'étais riche ! Mais si j'étais riche, peut-être n'aurais-je pas le même plaisir à remarquer ces volumes. Peut-
être plus d'un riche, en me voyant contempler une édition
de Shakespeare, de Lingard, de Thomas Moore, de Byron,
de Macaulay, envierait mes désirs, comme ce gastronome

blasé qui, en voyant un pauvre passant fixer un regard avide sur l'étalage d'un marchand de comestibles, s'écriait : « — L'heureux homme ! il a faim ! »

Par ces rues que je traverse lentement, où vont donc ces gens si pressés ? Vers la Mansion-House, le palais de leur lord-maire, vers la fameuse Tower of London, le capitole de leur ancienne cité, vers l'église de Saint-Paul, dont le dôme, disent-ils, est aussi imposant que celui de Saint-Pierre de Rome ?

Oui, ils vont de ce côté. Mais la vieille forteresse de Guillaume le Conquérant ne les intéresse guère ; Mansion-House n'attire la foule que lorsque le nouveau maire y fait son entrée solennelle. Quant au temple de Saint-Paul, ils pensent que c'est assez d'y entendre un sermon le dimanche.

Dans la semaine, ils vont vers une zone où s'élèvent des édifices bien autrement importants : les maisons de compagnies d'assurances, les Comptoirs d'escompte, les banques de Westminster, de l'Union, la Banque orientale, la Banque d'Angleterre et la Bourse.

Là est la coupe réelle et fantastique à laquelle aspirent tant de lèvres embrasées ; là est le nouveau levier qui, par un ressort d'argent, soulève des mondes qui n'étaient point pressentis par Archimède ; là est la Fortune, la capricieuse déesse, les pieds sur sa roue mobile, le bandeau sur les yeux, les cheveux au vent ; là est le cœur de Londres, cœur métallique. Les physiologistes n'en ont jamais décrit un semblable. C'est de l'or qu'il aspire et refoule dans ses veines.

Ce sont des billets de banque et des contrats de rente qui accélèrent ou qui ralentissent ses mouvements. A la moindre fièvre, au loin on entend retentir ses pulsations, et si nombreuses et si longues sont ses artères que par leur étendue et leurs manifestations, elles se font sentir dans toutes les contrées du globe, depuis les rives de la Baltique jusqu'au pays des Hottentots, depuis les iles de la Méditerranée jusqu'à celles du Grand Océan.

Comme une marée, le flot des capitalistes, des agents de change, des courtiers, des acheteurs et des vendeurs, monte vers ces capitoles du commerce et de l'industrie et en redescend graduellement. Dans l'après-midi, il est à toute sa hauteur. Vers les six heures du soir, il s'abaisse, puis disparait. Les seigneurs de la finance et leurs employés s'en vont. Les rues, un instant auparavant si populeuses et si bruyantes, apparaissent comme des lits de rivières subitement desséchés.

Mais l'activité subsiste dans les autres quartiers. A cette heure-là l'ouvrier de Spitalfields n'a point achevé sa tâche, ni le batelier de la Tamise, ni le cabman, ni le tavernier, ni l'architecte et l'attorney.

A cette heure-là, peut-être un éloquent orateur de la Chambre des communes prononce dans le palais de West-minster un discours qui fait frémir les ministres et qui, demain, sera répandu par les journaux à travers la Grande-Bretagne. A cette heure-là tout est en mouvement le long de West-End.

Dans cette aristocratique région, la journée ne commence pas sitôt que dans la Cité et ne se termine point si vite. Les magasins de la Regent-street étalent toutes leurs richesses, quand ceux de Lutgate-Hill sont déjà fermées et les belles ladies et les fils de lords caracolent dans les avenues de Hyde-Park, quand le bon bourgeois des environs de Guid-hall rentre sous son toit. Puis, les théâtres s'illuminent, et les salles de bal et les clubs, et les restaurants nocturnes.

Dans l'amas d'édifices de toute sorte qu'on appelle la

ville de Londres, il y a trois villes bien distinctes, habitées,
comme en vertu d'une loi de Brahma, par trois castes très-
différentes. A l'une des extrémités de cet immense réseau, la ville des ouvriers, des pauvres, des parias ; l'East-
End. A l'autre, la noblesse et le gouvernement, le West-End;
au milieu, la ville du commerce et de la bourgeoisie, la
City, l'Eldorado des guinées, des chèques, des bank-
notes.

De cet Eldorado dont j'entends supputer les trésors,
sans éprouver, grâce au ciel, le besoin d'y participer, je
vais dans le glorieux West-End, où je n'ambitionne pas non
plus l'éclat d'un grand nom. Que Dieu, chère Stina, m'aide
à conserver dignement le nom de notre père!

Je vais, vague rêveur, dans les spéculations de la vie pratique, humble rentier, dans le monde des capitalistes,
obscur plébéien, dans la sphère nobiliaire, naïf pèlerin, en
divers sentiers. Naïf! je pourrais bien me donner une plus
sévère qualification quand je songe que j'ai quitté notre
douce demeure pour m'en aller comme un chevalier errant
à la recherche d'un fantastique idéal.

Une de mes images idéales m'apparaît dans ce célèbre
West-End. Quelle belle ville ! Des rues si larges et si net-
tement tracées, des pavillons, des kiosques, des hôtels
construits dans de si justes proportions, avec une si gracieuse élégance et une si parfaite entente de cette recherche du bien-être, que les Anglais appellent le confort.
Rien qui choque le regard, ni qui fatigue l'oreille. Les remises et les écuries rejetées à l'écart dans des ruelles spé-
ciales, les grandes avenues sablées et macadamisées pour
que les roues des voitures et les piétinements des chevaux
n'y résonnent pas trop fort ; devant la plupart des maisons,
une pelouse, un jardin arrosé par une eau vive; des squares verdoyants de plusieurs côtés, et quatre grands parcs

où l'on respire à pleins poumons l'air vital si restreint et souvent si vicié dans l'intérieur de Londres.

Mais, en face de cette sphère lumineuse, les ombres sinistres de l'East-End, les malheureux ateliers de Spitalfields, de Bothnal-Green, les allées tortueuses, les cours méphitiques de White-Chapel, les horribles repaires de Saint-Giles. Quand on a pénétré dans ce gouffre de misère et de corruption, dans cet enfer de deux cent mille âmes, on ne peut plus se complaire dans l'aspect des charmantes habitations de Cavendish-square et de Belgravia. On n'éprouve qu'un sentiment de douleur et de révolte, en songeant que sur le même sol, sous le même gouvernement, dans l'agglomération d'une même race, une telle splendeur rayonne près d'un tel abîme d'infortune.

Londres.

Comme je songeais, chère Stina, à ces deux points extrêmes de Londres, à ce terrible contraste de l'East-End et du West-End, j'ai reçu de mon ami Dale une longue réponse à la lettre que je lui adressais de Silversand, et je te l'envoie. Mon brave ancien condisciple est un peu sévère pour cette Grande-Bretagne qui est devenue sa seconde patrie. Mais il est plus sagace que moi. Il a, pendant plusieurs années étudié l'état de ce pays que je ne vois qu'en passant ; il touche à des questions que je n'oserais aborder, et s'il se trompe dans quelques-uns de ses jugements, je suis sûr qu'il pense sérieusement ce qu'il dit.

Enfin, chère sœur, voilà sa lettre. Vaille que vaille, elle sera en tous cas plus instructive pour toi que celle que j'aurais pu composer dans mes habitudes de rêveries et dans mon ignorance.

« Kaerr Vaen, je me réjouissais à l'idée de te recevoir dans ma rustique demeure, de t'y retenir le plus long-temps possible en remémorant les images de notre terre de Suède, les souvenirs de nos années d'école. Et tu arrives à mon foyer, lorsque j'en suis si loin, et tu le quittes dans quelques jours. Où pourrai-je te rejoindre ?

Tu sais que j'ai entrepris mon voyage dans le but de régler d'anciens comptes et de recouvrer des créances pour mon beau-père. D'abord en France, besogne aisée, bon pays, bonnes gens, gais et affables, amusants par leurs petites vanités et le naïf contentement d'eux-mê-mes, persuadés que la France est en tout point la plus glo-rieuse partie de l'univers, et ne doutant pas qu'ils n'aient une très-juste idée des autres contrées par quelques no-tions qui leur suffisent, comme par exemple, que la Suède est un petit royaume par là-bas, au nord, où, pendant dix mois de l'année, on vit dans une nuit perpétuelle, que la Russie est du même côté, très-sombre aussi, très-grande et toute pleine de cosaques ; que les Allemands ne sont pas méchants, mais un peu lourds, parce qu'ils boivent trop de bière.

Quant à l'Angleterre, c'est chose bien convenue qu'elle doit être à jamais odieuse à tous les Français. Les plus doux l'appellent seulement : infâme Albion ; les autres s'é-tonnent que Dieu la laisse encore subsister, et espèrent voir le jour où elle s'abîmera sous le poids de ses iniquités au fond de l'Océan. J'ai bien ri, parfois, en écoutant les dissertations géographiques et politiques des négociants auxquels j'allais présenter les notes de mon beau-père. Mais, il n'en est pas un qui ne se soit montré fort loyal dans ses transactions, qui n'ait aussi cherché quelques moyens de m'obliger.

Tu iras à Paris, mon cher Nils, et tu aimeras la France.

Mais si tu veux l'aimer encore plus, tu visiteras plusieurs
de ses provinces, entre autres la Franche-Comté.

Par ses hautes montagnes et ses fraîches vallées, par ses
eaux limpides, ses forêts de sapins, ses chalets, elle te rap-
pellera notre beau pays de Suède. Si tu pénètres dans l'intérieur des habitations, tu y retrouveras une image de tout
ce qui nous a si doucement émus dès notre enfance, de
l'honnête labeur, des coutumes hospitalières, des affections de famille, du sentiment religieux de notre terre
natale.

Je l'ai vue cette province. Je devais la traverser pour me
rendre à Turin par le Saint-Gothard, et j'y suis resté dans
une sorte de cercle magique dans l'enchantement du regard et de la pensée. Il y a là près d'une riche plaine arro-
sée par la Saône, une enceinte de collines, une prairie,
une maison qu'on appelle la Chaudeau. Je ne veux pas
essayer de te la décrire. C'est une vraie féerie.

Il y a sur les rives du Doubs, près des frontières de la
Suisse, une ville qu'on appelle Pontarlier, la plus jolie
petite ville du monde, une ligne de maisons élégamment
bâties ; d'un côté, de vastes champs de blé ; de l'autre, la
montagne, les bois, les habitations rustiques ; à quelque
distance, une pyramide de rocs, un château des plus romantiques ; plus loin encore, un lac profond et bleu comme
notre Malar, une vieille, grave, solennelle abbaye, et au-
dessous d'un majestueuse couronne de sapins, dans une
grotte solitaire, une source d'eau plus pure que le plus pur
cristal du Tyrol, plus transparente que le spath d'Islande
dans sa double réfraction, plus verte que l'émeraude. Cette
source doit être le bain des dames vertes de cette région
qui sont les sœurs de nos Elfes et de nos Necks.

J'ai quitté à regret la France, et le souvenir que j'en
garde ne sera vraisemblablement pas remplacé par celui

que j'emporterai d'ici. Il doit y avoir dans cette ville de
Turin, dans cette capitale du Piémont, des gens honnêtes
et distingués. J'aime à le croire. Mais, jusqu'à présent,
ceux avec qui j'ai eu quelques rapports ne m'inspirent
guère de confiance, ni de sympathie : tous des cauteleux,
et en même temps des vantards. Ils m'agacent par leurs
forfanteries patriotiques et démocratiques; ils m'indignent
par les ruses et les câlineries qu'ils emploient pour échapper à l'engagement que je leur rappelle, aux créances que
je leur présente.

Les notes que mon beau-père m'a remises sont ainsi
très-difficiles à régler. Cependant, je voudrais accomplir
la tâche que j'ai entreprise par une pensée de justice, de
devoir et d'affection. Mais lorsqu'elle sera terminée, si je
parviens à la terminer, tu ne seras peut-être plus en Angleterre, et tu me demandes mon sentiment en ce qui tient à
l'Angleterre. Je vais essayer de te le dire.

D'abord je dois aimer, et j'aime ce pays où j'ai eu le
bonheur d'épouser la douce Nancy, qui t'a reçu à Silvers-
sand, où mes enfants sont nés, où j'ai mon foyer. Ensuite,
je m'incline devant sa grandeur, une grandeur sans pareille ; des milliers et des milliers de navires sur toutes
les mers; des forteresses et des comptoirs dans tous les
parages, des îles superbes, des possessions immenses dans
les plus belles régions : Malte, Corfou, les petites Antilles,
le Canada, Ceylan, Maurice, l'Indoustan; d'un hémisphère
à l'autre, cent cinquante millions de sujets. Comme les
anciens Romains, les Anglais peuvent dire : *Onerosi sumus
mundo.* Leur empire est plus vaste que celui des Romains.
Jamais on n'en vit un semblable.

Mais comment l'ont-ils conquis, et par quels moyens
le gardent-ils? Ah! les noires ombres dans l'auréole de
leurs succès! Politique d'astuce et d'égoïsme, perfides

alliances, hostilités iniques, honteuses violations des promesses les plus solennelles et des droits les plus sacrés.
Que de fois on a pu dire à cette nation si fière de son
pouvoir ce qui lui fut dit par un de ses orateurs, après le
bombardement de Copenhague : « Les ministres prétendent que, dans cette occasion, le sang anglais n'a point
coulé, mais l'honneur anglais a coulé par tous les
pores ! »

L'Irlande, à chaque page de son histoire, nous montre
les plaies encore saignantes qui lui ont été faites par les
Anglais, et son martyre de sept cents ans.

L'histoire de leurs autres possessions ne date pas de si
loin, mais en un moins long espace de temps, ils y ont mis
une tache non moins ineffaçable.

Chacun sait ce qu'ils firent au dix-huitième siècle pour
soumettre à leurs exigences fiscales leur colonie américaine. Ils contractaient un épouvantable marché avec un
infâme prince qui leur livrait, pour fortifier leurs armées,
plusieurs milliers de ses sujets, à tant de florins par tête,
comme des bestiaux. Ils recrutaient à prix d'argent des
vagabonds et des bandits dans les tavernes d'Allemagne.
Ils payaient une prime aux Indiens sauvages pour chaque
scalpel d'Américain. Ils disent pour se justifier de ces excès
sanguinaires qu'ils avaient à soutenir une rude guerre, et
que leurs antagonistes étaient aussi cruels.

Mais l'illustre Chatam s'écriait dans la chambre des
lords : «Des bouchers de la basse Saxe, des brigands qui ne
respectent ni le sexe, ni l'âge, et qui se plaisent à plonger
leurs mains dans le sang du faible, voilà donc les alliés de
l'Angleterre. En joignant ainsi le scalpel au fusil ; le toma-
hawk à l'épée, nous avons imprimé sur nos armes une tache
que les flots de l'Océan ne pourraient laver. »

Et l'innocente petite peuplade de l'Acadie! elle ne se

révoltait point comme les citoyens de Boston et de Philadelphie. Elle était assez soumise. Seulement, elle ne pouvait cesser d'aimer la France, sa première patrie. Ce sentiment importunait les Anglais qui la gouvernaient. Pour s'en délivrer, voici ce qu'ils firent :

Les Acadiens de chaque district furent sommés de se rendre sur la plage, à certain jour, pour régler une affaire importante. Tous obéirent à cet ordre, ne se doutant guère du sort qui les attendait. Lorsqu'ils furent réunis, ils apprirent que leurs terres étaient confisquées et qu'ils devaient quitter immédiatement et à jamais leur pays natal. Pour qu'ils n'eussent même plus la pensée d'y revenir, leurs maisons furent incendiées.

Toute tentative de résistance était inutile. Ils étaient sans armes et entourés d'une légion farouche qui exécutait son mandat sans miséricorde. Un certain nombre d'entre eux parvint à s'échapper et à se réfugier dans les forêts. Les autres, hommes, femmes, vieillards, enfants, furent entassés pêle-mêle sur des navires, transportés à une longue distance de leur chère Acadie, jetés de ci, de là sur les côtes de la Virginie, de la Caroline, de la Pennsylvanie et abandonnés sans ressources. Il y en eut qui, à l'aide des Indiens, se dirigèrent à travers les forêts sauvages vers la Louisiane, et eurent le bonheur d'y arriver. La plupart errant à l'aventure, ne sachant où aller et où trouver un refuge, périrent misérablement.

Et l'histoire des Anglais dans les Indes orientales? elle commence par une petite entreprise commerciale. Quelques négociants de Londres se réunissent pour expédier quelques navires dans les lointains parages dont la Hollande et le Portugal se disputaient déjà les productions. Ils constituent entre eux un modeste capital de 72,000 livr. sterl. (1,800,000 fr.). Ils obtiennent de la reine Élisabeth une charte qui leur assure des priviléges spéciaux, et ils font leurs armements.

Si incertain était encore le résultat de leur essai, que le royal édit limitait la durée de leur monopole. Au bout de quinze ans, la société devait être dissoute ou renouvelée. Et cette petite association a enfanté la Compagnie des Indes, et cette compagnie de marchands a, dans l'espace de deux siècles, conquis la plus magnifique portion de l'Asie, soumis à son pouvoir une innombrable population, réduit à un état de vasselage, les descendants des antiques souverains qui s'intitulaient les maîtres de la terre, les soleils des soleils.

Mais comment?

Vers la fin du dix-huitième siècle, au loin retentit le procès de Warren Hastings, le proconsul anglais, le gouverneur de Calcutta. Alors, l'Europe apprit de quelle façon la royale Compagnie des Indes agrandissait son empire et disposait de ses sujets. Alors on entendit la voix de Burke s'écrier devant les juges du nouveau Verrès : « On conteste la réalité des faits dont Hastings est accusé. Pourquoi donc ceux qui les nient reculent-ils devant le débat? Oh! quelles actions de grâces je leur rendrais s'ils pouvaient me démontrer que ces scènes d'horreurs ne sont que des fictions! Cette découverte serait pour moi plus précieuse que celle d'un nouveau monde, et je bénirais ceux qui pourraient enlever à mon pays cette tache d'infamie. »

Puis dans la même assemblée, Sheridan disait : « Cherchez dans l'histoire du passé, parcourez les *Annales* de Tacite ; lisez l'Œuvre de Gibbon et celles de tous les écrivains qui ont dépeint la dépravation des anciens temps, vous n'y verrez rien de pareil aux trahisons, aux cruautés commises par le gouverneur anglais.

De nos jours, nul autre Warren Hastings n'a été traduit

devant la cour des pairs. Plus d'une fois pourtant le *trampled Hindostan*, comme a dit Byron, l'Hindostan foulé aux pieds a, de sa voix suppliante, appelé un défenseur. Ses plaintes ne sont plus entendues, et s'il tente de se révolter, ses régents britanniques le ramènent à l'obéissance par des moyens expéditifs.

Burke décrivit quelques-uns de ces moyens dans son plaidoyer, et il faisait frémir son auditoire. Depuis ce temps, ils se sont fort perfectionnés. On en a eu la preuve en de récentes circonstances. Pour extorquer un impôt, pour obtenir une délation, pour épouvanter ou punir un rebelle, les Anglais emploient dans l'Inde des moyens d'intimidation, des raffinements de supplice que nul peuple avant eux n'avait imaginés.

J'ai entendu vanter la constitution anglaise par des personnes sérieuses qui l'ont étudiée, qui savent en discerner les avantages et les périls. Je rends hommage à la sincérité de leurs sentiments. Mais il y a une quantité de gens pour qui c'est un parti pris de prôner les institutions de l'Angleterre, comme les glorieux principes français de 1789, et qui seraient fort embarrassés si on leur demandait une lucide explication de leurs éloges. En France, où généralement la race anglaise n'est pas aimée, j'ai rencontré des démocrates qui parlaient avec enthousiasme des libertés anglaises.

Liberté de la presse! Très-grande il est vrai, en apparence, mais souvent très-inefficace.

Liberté des meetings. Elle n'est point admise par la loi. Elle n'est que tolérée.

Liberté individuelle. On peut y croire, mais dans une mesure restreinte. En dépit du fameux *Habeas corpus*, chaque année, en Angleterre, des milliers d'arrestations sont faites sur de simples présomptions de dettes.

Liberté des élections! Ceux qui professent les plus vives sympathies pour l'Angleterre sont obligés de reconnaître, même après la réforme de 1852, le vice radical, les incroyables anomalies, les mensonges et les honteux marchés de cette institution. Sur une population de 28 millions d'âmes, 1 million d'électeurs répartis de telle sorte que de minimes bourgades ont encore autant de représentants que les plus populeuses cités.

Les élections, à présent, ne sont plus ni si tumultueuses, ni si scandaleuses qu'autrefois. Mais on ne peut dire, qu'elles soient, au fond, beaucoup plus morales. Une quantité de voix se vendent comme par le passé au plus haut enchérisseur. Seulement, la dignité des contractants, la crainte des enquêtes d'un envieux, des réflexions d'un indiscret les obligent à des ménagements. L'électeur qui se respecte ne peut pas dire à un candidat : « Vous aspirez à être le député de mon district et vous me demandez mon suffrage : mettez-moi une banknote dans la main, et, tout de suite, sans autre information, je vote pour vous. »

Fi donc! quel vilain marché!

Mais un délicat électeur désire depuis longtemps une montre d'or, ou un dogcart de nouvelle forme, et justement le candidat désirait lui offrir comme un témoignage particulier de son affection cette montre d'or, ou ce dogcart. Quelle aimable entente! Bien malavisé serait celui qui voudrait y voir une illégale transaction.

Parfois aussi, dans sa tournée, le candidat peut rencontrer un marchand qui voudrait vendre quelque denrée, un peu cher, mais d'une qualité exquise, et justement le candidat cherchait cette denrée, et, comme il est doté, grâce au ciel, d'un assez bon revenu, il n'a point à s'inquiéter de ce qu'elle coûte.

C'est ainsi que dans la petite ville de Wakefield, illustrée

par le charmant livre de Goldsmith, un riche aspirant à la
députation a payé à un de ses électeurs 500 francs pour
un jambon, 1,200 francs pour un pain de sucre. Certainement un jambon extraordinaire, et un pain de sucre phé-
noménal.

Souvent aussi il arrive que le candidat est un cousin,
un neveu, voire même un fils de lord. Naturellement il
doit avoir la voix de tous les tenanciers, de tous les four-
nisseurs de son noble parent, aussi les voix des petits rentiers qui ont l'honneur d'être invités aux chasses de sa
seigneurie et de boire du vin de Porto à sa propre table,
aussi les voix des solliciteurs qui ont besoin de son patronage.

Un lord! il faut avoir vécu en Angleterre pour savoir
quel prestige est resté attaché à ce titre, quel respect héréditaire l'aristocratie du royaume britannique impose,
non-seulement aux paysans de ses domaines, mais à la
plus haute bourgeoisie, et quel pouvoir elle a gardé!

Elle a eu, comme les autres puissances de ce monde,
ses ébranlements, sa république de Cromwell, sa révolution de 1688, ses guerres civiles et religieuses, ses persécuteurs et ses martyrs. La république a péri ; la dynastie
des Stuarts s'est éteinte; la maison de Brunswick a remplacé la maison d'Orange, et, d'âge en âge, à travers ces
violentes commotions et ces catastrophes, l'aristocratie
s'est maintenue.

Elle a vu, depuis un siècle, l'Europe entière soulevée,
agitée, tourmentée par l'ouragan révolutionnaire. Elle
s'est jetée au milieu de cet ouragan ; elle en a quelquefois
accéléré la marche, et quelquefois essayé d'en réprimer
l'impétuosité. Par l'effet de ces combats, ou malgré ces
tentatives de répression, les royaumes, les principautés
du continent ont été transformées. Debout alors sur son

île, comme sur un roc inébranlable, elle a pu, dans son suprême égoïsme, contempler les irréparables naufrages, en répétant le *suave mari magno* de Lucrèce.

Dans le bouleversement des souverains et des peuples, elle a conservé ses anciennes institutions, ses priviléges féodaux, sa prodigieuse fortune.

Au onzième siècle, les domaines conquis par Guillaume et les noms des chevaliers à qui il les distribuait furent inscrits dans les deux volumes de ce fameux registre qu'on appelle le *Domesday book* (le Livre du jugement dernier).

Depuis cette époque lointaine, ces royales dotations n'ont point été livrées à la plèbe, ni morcelées. L'aristocratie les a gardées et agrandies, et il semble que le *Domesday book* lui en ait réellement assuré la possession jusqu'au jugement dernier.

En France, il y a, m'a-t-on dit, quatre millions de propriétaires, nobles ou roturiers. En Angleterre, on n'en n'en compte pas plus de trente mille, tous ayant l'écusson, le blason et le titre nobiliaire. Les cinq sixièmes du sol leur appartiennent, et ils n'en vendent pas une parcelle. Seulement, ils en concèdent parfois, pour une durée de quatre-vingt-dix-neuf ans, certaines portions, à la condition qu'à la fin de ce terme, elles seront rendues à leurs héritiers, avec toutes les constructions qui y auront été faites.

C'est par l'effet du droit d'aînesse et de substitution que les propriétés foncières se conservent ainsi dans les familles. Les fils aînés de l'aristocratie anglaise étant si bien dotés, on devait songer aux cadets. Pour eux, il y a des emplois dans la magistrature, l'armée, l'administration civile, et de lucratives sinécures dans l'Église. Je parle de l'Église anglicane, inventée par Henri VIII, renversée par sa fille Marie, reconstituée par son autre fille Élisabeth, et maintenant la plus opulente Église du monde. Elle n'a pas plus de six millions cinq cent mille âmes dans son bercail, mais des âmes d'élite qui doivent être très-entourées, ou des âmes rebelles qui, pour être conduites et maintenues dans la bonne voie, exigent un grand nombre de pasteurs.

Vingt-sept prélats, vingt-neuf doyens, cinquante-huit archidiacres, trois cent cinquante prébendiers, deux cent quatre-vingts chanoines, dix mille sept cents curés : tel est le dénombrement de l'Église anglicane, et les revenus de cette religieuse légion s'élèvent annuellement, par les produits de ses domaines, par des dîmes, par diverses redevances, au chiffre de 9,450,600 liv. sterl. (environ 240 millions de francs).

Les auteurs anonymes du *blackbook*, ce livre curieux que je t'engage à lire, prétendent que ce revenu équivaut à celui de tous les clergés réunis du monde chrétien, c'est-à-dire que la glorieuse Église établie d'Angleterre absorberait à elle seule une somme pareille à celle qui alimente les Églises de France, d'Espagne, d'Italie, d'Allemagne, de Hongrie, de Suisse, des États scandinaves, de la Russie, etc.

Est-ce vrai? Je ne puis vérifier la justesse de ce calcul. Mais ce qu'il y a de sûr, c'est que le clergé anglican est prodigieusement riche, et pour que les principes de l'humilité chrétienne y soient maintenus, ses rentes sont distribuées de telle sorte que la plupart de ceux qui y participent doivent accomplir un vœu perpétuel de pauvreté. Les doyens, les archidiacres, les prélats, qui représentent la dignité de l'Église, sont de magnifiques seigneurs. On évalue les revenus de l'archevêque de Cantorbéry à plus d'un million de francs par an ; ceux de l'archevêque d'York à peu près au même taux, et l'on cite plusieurs évêques qui, après avoir très-largement vécu, ne se refusant ni chevaux, ni voitures, ni dîners d'apparat, ni voyages d'agrément, ont encore laissé à leur famille d'énormes héritages.

Mais les curés qui font la besogne de leurs supérieurs doivent se résigner à toutes sortes de privations et ne parviennent que très-difficilement à subsister avec leur chétif traitement. Il y en a qui n'ont pas plus de huit cents francs par an, et qui sont mariés et qui ont des enfants. La femme travaille comme une servante. Et les filles! que deviennent-elles? Ouvrières, gouvernantes, et à quels hasards livrées! Hélas! tandis que les filles de prébendiers épousent des lords et se promènent en *four in hand* à Hyde-Park.

Que dis-tu, mon cher Nils, de cette différence entre les membres d'une même évangélique communauté? Mais regarde autour de toi à Londres. Tu verras bien d'autres contrastes.

A côté de l'aristocratie qui s'efforce de maintenir les anciennes institutions, les anciennes coutumes, et jusqu'aux anciennes cérémonies de l'Old-England, s'élève la bourgeoisie active, hardie, ardente, sans cesse occupée d'une laborieuse entreprise et d'une idée de progrès.

Immenses sont ses capitaux. Immenses aussi sont les trésors de la noblesse. Hélas! immense est la misère du peuple. Nulle part, on ne peut voir tant de millionnaires et tant d'indigents. Nulle part, les palais de la fortune ne sont si élevés et si brillants, et les gouffres de la pauvreté si profonds.

« Vous aurez toujours des pauvres parmi vous, » a dit le Christ. L'aristocratie territoriale et commerciale de l'Angleterre sait bien qu'il y aura perpétuellement autour de ses

châteaux et de ses comptoirs une multitude de pauvres. Mais
elle ne veut pas les voir. Leur aspect la troublerait dans la
jouissance de son luxe, dans le sentiment de son bien-
être. Elle les écarte tant qu'elle peut. Elle les repousse
vers leurs ghettos, ou les renferme dans les workhouses,
et de la mendicité fait un délit. Oui, une loi récente
déclare que tout individu errant ou stationnant dans les
rues, sur les places publiques, dans les cours ou carrefours
et sur les grands chemins, pour demander ou pour recevoir l'aumône peut, sur la déposition d'un seul témoin,
être arrêté et condamné aux travaux forcés dans une prison.

Inutile précaution ! Les riches ne peuvent échapper à
l'aspect de la misère qui, par les âpres concurrences de
l'industrie pour la diminution des salaires, par l'avidité
des spéculateurs, s'accroît de plus en plus, non-seulement dans les villes, mais aussi dans les campagnes, et de
plus en plus s'étend comme une lèpre incurable à travers
le glorieux empire britannique.

Cette innombrable peuplade de déshérités, d'ouvriers
sans travail, ou ne gagnant, par leur travail, qu'un salaire
insuffisant, elle apparaît comme un fantôme au banquet
des privilégiés de ce monde. Elle enfante la peste dans ses
sombres refuges. Elle enfante le vice à l'école de son désespoir, dans sa fatale agglomération.

En dépit des lois de police et des prédications des phi-
lanthropes, elle étale de toutes parts ses plaies physiques
et morales. Dans cette ville où l'on a entendu prononcer
tant de violents discours et d'implacables arrêts contre la
traite des noirs, de respectables citoyens qui peut-être appartiennent au corps des aldermen, qui peut-être un
jour seront élevés à la dignité de lord-maire de Londres, continuent tranquillement la traite des blancs et,

chaque matin, on peut voir le résultat de cette opération de l'industrie, une race rapetissée, rabougrie, épuisée par le labeur, ou dégradée par la débauche; des hommes qui volontiers échangeraient leur sort pour celui des nègres; car alors, ils seraient sûrs d'avoir la nourriture du jour et le gîte du soir; des femmes qui, si faibles qu'elles soient, sollicitent du travail pour gagner quelques pences qui les empêchent de mourir de faim, et des enfants que l'on conduit au marché.

Oui, deux fois par semaine, entre Spitalfields et Bethnal-Green, des enfants de huit à douze ans sont ainsi sur la place publique offerts à quiconque peut les employer comme domestiques ou comme apprentis, et ce sont les parents qui les mettent ainsi à l'enchère, sans s'inquiéter de l'état, du caractère, de la moralité de celui à qui ils livrent un pauvre garçon débile, une pauvre petite fille encore innocente : l'affaire essentielle pour eux c'est de retirer de cette horrible location le meilleur prix possible. Un schelling et demi par semaine, c'est le terme moyen; deux schellings, c'est superbe. Le marché conclu, le père et la mère s'en vont, laissant leur enfant à la merci d'un inconnu.

Le soir, dans les rues, se répandent des myriades de vagabonds, de voleurs et d'êtres sans nom. C'est ce qu'on appelle les tribus sauvages de Londres (*the wild tribes of London*). Il y a des tribus de bédouins et de peaux rouges moins sauvages et moins dangereuses.

Tu crois que j'exagère. Mais j'ai justement sous la main un livre qui cite ces quelques lignes que je t'envoie. C'est un extrait d'un sermon prononcé dernièrement à Londres par un protestant : « Voulez-vous, dit-il, savoir dans quel état végètent plus de 650,000 de vos frères. Écoutez et tremblez. Au sein de notre cité, 12,000 enfants sont bercés dans le crime, allaités par le vice et servent, pour ainsi dire, de renforts destinés à perpétuer le grand système d'iniquité.

« Au sein de cette métropole, il y a plus de 40,000 spéculateurs et entrepreneurs de dépravation ; 4,000 individus sont chaque année condamnés aux galères, et nous coudoyons dans les rues plus de 20,000 chevaliers d'industrie, de 30,000 voleurs, de 40,000 mendiants. Cette terrible armée du mal, qui ne cesse d'exercer ses ravages, dépense en liqueurs spiritueuses plus de trois millions de livres sterling. 25,000 soldats de cette armée sont chaque année relevés ivres-morts à la porte des *public houses ;* 150,000 sont des buveurs de gin, et 250,000 autres sont perdus dans la débauche. Le reste meurt de faim. »

On pourrait faire un calcul du même genre dans toutes les villes manufacturières de l'Angleterre, et le mal empire sans cesse, et les règlements de la police, les workhouses, la taxe des pauvres n'y remédient point. Voilà ce qui doit maintenant contrister les Anglais. Voilà ce qui est effrayant pour l'avenir.

Je voudrais cependant bien te revoir sur cette terre britannique dont je te dis ainsi les calamités.

Adieu. Écris-moi,

Ton vieil ami,

ÉRIC DALE.

Londres.

Chère Stina, aujourd'hui dimanche, cet heureux jour de fête en notre bon, religieux pays de Suède, et en tant d'autres lieux, ce jour si triste dans la grande ville de Londres. Toutes les boutiques fermées, toutes les affaires interrompues, toutes les rues silencieuses et mornes. La pluie tombe dès le matin, une petite pluie froide qui forme des ruisseaux noirs sur le pavé, et noires sont les maisons, et noirs aussi sont les passants, et plus noir que jamais, je crois, ce ciel de Londres, si souvent assombri par d'humides brouillards et vers lequel s'élèvent constamment les nuages de fumée d'un million de foyers et d'une quantité de machines à vapeur. Le ciel, le sol, les palais du West-End, les magasins de la Cité, les arbres des parcs, les flots de la Tamise, tout est enveloppé, confondu dans un même voile de deuil, et l'on n'entend que les vibrations plaintives des cloches dans la sombre atmosphère.

C'est dimanche.

Ils ont bien raison ceux qui recommandent la célébration du dimanche. C'est une loi de Dieu, et c'est aussi une loi d'hygiène pour l'esprit comme pour le corps. Les observations des gens pratiques ont même démontré que le repos du septième jour est nécessaire aux animaux employés à divers travaux, de même qu'à l'homme.

Mais en ce jour de repos le puritanisme britannique ne permet pas un élan de gaieté, pas un innocent divertissement. Ce n'est pas une fête religieuse unie à une fête de famille, c'est une rigide obligation. C'est une pénitence, que peu de gens acceptent avec un vrai sentiment de piété, et à laquelle on échappe tant qu'on peut, en affectant de la respecter.

A Londres, si le temps est beau, ceux qui sont riches, ou qui ont au moins quelque argent, partent dès le matin pour Richmond ou Greenwich, se promènent dans les bois, dînent dans un bon hôtel, et ne rentrent que le soir. Si la pluie, la neige, le vent ne leur permet pas d'entreprendre cette excursion, ils se retirent dans leurs clubs, lisent beaucoup de journaux, fument beaucoup de cigares, boivent beaucoup de claret, jouent avec rage aux cartes, au billard, au trictrac, et atteignent ainsi l'heure bénie où finit le dimanche. Mais les pauvres gens qui ne peuvent avoir de si agréables distractions dans cette longue journée où toute occupation manuelle leur est interdite, que font-ils? Si la veille, dans leur pénurie et dans la prévision de ce jour sans salaire, ils ont pu engager chez le pawn-broker quelque ustensile de ménage ou quelque vêtement; s'ils possèdent encore quelques pences, ils s'en vont au cabaret. Sinon, ils restent en leur triste gîte, maussades et bourrus, mécontents d'eux-mêmes et mécontents de tout, accablant de leur mauvaise humeur leurs femmes et leurs enfants.

Une société s'est formée qui, dans une intention vraiment intelligente et vraiment louable, demandait que les bibliothèques, les musées, les parcs fussent ouverts gratuitement à tout le monde, le dimanche.

A cette requête, cris de révolte des ministres anglicans et de leur cohorte puritaine. Un mouvement dans les rues, une distraction publique le dimanche, quelle profanation, quel sacrilège!

Mieux vaut donc l'apparence trompeuse, le silence hypocrite, le jeu des riches caché dans les clubs, les libations dans les tavernes; pour les uns la débauche, pour d'autres l'ennui morbide et le spleen.

Le spleen, ce fléau britannique, je pense qu'il doit être fréquemment engendré par un dimanche pluvieux dans l'air funeste des cités, et, probablement, c'est un dimanche qu'il succomba à son désespoir, le malheureux dont l'épitaphe est devenue proverbiale :

> Ci-gît Johnson, l'innocent écuyer
> Qui se tua pour se désennuyer

Tu sais, chère Stina, que je ne m'en vais point dans mon voyage avec une humeur misanthropique, cherchant le mauvais côté des hommes et des choses. Non, grâce au ciel et grâce à l'influence des douces vertus de nos parents, il me semble que j'ai dans le cœur un ruisseau de bienveillance qui, en petits filets, de tout côté s'épanche. Partout je voudrais trouver un sentiment d'affection, et partout je me réjouis d'admirer tant que je puis, l'œuvre de Dieu et l'œuvre des hommes. Mais ici, dans cette souveraine métropole, sur les rives de la Tamise et de l'Océan, près des jardins de Kew et des collines de Richmond, en face des constructions les plus gigantesques de l'industrie humaine, mon admiration est comprimée par le souvenir des scènes sinistres que j'ai vues ou qui m'ont été racontées. Je ne puis regarder les aristocratiques édifices du West-End, les riches magasins de la Cité, sans songer aux affreux repaires de White-Chapel. Je venais chercher dans ce pays l'idéal de l'opulence nobiliaire et commerciale. Elle est éclatante cette opulence, mais au milieu de quelle misère et de quelle dégradation !

Je relis la lettre de mon ami Dale, qui me fait une si triste peinture de cette glorieuse Angleterre. Je sens le spleen qui commence à me saisir. Pour échapper à sa redoutable griffe, je pars ; je vais en France, dans l'espoir d'y trouver un autre idéal.

Paris.

« O Mélibée, cette ville qu'on appelle Rome, je croyais, simple que j'étais, qu'elle ressemblait à la nôtre, où nous allons nous autres bergers, conduire les agneaux de nos brebis. Ainsi je comparais les petites choses aux grandes.

Mais Rome élève autant sa tête au-dessus des autres villes
que le cyprès entre les flexibles viornes. »

Cette stance du plus charmant des poëtes latins me revenait à la mémoire quand j'entrais à Paris. C'est bien là
vraiment la Rome des temps modernes, la ville qui s'élève
au-dessus des autres villes, comme les arbres gigantesques
au-dessus des arbustes.

— Non pas, me dira-t-on, au-dessus de Londres.

— Non. Pas matériellement.

Paris n'a point l'énorme étendue, ni les constructions gigantesques, ni les docks, ni les milliers de navires, ni l'immense mouvement commercial, ni la prodigieuse fortune
de Londres. Comparativement à cette métropole anglaise,
la grande ville de Paris, si grande qu'elle soit, peut paraître
petite; mais c'est Paris.

C'est la fée des capitales, la fée qui joint à tous les charmes des magiciennes de l'antiquité et du moyen âge, tout
leur redoutable pouvoir, la fée riante et sévère, la fée fo-
lâtre et turbulente, le fée qui danse comme les Willis,
chante comme les sirènes, conjure les nuages comme les
Vellédas et pleure comme les Océanides; c'est la fée souveraine dont la baguette touche à toutes les régions du
globe, attire à elle l'univers entier par toutes sortes de
tentations : tentations de l'esprit et des sens, des regards
et de la pensée, des fantaisies les plus capricieuses et des
plus nobles ambitions, des choses les meilleures et aussi
des mauvaises.

C'est la reine Mab de Shelley qui garde en son sein
toutes les merveilles du genre humain, les secrets du passé
et les conceptions de l'avenir.

C'est la Titania de Shakespeare, la belle et puissante Titania dont la voix gouverne les éléments, dont le noble
Obéron désire conserver l'amour et dont l'esprit fantasque

se passionne en une heure d'aveuglement pour le tisserand Bottom qui se vante de rugir comme un lion, de soupirer comme un rossignol et qui a une tête d'âne.

Ce Paris que je désirais tant connaître, je n'en ai vu, ma chère Stina, pendant plusieurs mois que le beau côté : les œuvres d'art disséminées en tous ses quartiers ; les bibliothèques et les musées ouverts libéralement à tous les curieux, le luxe des boulevards, les magnificences des Champs-Élysées et une société d'élite.

Grâce au bienveillant patronage de M. de Lœwenhielm, notre ministre à Paris, depuis trente ans, je suis entré dans des salons où l'on s'honore d'être introduit, où l'on se réjouit d'être accepté. Là, s'assemblent à certains jours des notabilités de différents ordres, et par un privilège spécial, quelques novices comme moi, qui n'ont rien de mieux à faire que de garder le silence et d'observer. Ils seraient bien malavisés s'ils ne se contentaient point de cette modeste attitude dans ces cercles intéressants dont les diverses individualités s'unissent l'une à l'autre par des habitudes de bon goût, par de généreuses aspirations, par les liens de l'intelligence.

Il y a là des hommes de grande naissance qui n'ont pas le moindre orgueil de leur blason, et donnent à tous ceux qui les approchent l'exemple de l'urbanité. Il y a là des vieillards qui ont vu beaucoup de choses, des Nestors de la vie parlementaire, de l'administration, de la diplomatie. On interroge avec respect leurs souvenirs et leur expérience. Il y a là des jeunes gens qui se sont signalés par un discours éloquent, par une œuvre d'art, ou de science. On les regarde avec une bienveillante curiosité. Il y a là des entretiens qui sont comme des joutes charmantes d'esprit et d'aimables pensées. Parfois, au récit d'un ancien événement succède l'analyse d'une nouvelle décou-

verte ; à un tableau de la vie réelle, un songe poétique, à
un examen des discussions législatives, une digression littéraire et scientifique, et au milieu de ces graves dissertations, soudain éclate, comme une fusée, une vive parole,
une fine remarque, à laquelle tout le monde applaudit.
Des femmes assistent à ces assemblées, les dirigent par
leur bonne grâce, les animent par leurs témoignages
d'intérêt.

Douces reines de leurs courtoises pléiades, elles veulent
maintenir l'harmonie dans leur royaume, et désirent que
chacun soit content de leur souveraineté. Si la conversation
touche à quelque point scabreux, elles savent bien vite la
ramener dans une voie plus sûre. Elles suscitent, par une
adroite question, un entretien tout nouveau, encouragent
par un mot bienveillant un causeur timide, et guérissent,
par un regard, un amour - propre accidentellement
piqué.

On dit que ces salons de Paris ne sont plus que de pâles
images des salons d'un autre temps. Leur prestige s'affaiblit. Leur nombre diminue. Un jour peut-être ils disparaî-
tront totalement, et ce sera grand dommage. Les clubs,
ces froides et arides associations inventées par les Anglais
pour le confort de l'égoïsme, ne remplaceront pas ces nobles foyers qui, d'âge en âge, conservaient l'esprit, le beau
langage, les bonnes façons et les aimables traditions de
cette société française qu'un écrivain de mérite, M. Rœde-
rer, a très-justement désignée en un livre curieux par le
titre de *Société polie*.

C'est par ces qualités que la France s'est fait un renom particulier, qu'elle a séduit et conquis l'Europe civilisée. Les
triomphes du sabre sont moins durables que ceux de la
pensée. La France n'a pu garder les conquêtes de ses
hordes républicaines, ni de ses légions impériales. Mais

elle conserve encore celles qu'elle fit au temps de Louis XIV
par l'élégance de ses mœurs, par les œuvres de ses artistes,
par le génie de ses écrivains. Maintenant encore, dans nos
régions septentrionales, il n'est si petit bourgeois qui ne
veuille faire apprendre le français à ses enfants. A Stockholm, à Pétersbourg, à Moscou, la langue française est la
langue usuelle de toutes les grandes maisons, et à chaque
écolier de l'empire russe et des royaumes scandinaves,
les noms de Corneille, de Racine, de la Fontaine, de Molière,
de Bossuet, de Pascal sont aussi familiers que ceux de ses
auteurs nationaux.

Comme ils m'ont intéressé ces salons de Paris où j'ai eu
le bonheur d'être admis. Mais à Paris, tout est intéressant:
le monde aristocratique et le monde commercial; l'intérieur
de la maison et le jardin public; l'atelier et le comptoir;
le spectacle du soir dans les théâtres, et le spectacle perpétuel dans la rue. Partout le souffle et l'éclair de la vie,
la vie intellectuelle coulant à pleins flots; la vie matérielle
si facile partout, les physionomies ouvertes et riantes, le
besoin d'expansion, la vive causerie, le rire et les chants,
la gaieté, le soleil.

Comment ai-je pu rester si longtemps dans les noires
brumes de l'Angleterre, quand je n'avais qu'un si petit
brin de mer à traverser pour être en France? Les Anglais
savent bien que ce trajet n'est pas difficile. Ceux qui ont
quelques loisirs et quelque argent viennent souvent à Paris
et s'y livrent à divers plaisirs de fantaisie fort incomplets
dans leur pays.

« Oh! mon cher Dick, s'écrie le jeune Bob Fudge, dont
Th. Moore nous a si bien donné la correspondance, ne me
parle plus de tes lectures et de tes écrits, ni du grec, ni de
la logique, ni même de l'Angleterre. La fameuse *Magna
Charta* de l'Angleterre n'est qu'une sornette et une sottise

comparée à la carte de l'illustre restaurateur Véry. »

« Oh! chère Dorothée, s'écrie la tendre miss Fudge, comment te raconter les attraits infinis de cet Éden des modes, de cette délicieuse ville où l'on ne fait que s'habiller, dîner, danser et courir au spectacle ? »

Il y a des Anglais qui n'abdiquent point ainsi leur patriotisme, qui ne cessent de proclamer les charmes, les grandeurs de l'Angleterre, mais qui, en même temps, s'installent dans la rue de Rivoli, ou la rue de la Paix, aux Champs-Élysées, ou aux alentours du bois de Boulogne, et ne retournent sur le sol britannique que le moins possible.

Ils aiment Paris.

Et moi, comme je l'ai aimé aussi Paris jusqu'au jour...

Mais, d'abord, il faut que je te raconte une visite que j'ai faite dans une société tout autre que celle où je vis habituellement.

Tu te rappelles peut-être ce que je t'ai dit de cet honnête graveur Wagner, près duquel je demeurais à Vienne. En arrivant ici j'ai reçu de lui une longue lettre, où il s'excuse bien humblement d'avoir à me demander un service, un si simple et si petit service, le brave homme !

« Franzl, me dit-il, le fiancé de ma fille est encore à Paris, et quand il nous écrit, il ne parle plus que très-vaguement de son retour. Alie se tourmente, et cela nous fait grand'peine, à sa mère et à moi. Vous savez comment cette petite tête est vive et *schwœrmerisch*. Quelquefois elle pleure, quelquefois elle essaye de rire, et ce rire forcé nous semble plus triste que ses larmes. Quelquefois elle se met à lire et ne cherche dans ses livres que les idées les plus mélancoliques.

« Avant-hier, je l'ai surprise copiant dans un vieux volume français des vers que je ne comprends pas très-bien, mais qui ne me semblent pas très-gais. Je les lui ai pris pour vous les envoyer. Dites-moi ce que vous en pensez.

« Je voudrais que vous eussiez la bonté d'aller voir Franzl et de causer avec lui, puis de me dire franchement votre impression après cette visite. Si Franzl est resté, comme je l'espère, un honnête garçon; s'il aime encore notre fille Alie, s'il veut revenir, je le recevrai à bras ouverts. Je ne retarderai pas son mariage, et je voudrais que vous fussiez un des témoins de cette union qui nous réjouirait. S'il est engagé à Paris dans d'autres projets, ou d'autres liens, nous en serons bien affligés. Mais mieux vaut le fait décisif que la fièvre de l'incertitude.

« Adieu, cher monsieur Nils. Nous parlons souvent de vous et des agréables soirées où vous veniez amicalement nous demander une tasse de thé, et de nos promenades du dimanche au Prater... Nous serions bien heureux de vous revoir. Adieu... Puissiez-vous nous garder, dans vos voyages, un bon souvenir.

« P. S. J'oubliais de vous dire que le Paolo, ce mauvais Italien qui vous faisait de si beaux discours, a été surpris en pleine escroquerie, arrêté et condamné à deux ans de prison. Ces Italiens se vantent de détester l'Autriche. Je le crois bien. Les coquins doivent détester l'honnêteté. »

A cette lettre de l'excellent Wagner étaient jointes les strophes copiées par sa fille, les strophes charmantes de Christine de Pisan. Sauf quelques mots un peu vieillis, je suis sûr, ma chère Stina, que tu les comprendras aisément :

> Seulette suis, seulette veuil estre,
> Seulette m'a mon doulx ami laissée,
> Seulette suis sans compagnon ni maistre,

Seulette suis dolente et couroucée,
Seulette suis en langueur maisaissiée,
Seulette suis plus que nulle esgarée,
Seulette suis sans ami demourée.

Seulette suis à huis ou à fenestre,
Seulette suis pour moi de plours repaistée,
Seulette suis dolente ou appaissiée,
Seulette suis ; rien n'est qui tant messiée,
Seulette suis en ma chambre enserrée,
Seulette suis sans ami demourée.

J'ai donc été chercher Franzl, et j'ai fini, non sans peine, par le découvrir dans un quartier où je ne m'étais pas encore aventuré, au haut d'une vieille maison de la rue Saint-Jacques. De prime abord, il m'a intéressé par l'expression de sa figure douce et candide. Il m'a paru tout ému, quand je lui ai parlé de sa fiancée, puis embarrassé quand je lui ai demandé s'il n'irait pas bientôt la revoir. Il m'avait fait asseoir, et il s'était assis à côté de moi sur un escabeau à l'extrémité de son atelier. Mais son patron et ses compagnons de travail étaient là, qui, tout en continuant silencieusement leurs ciselures, gênaient notre entrevue.

Pour le mettre plus à son aise, pour obtenir la franche explication que le bon Wagner demandait, je l'ai invité à déjeuner le lendemain dans mon hôtel, il m'a remercié très-gentiment, il est venu à l'heure dite, un peu timide d'abord, mais agréable de toute façon, par la propreté de ses vêtements, par sa politesse, par son innocente physionomie. En l'observant, je ne puis m'imaginer qu'il se soit laissé prendre à un des mauvais piéges de Paris, qu'il ait trompé la confiance d'Alie. Chaque fois que je prononce ce nom, je vois ses joues pâles se colorer, et ses yeux bleus s'illuminer. Mais pourquoi donc ne veut-il pas retourner près d'elle? J'ai renouvelé plusieurs fois cette

question. Enfin, il m'a dit qu'il aimait très-tendrement
Alie, qu'il voudrait bien la revoir, mais qu'il était retenu à
Paris, par une association dont il ne pouvait se détacher.

— Quelle association ? lui ai-je demandé.

— Une secrète et vaste association démocratique.

— Pourquoi faire ?

Il m'a regardé d'un air surpris, puis il m'a répondu d'un
ton de voix qu'il s'efforçait d'accentuer vigoureusement :
Pour terrasser l'orgueil des aristocrates, briser le sceptre
des tyrans et délivrer enfin le peuple de sa servitude.

Pauvre naïf Allemand ! Il répétait la leçon qu'on lui
avait apprise. Mais l'erreur où je le voyais entraîné me révoltait.

— Comment ! me suis-je écrié. Voilà vos projets ? Où ?
ici, dans un pays qui n'est pas le vôtre, où vous êtes venu
pour vous perfectionner dans votre art, et non point pour
vous jeter dans le tourbillon de la politique. Ah! je ne suis
guère plus âgé que vous, et je n'ai nulle expérience des
graves affaires de ce monde ; mais j'ai assez étudié l'histoire pour savoir que ces sociétés secrètes, ces grandes
phrases révolutionnaires, ces programmes de réforme
universelle, ont produit souvent de terribles désastres,
sans jamais faire le moindre bien.

Un jour peut-être vous reconnaîtrez aussi que la plupart
de ceux qui, au nom de l'humanité, aspirent si généreusement à briser le sceptre des tyrans, peuvent devenir eux-
mêmes les plus féroces de tous les tyrans. Par la mémoire
de vos amis de Vienne, par l'intérêt que vous m'inspirez,
permettez-moi de vous montrer le péril auquel vous vous
exposez en restant allié à des hommes dont vous ne pouvez
point partager les fatales passions. Éloignez-vous d'eux, je
vous en prie, et retournez à votre Allemagne, où une brave
famille vous attend, où vous pourrez vivre si doucement et

si bien, que vous ne désirerez plus rien changer à l'état social.

— Je vous remercie de vos bienveillants conseils, m'a
répondu Franzl. Je voudrais les suivre. Par malheur
cela ne m'est pas possible. Je suis lié par un serment.

— Quel serment?

J'ai de nouveau interrogé avec une réelle sollicitude ce
doux jeune homme, mais sans pouvoir en obtenir aucune
autre information. Il échappait à toutes mes questions, et
semblait même regretter la confidence qu'il m'avait faite.
J'ai fini par renoncer à mes inutiles tentatives. Il m'a
quitté en me remerçiant et je suis resté seul, songeant
avec tristesse aux inquiétudes de Wagner et au chagrin
d'Alie.

Le soir cependant, j'ai eu l'idée que cette association dans
laquelle Franzl était engagé pourrait bien ne pas être
si dangereuse, et ne pas durer si longtemps que je le craignais.

Dans le salon d'un haut fonctionnaire, je me suis
trouvé près d'un général à qui l'on demandait ce qu'il
pensait des sociétés secrètes :

— Bah! s'est-il écrié dédaigneusement, des fantômes,
des ombres chinoises. Quelques cerveaux brûlés, quelques
gens sans ressources, un ramassis d'aventuriers et d'imbé-
ciles, voilà de quoi se composent ces hostiles coalitions, à
commencer par la *Solidarité républicaine*, dont chaque
adepte fait son serment de vie et de mort, les yeux bandés,
à genoux, sur des poignards. La police les connaît, les surveille, et quand bon lui semble les met en pleine déroute.

S'il en est qui espèrent encore faire triompher le drapeau de l'insurrection, elles se trompent étrangement.
Toutes nos mesures sont prises ; nos points stratégiques

bien déterminés ; notre plan de bataille marqué sur le plan
de Paris. Nous enfermons l'émeute dans un cercle de fer et
nous l'écrasons. Mais nous n'aurons pas même besoin d'en
venir à cette rigoureuse exécution. Les turbulences de quelques têtes folles ne peuvent se produire, n'ayant aucun appui dans le pays. La royauté est aimée et honorée ; le gouvernement a la majorité dans les Chambres ; l'armée et la
garde nationale sont unies dans un même esprit d'ordre et
de conservation. La France entière est satisfaite, et Paris,
la capitale de cette France prospère, est la plus belle, la
plus heureuse ville du monde. Que Paris chante et s'amuse,
Paris n'a plus à craindre aucune révolution.

Ainsi disait le bon général, et en rentrant chez moi, je
répétais avec joie ces paroles : Que Paris chante et s'a-
muse, Paris n'a plus à craindre aucune révolution

Paris, 1848.

Un mois après, le gouvernement est renversé, l'armée
humiliée et dispersée, la garde nationale désorganisée,
la royauté en fuite, l'émeute victorieuse faisant la loi à
Paris.

Je me rappelle cette sombre soirée de février où des
placards affichés au coin des rues annonçaient l'avénement
de la république. A la lueur des réverbères, on allait les
lire en silence, et on se retirait consterné.

Le lendemain et les jours suivants, à ce mot de république, de toutes parts on voit surgir cette écume, cette
bourbe des grandes villes, cette race de vagabonds, de repris de justice, d'êtres sans nom, sans foi ni loi, sans feu
ni lieu, qui, aux jours de calme, restent cachés comme des

bêtes fauves dans leurs tanières, et, aux jours de désordre, semblent sortir de dessous terre.

Les uns n'ayant pas encore eu le temps de saisir le butin qu'ils convoitent, apparaissent avec les stigmates de leur misérable existence; d'autres plus prompts ou plus habiles sont déjà superbement vêtus. Il en est qui étalent fièrement leurs bras nus et leur poitrine nue pour effrayer par l'aspect de leur force musculaire le pacifique bourgeois. Il en est qui pensent glorifier la nouvelle ère républicaine par la reproduction des costumes de la première République, par l'écharpe rouge, le chapeau pointu avec le plumet rouge, et le gilet à la Robespierre, tous de même passionnés, enflammés par cette révolution inattendue qui leur donne une si grande liesse, qui leur promet de si franches lippées, et s'en allant de ci, de là, selon les désirs de leur orgueil, ou l'entraînement de leurs appétits sensuels; ceux-ci paradant sur les places publiques, et dans les rues, avec de grands sabres et des airs de matamores; ceux-là courant aux endroits où ils espèrent trouver une riche pâture.

Les châteaux royaux sont envahis et saccagés par des Vandales qui brisent les plus beaux meubles, lacèrent les livres et les tableaux; par des créatures immondes qui s'enveloppent dans les robes et les châles des princesses; par des ivrognes qui ouvrent les caves et chantent la *Marseillaise* en se livrant à d'horribles orgies; par des voleurs mieux avisés qui veulent garder une bonne bribe de cette aubaine. L'un d'eux, dans cette prudente intention, avale un diamant, malheureusement avec la monture, qui lui reste dans le gosier. Il en est mort. Mais c'était un des champions de la république de février; il a été enseveli aux frais de l'État, en grande pompe, comme un général.

Dans les ministères, à lH'ôtel de Ville, à la préfecture de

police, même irruption violente, même confiscation des caves et des celliers. Chacun des grands fonctionnaires nouveaux traîne à sa suite une troupe de parasites, de croquants, qui veulent boire beaucoup à la prospérité de la république, et boivent énormément, et font beaucoup de tapage.

Saturnales de Paris! disent les philosophes.

Dans l'ancienne Rome, en ces saturnales, les valets mettaient sur leur tête le *pileus*, signe de l'homme libre, se revêtaient des habits de leurs maîtres et vidaient à la table de leurs maîtres les amphores enivrantes. Les Romains avaient aussi leurs dionysiaques, autrement dit leurs bacchanales, où l'on voyoit de hideuses mascarades, où dans leurs réunions nocturnes, les initiés commettaient toutes sortes de crimes et d'infamies.

Mais ces saturnales et ces bacchanales ne duraient que quelques jours, après quoi tout rentrait dans l'ordre. Le valet reprenait son service, le maître son autorité. Le faune et le satyre se dépouillaient de leur bestial accoutrement; la bacchante noyait dans le Tibre sa torche enflammée, renouait ses cheveux épars, retournait à son logis.

Et ces banquets turbulents, ces clameurs orageuses, ces désordres de Paris, on n'en voit pas la fin.

La France n'a pas le moindre penchant pour la république, dont le nom suffit pour lui rappeler les plus affreux souvenirs. Mais les hommes qui se sont si lestement emparés du pouvoir, quand le régime monarchique succombait dans la dernière séance de la Chambre des députés, et les ambitieux de moindre grandeur, et les égarés, et les coquins, tous ceux, enfin, qui, le 24 février, ont proclamé la république, veulent la maintenir et l'enraciner.

Pour les uns, c'est la réalisation d'une idée fanatique, pour d'autres, une fortune ou une bouée de sauvetage;

pour d'autres, l'eau trouble où ils comptent faire une pêche fructueuse.

Tous travaillent à la réussite de leur entreprise par tous les moyens imaginables; les héros des barricades, par leurs vociférations et leurs fanfaronnades ; les utopistes par leurs écrits et leurs discours ; les chefs du gouvernement par leurs décrets et leurs circulaires, par l'argent et les emplois dont ils disposent. Les administrations sont bouleversées, les fonctionnaires les plus recommandables mis à la retraite, ou destitués brutalement. Il faut que tous les serviteurs de la monarchie disparaissent et soient remplacés par des patriotes. Quiconque a fait jadis quelque opposition à la royauté, s'est acquis par là des droits incontestables à un poste lucratif. Celui qui a passé quelques mois en prison, n'importe pour quelle cause, sous le régime du tyran, doit être pour ce témoignage de vertu également récompensé, celui qui dans les journées de février a eu la gloire de mitrailler une compagnie de soldats de la ligne ou de gardes nationaux, doit vivre désormais aux frais de la patrie.

Nul bon citoyen ne peut donc s'étonner de voir d'infimes maîtres de langues, des tailleurs en faillite, des joueurs de clarinette, envoyés dans les pays étrangers avec une mission diplomatique, et des commis-voyageurs en désarroi, des artisans de bas étage, installés dans les départements en qualité de commissaires, avec une autorité absolue ; ce sont des patriotes éprouvés, ce qu'on appelle des républicains de la veille et non du lendemain : grande différence !

Ces diplomates doivent donner une haute idée de la France nouvelle dans les cours princières où ils vont accomplir leur mandat. Ces commissaires doivent répandre dans les villes et les campagnes la semence républicaine, renverser tout ce qui s'opposerait à leur œuvre bienfaisante, destituer les fonctionnaires douteux, emprisonner les rebelles, enfin gouverner despotiquement au nom des glorieux principes de liberté et de fraternité.

Pour cette superbe tâche, le gouvernement ne leur alloue qu'un traitement de 40 fr. par jour. Mais il les habille; il leur paye aussi leurs frais de voyage, et il a tant de dépenses à faire, ce zélé gouvernement : les spectacles gratuits, pour ce bon peuple, auquel on ne peut refuser plus longtemps les plaisirs des vieilles castes privilégiées; les fêtes patriotiques empruntées aux coutumes des anciennes républiques; les plantations des arbres de la liberté, où les gosiers s'altèrent en chantant les hymnes belliqueux; les ateliers nationaux où cent cinquante mille individus gagnent chacun deux francs par jour à déplacer quelques grains de sable; les funérailles solennelles des vaillants hommes qui ont péri dans leur insurrection contre la monarchie; et les secours ou les pensions qu'on ne peut se dispenser d'accorder à leurs femmes et à leurs enfants, y compris la veuve de Pépin, associé à l'infernal complot de Fieschi; la sœur de Lecomte, qui tira à bout portant sur Louis-Philippe, et Boucheron qui tenta de tuer le duc d'Aumale.

Quel vertige, hélas! Et quel spectacle pour ceux qui ont vu Paris dans un état si différent! A toute minute, des cris d'alarme et des rumeurs désordonnées; des troupes d'hommes et de femmes s'en allant tambours battant, bannières déployées, présenter à l'Hôtel de Ville quelques grotesques ou sauvages pétitions, des nouvelles sinistres de Belgique, de Prusse, d'Autriche, où le volcan révolutionnaire a aussi éclaté; tout le jour des affiches insensées collées sur tous les murs; le soir, les articles furibonds des journaux, le vacarme des clubs, et des hordes de bandits hurlant et beuglant dans les rues, vociférant à plein gosier des menaces de mort contre les riches.

Et tout cela dans Paris ! dans cette grande et magnifique ville ! dans cette capitale de la France ! Qu'est donc devenue la raison de la France ?

L'Arioste dit que dans le globe de la lune il y a une vaste vallée où s'en vont toutes les vieilles gloires de ce monde, tous nos vains désirs, tous nos inutiles essais ; là aussi est enfermé dans une quantité de fioles le bon sens d'une multitude d'habitants de la terre, et l'on voit là des noms d'hommes qui croient avoir une puissante cervelle et qui n'en possèdent qu'un très-petit débris.

Le bon sens de la France s'est peut-être envolé dans ces régions lunaires. Quel Astolphe ira la chercher ?

*
* *

Ce bon sens perdu, la France enfin l'a retrouvé. La France stupéfiée par le coup de foudre de février, assourdie par les clameurs des apôtres de la république, silencieuse d'abord, et en apparence soumise, la France n'a pas tardé à voir dans quel abîme elle allait tomber, pour peu qu'elle continuât à se laisser débonnairement gouverner par des hommes dont l'impéritie ou les extravagances avaient, en moins de deux mois, épouvanté son agriculture, ruiné son commerce, paralysé son industrie.

La réaction a commencé par les provinces. Là, plus d'un hautain commissaire a vu des populations se regimber contre ses ordonnances, et plus d'un a été sans merci chassé de la ville où il comptait régner joyeusement.

Puis voilà que la France est appelée à constituer dans son nouveau régime une nouvelle réunion de députés, et malgré les manœuvres du gouvernement, la tempête des clubs, l'effervescence des cabétistes, des communistes, des fouriéristes, des socialistes et des autres utopistes, elle choisit un grand nombre d'hommes honnêtes et sages qui doivent s'opposer aux folies dont elle a tant souffert, dont elle redoute justement la continuité.

Alors les fureurs du parti démagogique qui comptait si bien gouverner le bon pays de France ; alors ses sauvages résolutions.

Il se vantait d'avoir anéanti à jamais la royauté. Il devait se hâter d'anéantir aussi cette réunion de représentants qui lui apparaissait comme une nouvelle hydre de Lerne avec ses têtes d'aristocrates, de rétrogrades, de modérés, d'honnêtes gens.

J'assistais à la séance du 15 mai, où il livra sa première bataille contre ses nouveaux antagonistes. Un orateur lisait à la tribune un long discours sur la Pologne. Pendant ce temps, les républicains rouges se rassemblaient sur la place de la Bastille, autour des drapeaux des clubs, à commencer par celui des Jacobins, comme aux beaux jours de 1793, puis s'avançaient le long des boulevards et de la place Royale vers le palais Bourbon.

A l'entrée du pont de la Concorde, ils pouvaient être aisément arrêtés. La trahison leur ouvrit un libre passage Leur projet allait s'accomplir.

Dans l'enceinte du palais, l'orateur continuait sa fastidieuse lecture. Au dehors, on entendait un mugissement pareil à celui des flots de la mer. C'était celui de l'émeute qui touchait à sa dernière barrière.

Cette barrière est brisée, et tout à coup la salle de l'Assemblée nationale est envahie par des amas d'individus mal vêtus, malpropres, ce qu'on nomme en Angleterre et en Amérique le *mob*, ce qu'on appelle officiellement en France depuis trois mois le peuple souverain.

Dans le tumulte produit par cette irruption, au milieu des cris et des protestations des députés, un d'eux qui ne

dissimule point ses sympathies pour ce qui tient à la populace, s'élance à la tribune et dit que ces braves gens
doivent présenter une pétition à l'Assemblée, et qu'on ne
peut les en empêcher.

Un autre plus résolu et plus explicite, demande que les
riches soient condamnés à payer un impôt d'un milliard
pour le bon peuple qui a tant souffert. Naturellement, les
insurgés qui représentent là glorieusement ce bon peuple
et qui doivent avoir leur part de butin déterminée dans la
distribution du milliard, applaudissent avec enthousiasme
à cette belle proposition. L'un deux seulement fait observer qu'il aimerait mieux deux heures de pillage. Celui-là est
plus malin. Il a calculé que les parcelles du milliard divisé entre plusieurs millions de familles n'équivaudraient
pas à ce que de solides gaillards peuvent enlever en deux
heures dans de riches habitations.

Mais la vaillante insurrection ne se contentera pas des
demandes de décrets formulées par ses tribuns. Les portes
du palais lui étant ouvertes, des renforts lui arrivent de
tous les côtés par les couloirs du rez-de-chaussée, par les
corridors des étages supérieurs. Une nouvelle bande d'insurgés entre dans la galerie où je suis assis. Un d'eux en-
jambe la balustrade. Par je ne sais quel mouvement in-
stinctif, j'essaye de le retenir. Il se retourne : c'est Franzl,
le Franzl de la douce Alie, pâle et défait, l'œil hagard,
les cheveux ébouriffés.

— Malheureux ! lui dis-je, qu'allez-vous faire ? Pensez à
Wagner et à votre fiancée !

Ich muss ! Ich muss! me répond-il d'un ton farouche,
et, sautant par-dessus le balcon, au risque de se tuer, il
tombe dans la salle.

Toute cette vaste salle est maintenant occupée par une
tourbe immonde, hurlant, sifflant, tempêtant.

Un grand nombre de députés sont chassés de leurs bancs ; le président et les secrétaires chassés de leurs fauteuils. Un homme, dont je vois encore les larges épaules, l'épaisse figure, la barbe rousse, monte sur l'estrade du président, et d'une voix vibrante, s'écrie : « L'Assemblée nationale ayant manqué à son mandat, je déclare, au nom du peuple souverain, que cette assemblée est à jamais dissoute. »

Une autre voix s'écrie : A l'Hôtel de Ville !

A l'Hôtel de Ville, où la horde démagogique constituera son vrai gouvernement, ce gouvernement où, selon l'expression d'un de ses écrivains, chaque homme du peuple sera, à l'avenir, son propre roi, son pape et son seigneur.

L'horrible foule s'en va avec ses meneurs et ses bannières dans l'enivrement de son triomphe.

Enivrement trop prompt ! Fatale erreur !

La bourgeoisie des bons quartiers de Paris a été avertie de l'attentat de la plèbe. Le tambour résonne. Les gardes nationaux prennent les armes. Quelques-uns de leurs bataillons se rassemblent autour du palais Bourbon pour en chasser les derniers émeutiers ; d'autres vont se ranger sur la place de l'Hôtel de Ville, et quand les hordes du peuple souverain y arrivent, elles sont attaquées, mises en déroute, et plusieurs de ses Catilina arrêtés.

En quelques heures, grâce à ce vigoureux élan, la sauvage insurrection est terrassée, l'ordre reconstitué, l'Assemblée nationale réunie.

Cette fois enfin les ennemis de l'ordre ont perdu la bataille.

Mais six semaines plus tard, une autre bataille, la plus longue, la plus acharnée, la plus sanglante, la plus effroyable.

Oh ! Stina, chère sœur, chère douce enfant de Sollroe,

je ne veux pas essayer de te raconter ces horreurs. Je me sens frémir encore, quand j'y songe. Non, dans aucune histoire des temps anciens et modernes, on ne peut rien trouver de semblable.

Ce n'était pas la guerre civile telle qu'on l'a vue malheureusement en différents pays, mais la guerre d'extermination, préparée, résolue par une armée de forcenés, de bandits et de galériens; la guerre du crime contre la justice, de la barbarie contre la civilisation, des plus affreux désirs de bouleversement contre les plus saintes lois de l'humanité.

Et c'est dans Paris, dans cette royale capitale, dans cette ravissante ville que le combat va s'engager.

D'une part, plus de 100,000 hommes amplement pourvus de fusils et de munitions, grâce à l'ignorance, à la cecité ou à la complicité du gouvernement; de l'autre, des rentiers, des bourgeois n'ayant qu'une provision très-restreinte de balles et de cartouches; ici, des habitudes généralement peu belliqueuses, la crainte du sang, les sincères désirs de pacification, et l'obligation pourtant de défendre la famille et le foyer; là, au contraire, l'emportement et la fureur des plus mauvaises passions; là, des bandes de misérables qui n'ont plus rien à perdre, ni à ménager, qui sont, pour la plupart, dès le commencement de leur existence, en lutte avec la société, et n'aspirent qu'à écraser cette société dont ils maudissent les lois, dont ils abhorrent le pouvoir, dont ils convoitent les possessions. Sur plusieurs de leurs drapeaux, ils ont écrit en lettres rouges : Mort aux riches! Sur d'autres, leur dernière résolution : Vainqueurs, le pillage; vaincus, l'incendie.

On dit cependant qu'il en est parmi eux un certain nombre qui consentiraient à déposer les armes, si seule-

ment on leur accordait quatre cent millions, quatre heures
de pillage et cinq cent têtes d'aristocrates à leur choix.
Les autres veulent le combat à outrance. Pour le rendre
plus funeste à leurs adversaires, ils emploieront d'affreux
projectiles ; ils mettront dans leurs fusils des balles mâ-
chées, des pointes d'acier, des morceaux de cuivre dentelés qui doivent faire des plaies incurables.

« Trois jours, disait Christophe Colomb à ses matelots
découragés, trois jours encore pour vous conduire aux
plages splendides d'un nouveau monde. »

« Trois jours, disaient les chefs des outlaws de Paris,
pour que ces maisons luxueuses, ces insolents palais, ces
magasins et ces banques vous soient livrés, pour que vos
femmes aient les robes de soie et les dentelles des belles
dames, pour que vous jouissiez de tous les agréments de
la fortune après vos longs jours de misère, pour que le
règne du peuple commence dans cette infâme capitale des
privilégiés, et de là s'étende sur toute la France. »

Quiconque a vu ces trois jours, ces trois siècles de terreur, jamais ne les oubliera.

Une moitié de Paris traversée par des barricades, hautes
et larges comme des forteresses ; l'autre moitié s'armant
pour la bataille ; les boutiques fermées, les portes et les
fenêtres de chaque maison également closes, une sorte de
voile sinistre sur toute la ville, l'angoisse dans tous les
cœurs.

Les cloches des églises sonnent le tocsin ; les tambours
battent le rappel et la générale. Les pères de famille et les
jeunes gens se mettent en marche. Jeunes et vieux vont
combattre *pro aris et focis*. Chacun veut faire son devoir,
et des hommes qui ont occupé jadis de hautes positions,
des généraux qui ont conduit des légions sur divers champs

de bataille s'enrôlent comme de simples volontaires dans les rangs de la garde nationale.

Sur plusieurs points à la fois les barricades sont vaillamment attaquées par la troupe de ligne, par la garde nationale et par une jeune milice qu'on appelle la garde mobile. Mais ce n'est pas chose facile d'emporter ces bastions si habilement construits.

Abrités derrière leurs massifs échafaudages, les insurgés ont un immense avantage sur leurs adversaires, que rien ne protége. Si pourtant une brèche est faite dans leurs édifices, s'ils ne peuvent résister à un impétueux assaut, près de là ils ont un autre moyen de défense, une autre barricade, ou une école, une église, dont ils s'emparent, ou des maisons particulières qu'ils envahissent jusqu'au grenier. De là, par les fenêtres, par les lucarnes, ils mitraillent les soldats, qui, pour les poursuivre, sont obligés de pénétrer dans des rues étroites et tortueuses.

Le sang coule de tous côtés. L'armée révolutionnaire, malgré son acharnement, a été dans plusieurs quartiers expulsée de ses remparts ; mais l'armée de l'ordre a fait des pertes énormes. Hélas ! en quelques heures, combien de familles en deuil ! Combien de foyers où, ce matin encore, pas un être cher ne manquait, où il y a maintenant une place vide, qu'une mère, une femme, une sœur ne pourra voir sans pleurer !

La nuit interrompt cette horrible bataille. Nuit lugubre où l'on compte les victimes de la journée, en songeant qu'il faudra le lendemain continuer l'œuvre sanglante.

Les révoltés se retranchent dans la zone où flotte encore leur drapeau rouge, où ils font par leurs barricades leur mont Aventin.

Les défenseurs de la loi et de la société bivouaquent sur le terrain dont ils ont écarté l'invasion et sur celui qu'ils ont reconquis, La grande ville de Paris, ainsi divisée en deux camps est dans un état de stupeur indicible. A moins d'y être obligé, personne ne sort de son logis. Nulle voiture ne circule aisément. Nul piéton même ne peut aller d'un endroit à l'autre, sans rencontrer des factionnaires qui lui demandent les motifs de son trajet. A la lueur des réverbères, de toutes parts on voit briller des baïonnettes, et dans le silence des rues, on entend retentir d'un poste à l'autre ce cri sinistre : Sentinelles, prenez garde à vous!

Le lendemain, la fusillade et le canon recommencent. Paris est mis en état de siége et l'Assemblée nationale est en permanence. C'est là que d'heure en heure, de minute en minute, on reçoit des nouvelles de la terrible arène ; quelquefois des victoires qu'on acclame avec des transports de joie, et quelquefois des actes de sauvagerie, des rages de cannibales, des crimes qui font trembler.

Des membres de l'Assemblée nationale, élus par le peuple, s'avancent avec une généreuse pensée de conciliation vers ce peuple frénétique, et à leurs affectueuses remontrances, il répond par des coups de fusil.

Un général avec son aide de camp s'approche d'une barricade, non point les armes à la main, mais pacifiquement, en qualité de parlementaire, et il est égorgé.

Un prélat, l'archevêque de Paris, animé d'un noble sentiment de charité, s'en va au milieu d'un troupeau d'insurgés. Il s'adresse à eux comme un père; il essaye de leur faire entendre les douces paroles de l'Évangile, et il est assassiné.

Mais le récit de ces atrocités augmente l'ardeur de la garde nationale et des soldats. Grâce à leur héroïque résolution, grâce à leurs vaillants chefs, surtout au général de Lamoricière, dont on ne saurait trop préconiser le nom, vers la fin du troisième jour, l'insurrection, dépossédée de ses bastions, chassée de divers quartiers, n'occupe qu'un espace restreint. Le quatrième jour, elle fait encore un effort désespéré, puis elle est vaincue, terrassée.

Alors des cris de joie retentissent de toutes parts, et l'on se félicite, et l'on se serre les mains, et l'on s'embrasse dans les rues, en remerciant le ciel d'une si heureuse délivrance.

On peut bien se réjouir. Si ces satellites du communisme et du socialisme avaient triomphé, Paris était livré au fer, au feu, à la dévastation, et les provinces ensuite, et probablement la plupart des grandes villes européennes.

Quelques jours après cette effroyable commotion, j'ai voulu savoir ce que Franzl était devenu.

Il a été frappé d'une balle sur une des barricades du Panthéon. Il est mort.

Pauvre Wagner, à qui je dois annoncer cette nouvelle ! Pauvre Alie, qui en se disant si seulette espérait peut-être encore ! Pauvre jeune homme qui a cédé à un fatal entraînement, et qui aurait pu avoir une si honnête et si douce existence, s'il était retourné dans son pays !

J'espère bien, ma chère Stina, ne jamais me laisser comme lui subjuguer par les doctrines de la démocratie. Mais je veux retourner dans notre pays. Ce Paris, dont j'étais si charmé, m'a bouleversé par sa république.

J'ai annoncé mon projet de départ à un aimable vieillard, dont la conversation m'a souvent fort intéressé. « Vous avez raison, m'a-t-il dit; à l'époque où nous vivons, heureux ceux qui ont une retraite dans laquelle ils n'entendront gronder que l'orage du ciel, moins long et moins durable que l'orage du monde. Vous avez assisté à un événement qu'on appelle une nouvelle révolution. C'est tout simplement la continuation de la révolution qui a éclaté au siècle dernier et dont personne ne peut prévoir la fin. Vous avez vu des lâchetés et des trahisons, des impostures et des conversions qui vous ont indigné.

« Si vous restiez ici encore quelques années, vous en verriez bien d'autres. Vous avez pris en haine cette république qui, dès la première heure, effrayait les honnêtes gens et enivrait les coquins ; qui, en six semaines, épuisait par ses folies le trésor public et paralysait la confiance ; qui, en quatre mois enfantait la plus terrible de toutes les guerres, la guerre des rues. Cette république ne durera pas, non point parce qu'elle a fait tant de sottises et produit tant de désastres. On ne peut rien attendre de meilleur du simoun démocratique, qui tout à coup soulève jusque dans ses bas-fonds une région où l'on compte trente-six millions d'habitants.

« Cette république ne durera pas, parce qu'elle ne peut s'adapter à notre tempérament, ni à notre caractère, ni à nos habitudes. Quinze cents ans de monarchie ne nous ont point préparés à cette nouvelle forme de gouvernement. C'est par la monarchie que la France s'est agrandie de siècle en siècle, s'est constituée par d'heureuses agglomérations en un corps compacte et a fini par former ce magnifique carré géographique, entre les embouchures du Rhône et le cours du Rhin, entre les rives de la Méditerranée et les longues plages de l'Océan, entre les orangers du Midi et les industrieuses campagnes du Nord.

« Par malheur, nous avons renversé le principe monarchique qui a fait notre force, notre prospérité et notre gloire. Nous l'avons renversé trois fois, de telle sorte qu'en ces trois phases successives, on a graduellement vu décroître sa grandeur et disparaître son prestige. »

En 1793, la royauté monte sur l'échafaud avec la sainte, l'immortelle auréole du martyre.

En 1830, on ne la frappe plus d'une sentence de mort :

on se contente de la bannir, et on la reconduit pompeusement jusqu'à l'extrémité de la France. Elle s'en va pas à pas
à travers les riches plaines de la Normandie, escortée par
plus de douze cents hommes à cheval, gardes du corps,
officiers de la garde royale, qui se glorifiaient de lui donner ce dernier témoignage de respect et de dévouement.
Ceux qui ont vu passer ce cortége n'oublieront point ce
qu'il y avait de majestueux dans sa marche et d'imposant
dans son deuil.

En 1848, une autre monarchie soutenue pendant dix-huit
ans par des hommes éminents, une troisième monarchie
s'en va sans qu'on se donne même la peine de l'exiler, et
sans escorte, courtisée la veille, délaissée le lendemain.

Ayant ainsi violé la loi de nos pères et déserté leur bon
chemin, nous sommes punis de nos méfaits par la continuité de nos agitations. Nous allons à l'aventure, comme
des marins sans boussole sur un navire en pleine mer.
Quelquefois, nous entrevoyons un écueil ; nous voulons l'é-
viter et, sur notre route, il en est un autre plus dangereux
que nous reconnaîtrons trop tard. Quelquefois nous nous
faisons une telle idée de notre force et de notre habileté
que nous croyons pouvoir tout vaincre, tout braver. Puis
soudain, nous voilà si fatigués de notre impétuosité et si
défiants de nous-mêmes, que nous ne demandons plus
qu'à nous soumettre à qui voudra nous gouverner.

Quand je songe aux fluctuations d'audace et de faiblesse,
de licence et de compression par lesquelles, depuis cinquante ans nous avons passé, il me semble que Montesquieu
prédisait l'état de Paris et de la France lorsqu'il décrivait
en ces termes l'antique capitale de la Sicile :

« Syracuse, toujours dans la licence et l'oppression,
travaillée par sa liberté et par sa servitude, recevant toujours l'une et l'autre comme une tempête, avait dans son

sein un peuple immense qui n'eut jamais que cette cruelle alternative de se donner un tyran ou de l'être lui-même. »

Si cela est vrai, Stina, quel malheur ! Cette France si belle, si attrayante ! Nul étranger n'a pu la connaître sans l'aimer. Moi, je l'ai aimée bien vite, et je la quitte en gémissant de ses orages, en lui souhaitant du fond de l'âme les meilleures destinées. Je la quitte, chère sœur, pour retourner dans notre île paisible, près de toi, près de nos bons parents, et il m'est doux aussi de penser que je serai là, près de la blonde Ebba, dont j'ai gardé les anémones. N'est-ce pas à présent une grande fille ? Si elle n'a point oublié celui qu'elle appelait si gentiment son ami Nils, ah ! je voudrais... Tu devines ce rêve, chère sœur, et tu l'approuves.

J'ai fait un autre rêve irréalisable. J'ai été à la poursuite d'un idéal que je ne pouvais trouver complétement nulle part. Le soleil a ses taches, et chaque région de notre globe terrestre a ses misères.

Je m'en vais, bien persuadé après mes pérégrinations, que ce qu'il y a pour l'homme de plus sage et de meilleur, c'est de s'attacher à la condition dans laquelle le ciel l'a fait naître, de chercher la joie du cœur dans de vraies affections, la paix de l'âme dans l'accomplissement de son devoir, et d'aimer sa patrie, non point parce qu'elle est grande, mais parce que c'est la patrie. Ainsi, dit Sénèque : *Nemo enim patriam, quia magna amet, sed quia sua.*

A revoir, chère Stina, à bientôt, s'il plait à Dieu.

NILS.

TABLE

PREMIÈRE PARTIE

Le Frère et la Sœur.	1
Les Adieux.	7
Nils à Stina.	11
Berlin	24
Dresde.	55
Vienne.	56
Au bord du Danube.	75
En Bavière.	75
Canton de Saint-Gall	90
Bâle.	99
Genève.	107
Chamouny.	115
Schwitz.	135

DEUXIÈME PARTIE

En Hollande.	147
En Irlande.	182

Dublin 229

Mick. 243

A travers champs 247

Le Presbytère 255

A travers champs 261

En Angleterre. 272

Sylver Sand. 282

Londres. 300

Paris. 327

Paris, 1848. 337

PARIS. — IMP. SIMON RAÇON ET COMP., RUE D'ERFURTH, 1.

BIBLIOTHÈQUE VARIÉE

FORMAT IN-18 JÉSUS

1ʳᵉ SÉRIE, A 3 FR. 50 CENT. LE VOLUME.

About (Edm.). Causeries, 2 vol. — La Grèce contemporaine. 1 vol. — Le Progrès. 1 vol. — Le Turco. 1 vol. — Madelon. 1 vol. — Salon de 1864. 1 vol. — Salon de 1866. 1 vol. — Théâtre impossible. 1 vol.
Achard (Amédée). Album de voyages. 2 vol.
Ackermann. Contes et poésies. 1 vol.
Arnould (Edm.). Sonnets et poèmes. 1 vol.
Barrau. Histoire de la Révolution française. 1 vol.
Bautain (l'abbé). La belle saison à la campagne. 1 v. — La chrétienne de nos jours. 2 vol. — Le chrétien de nos jours. 2 vol. — La religion et la liberté. 1 v. — Manuel de philosophie morale. 1 vol. — Méditations sur les épîtres et les évangiles des dimanches et des fêtes. 1 vol. — Méditations sur les épîtres et les évangiles du carême 1 vol. — Idées et plans pour la méditation et la prédication. 1 vol.
Bayard (J.F.). Théâtre. 12 vol.
Bellemare (A.). Abd-el-Kader 1 vol.
Belloy (de). Le chevalier d'Ai 1 vol. — Légendes fleuries. 2 vol.
Belot (Ad.). L'Habitude et le Souvenir. 1 vol.
Bersot. Mesmer ou le magnétisme animal. 1 vol.
Boulé. Phidias, drame antique. 1 vol.
Calemard de la Fayette (Ch.). Le poème des champs. 1 vol.
Caro Etudes morales. 1 vol. — L'idée de Dieu. 1 v.
Carraud (Mᵐᵉ). Le Livre des jeunes filles. 1 vol.
Castellane (de). Souvenirs de la vie militaire 1 volume.
Charpentier Les écrivains latins de l'empire 1 volume.
Cherbuliez (Victor). Le comte Costis. 1 vol. — Paul Méré. 1 vol. — Le Roman d'une honnête femme. 1 vol. — Le Grand-Œuvre. 1 vol.
Chevalier (M.). Le Mexique ancien et moderne. 1 v.
Chodzko. Contes slaves. 1 vol.
Crépet (E.). Le trésor épistolaire de la France. 2 v.
Dargaud (J.). Marie Stuart. 1 vol. — Voyage aux Alpes 1 vol. — Voyage en Danemark. 1 vol.
Daumas (E.). Mœurs et coutumes de l'Algérie. 1 v
Deschanel (Em.). Physiologie des écrivains. 1 vol — Études sur Aristophane. 1 vol.
Devinck (F.) La pratique commerciale. 1 vol
Duruy (V.). Causeries de voyage: De Paris à Vienne. 1 vol.
Ferry (Gabr.). Le coureur des bois. 2 vol. — Costal l'Indien. 1 vol.
Figuier (Louis). Histoire du merveilleux 4 vol. — L'alchimie et les alchimistes. 1 vol. — L'année scientifique, 12 années (1856-1868). 12 vol.
Francklin (Benjamin). (Œuvres traduites de l'anglais et annotées par M. Éd. Laboulaye 4 vol.
Fromentin (Eug.). Dominique. 1 vol.
Garnier (Ad.). Traité des facultés de l'Âme. 3 v
Geruzez (E). Mélanges et pensées. 1 vol
Guizot (F.). Un projet de mariage royal. 1 vol.
Hœfer. La chimie enseignée par la biographie de ses fondateurs. 1 vol. — Les Saisons. 1 vol.
Houssaye (A.). Histoire du 41ᵉ fauteuil. 1 vol. — Le violon de Franjolé. 1 vol. — Voyages humoristiques. 1 vol.
Hugo (Victor). Œuvres. 20 vol.
Jouffroy. Cours de droit naturel 2 vol. — Cours d'esthétique. 1 vol. — Mélanges philosophiques. 1 v. — Nouveaux mélanges philosophiques 1 vol.
Jurien de la Gravière (l'amiral). Souvenirs d'un amiral. 2 vol. — Voyage en Chine. 2 volumes. — La marine d'autrefois. 1 vol.
La Landelle (G. de). Le tableau de la mer. 4 v.
Lamartine (A. de) Œuvres. 8 vol. — Lectures pour tous. 1 vol.
Lanoye (F. de). L'Inde contemporaine. 1 vol. — Le Niger. 1 vol.
Laugel. Études scientifiques 1 vol.

Marmier. En Alsace: L'avare et son trésor. 1 vol. — En Amérique et en Europe. 1 v. — Gasida 1 v. — Hélène et Suzanne. 1 vol. — Histoire d'un pauvre musicien (1770-1798). 1 vol. — Le roman d'un héritier. 1 vol. — Les fiancés du Spitzberg. 1 vol. — Lettres sur le Nord. 1 vol. — Mémoires d'un orphelin. 1 vol. — Sous les sapins. 1 vol. — Un été au bord de la Baltique et de la mer du nord. 1 vol. — De l'Ouest à l'Est. 1 vol.
Martha. Les moralistes sous l'Empire romain. 1 v.
Mézières (L.) Les Charades et les homonymes. 1 v.
Michelet. La femme. 1 vol. — La mer. 1 vol. — L'amour. 1 v. — L'insecte. 1 v. — L'oiseau. 1 v.
Michelet (Mme J.). Mémoires d'un enfant. 1 vol.
Monnier. L'Italie est-elle la terre des morts? 1 v.
Mortemart (baron de). La vie élégante. 1 vol.
Mouy (Ch. de). Les jeunes ombres. 1 vol.
Nisard (Désiré). Études de mœurs et de critique sur les poètes latins de la décadence. 2 vol.
Nisard (Ch.) Curiosités de l'étymologie française. 1 v.
Patin. Études sur les tragiques grecs 4 vol.
Perrens (F. T.). Jérôme Savonarole. 1 vol.
Perrot (Georges). L'île de Crête. 1 vol.
Pfeiffer (Mme Ida). Voyage d'une femme autour du monde. 1 vol. — Mon second voyage autour du monde. 1 vol. — Voyage à Madagascar. 1 vol.
Ponson du Terrail. Les contes du drapeau. 2 v.
Poussielgue (Achille). Voyage en Chine et en Mongolie, de M de Bourboulon. 1 vol.
Prevost-Paradol. Études sur les moralistes français. 1 vol. — Histoire universelle. 2 vol.
Quatrefages (de). Unité de l'espèce humaine. 1 v.
Raymond (X.). Les marines de la France et d'Angleterre. 1 vol.
Rendu (V.). L'intelligence des bêtes. 1 vol.
Roussin (A.). Une campagne au Japon. 1 vol.
Sainte-Beuve. Port-Royal. 6 vol.
Saintine (X.-B.). Le chemin des écoliers. 1 vol. — Picciola. 1 vol. — Seul! 1 vol.
Sand (George). Jean de la Roche. 1 vol.
Simon (Jules). La liberté politique. 1 vol. — La liberté civile. 1 vol. — La liberté de conscience. 1 v. — La religion naturelle. 1 vol. — Le devoir. 1 vol. — L'ouvrière. 1 vol.
Taine (H.) Essai sur Tite Live 1 vol. — Essais de critique et d'histoire. 1 vol. — Histoire de la littérature anglaise. 4 vol. — Nouveaux essais de critique et d'histoire 1 vol. — La Fontaine et ses fables. 1 vol. — Les philosophes français au XIXᵉ siècle 1 vol. — Voyage aux Pyrénées. 1 vol. — Notes sur Paris: Vie et opinions de M. Graindorge. 1 vol.
Théry. Conseils aux mères sur les moyens de diriger et d'instruire leurs filles. 2 vol.
Thiercelin (le Dʳ). Journal d'un baleinier, voyage en Océanie. 2 vol.
Töpffer (Rod.). Nouvelles genevoises. 1 vol. — Rosa et Gertrude. 1 vol. — Le presbytère. 1 vol. — Réflexions et menus propos d'un peintre genevois. 1 vol.
Troplong. De l'influence du christianisme sur le droit civil des Romains. 1 vol.
Ulliac-Trémadeure (Mlle) La maîtresse de maison. 1 vol.
Vapereau (Gust.). L'année littéraire. 9 années.
Viennet. Fables complètes. 1 vol.
Vigneaux. Souvenirs d'un prisonnier de guerre au Mexique. 1 vol.
Vivien de St-Martin. L'année géographique 5 années (1862-1866). 5 vol.
Wallon. Vie de N.-S. Jésus-Christ. 1 volume. — La sainte Bible. 2 vol.
Wey (Francis). Dick Moon en France. 1 volume. — La haute Savoie. 1 vol.
Widal. Etudes sur Homère. 1ʳᵉ partie : Iliade 1 vol.

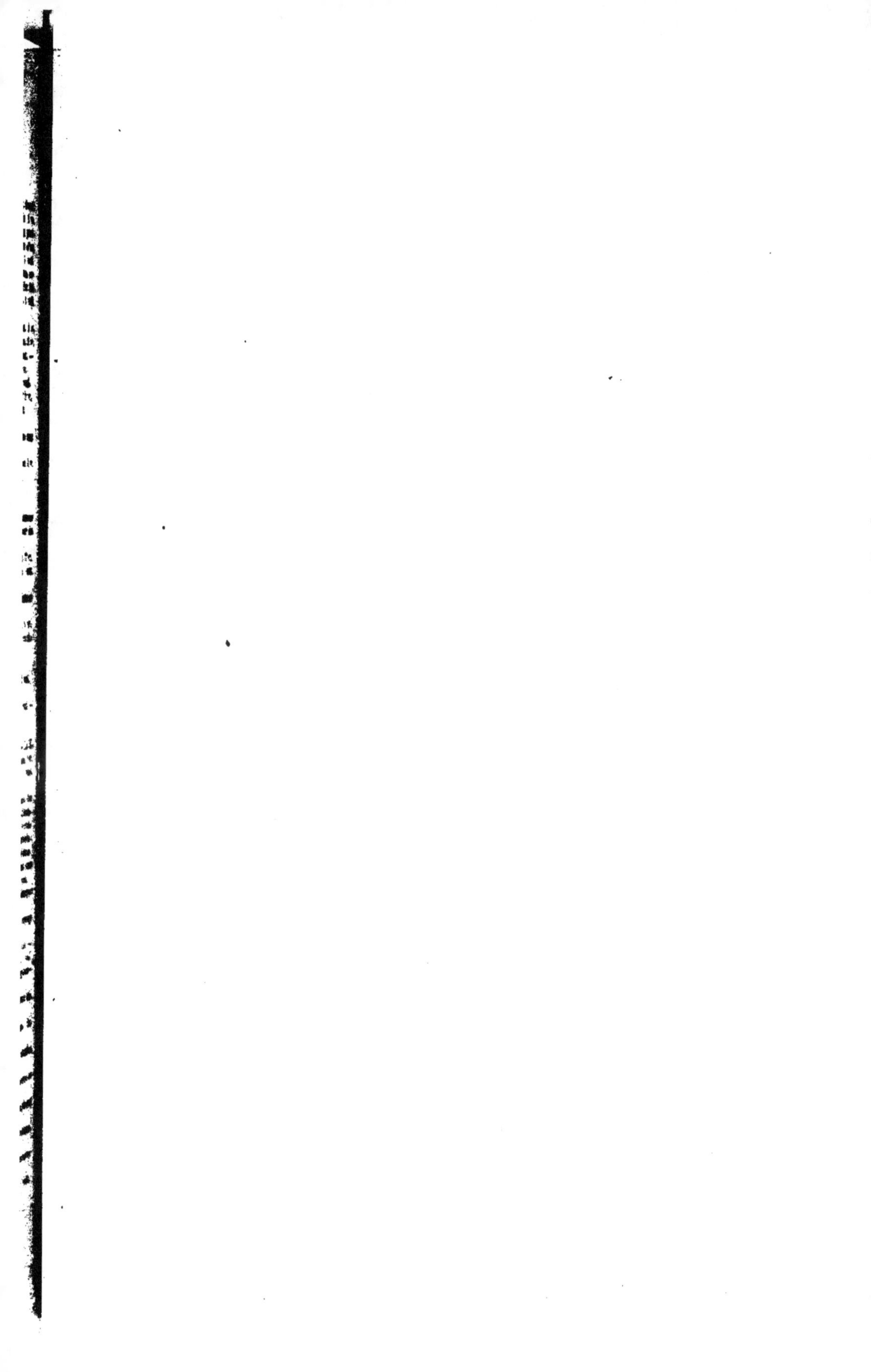